排球运动教学与科学训练研究

赵 岩 焦广识 孙启凯 ◎著

吉林出版集团股份有限公司
全国百佳图书出版单位

图书在版编目（CIP）数据

排球运动教学与科学训练研究 / 赵岩，焦广识，孙启凯著 . -- 长春：吉林出版集团股份有限公司，2023.6
ISBN 978-7-5731-3930-6

Ⅰ．①排… Ⅱ．①赵…②焦…③孙… Ⅲ．①排球运动—教学研究②排球运动—运动训练 Ⅳ．① G842.2

中国国家版本馆 CIP 数据核字（2023）第 126852 号

排球运动教学与科学训练研究
PAIQIU YUNDONG JIAOXUE YU KEXUE XUNLIAN YANJIU

著　者	赵　岩　焦广识　孙启凯
责任编辑	赵　萍
封面设计	李　伟
开　本	710mm×1000mm　　1/16
字　数	270 千
印　张	15.5
版　次	2024 年 1 月第 1 版
印　次	2024 年 1 月第 1 次印刷
印　刷	天津和萱印刷有限公司

出　版	吉林出版集团股份有限公司
发　行	吉林出版集团股份有限公司
地　址	吉林省长春市福祉大路 5788 号
邮　编	130000
电　话	0431-81629968
邮　箱	11915286@qq.com
书　号	ISBN 978-7-5731-3930-6
定　价	93.00 元

版权所有　翻印必究

作者简介

赵岩（1982年—　），硕士研究生，讲师，运动健将，沙滩排球国家级裁判员，现为沈阳体育学院排球教研室专任教师。

曾获得2004年全国男子排球大奖赛第二名，2005年全国男子排球联赛第二名，2006年全国男子排球联赛第二名，2007年全国男子排球锦标赛第一名。

2008年退役，历任辽宁青年男子排球队、辽宁男子排球队教练员。率队获得2010年全国青少年U21男子排球锦标赛第二名，2011年全国青少年U21男子排球联赛第一名，2013年第十二届全运会男子排球（青少年组）第四名。

2017年9月调入沈阳体育学院排球教研室任教。主要从事本科生排球教学与训练工作。获得2018年沈阳体育学院青年教师教学竞赛二等奖；2021年运动训练学院课程思政教学设计大赛现场技能展示一等奖；2022年沈阳体育学院第二届教师教学创新大赛中级组二等奖；现任沈阳体育学院女排教练员，率队取得2018年全国体育院校排球锦标赛第六名，2019年辽宁省大学生排球锦标赛第一名。

主要研究方向为排球教学训练理论与实践，参与并完成省部级课题2项，参编沈阳体育学院"十三五"规划教材1部，市（校级）课题6项，发表论文6篇。

焦广识（1980年—　），硕士研究生，排球国家级裁判员、盲人门球国际级裁判员，现为沈阳师范大学体育科学院体育教育系讲师。研究方向为体育教育与运动训练学。

曾多次被国家体育总局、中国残疾人联合会、辽宁省体育局、辽宁省教育厅邀请参与裁判工作，并多次荣获"优秀裁判员"称号，常年参与"中国排球超级联赛"技术统计工作，并担任沈阳师范大学"校四星级排球社团"指导教师工作。作为主教练多次带队参加省市级大学生排球赛事，并获2019年辽宁省大学生排球锦标赛高水平女子组亚军、高水平男子组季军。个人荣获"优秀教练员称号"。

主持辽宁省"十三五"教育规划课题立项《ISO9001质量管理体系在高校体育专项教学中的应用》1项。编写著作《现代体育教学与新论研究》一部（本人编写14万字）。校级教改课题《排球》1项。发表省级论文近20篇。

孙启凯（1982年—　），浙江农林大学讲师，主要从事高校排球教学训练工作，近年来先后在省级以上刊物发表学术论文10余篇，独著1本，主编、参与教材编写2本，主持或参与国家、省、校级科研课题研究6项。带队荣获全国大学生气排球锦标赛女子甲组第二名，浙江省大学生排球锦标赛女子甲组冠军，并多次荣获优秀教练员称号。2018年至今一直从事世界级以及国内男女排球比赛的技术统计工作。

前　言

作为"三大球"之一的排球，时至今日已有上百年的发展历史，是人们锻炼身体、比赛竞技的热门运动，也是奥运会的重要比赛项目。各大高校、培训机构、俱乐部都规划了多种多样的排球普及课程与排球训练课程，中国女排在世界大赛屡屡获得佳绩的消息也一次又一次振奋国人的心灵，排球在我国可谓蓬勃发展。本书将围绕排球运动教学与科学训练研究展开论述。

本书第一章为绪论，分别介绍了排球运动的起源与发展、排球技术的发展、排球运动比赛的设施、排球运动比赛的规则；第二章为排球运动的特点及教学现状，分别介绍了排球运动的特点、大学生的生理和心理特点、高校排球运动的教学现状；第三章为排球的学科基础，分别介绍了排球运动的运动生理学基础、排球运动的运动心理学基础、排球运动的运动生物力学基础、排球运动的运动生物化学基础；第四章为排球运动科学研究，分别介绍了排球运动科学研究的目标、意义和特点以及排球运动科学研究的主要内容、排球运动科学研究的主要方法、排球运动科学研究的选题与程序、排球运动科学研究的资料收集与研究；第五章为现代排球运动的基本技术和科学训练，分别介绍了现代排球运动技术的理论，准备姿势、移动的技术与科学训练，垫球、传球的技术与科学训练，发球、扣球的技术与科学训练，拦网、"自由人"的技术与科学训练；第六章为排球运动教学与科学训练，分别介绍了排球运动身体素质的科学训练、排球运动心理素质的科学训练、排球运动智能素质的科学训练；第七章为排球运动技术、战术教学与科学训练，分别介绍了排球运动无球技术的科学训练、排球运动有球技术的科学训练、排球运动的战术、排球运动进攻战术的科学训练、排球运动防守战术的科学训练。

在撰写本书的过程中，作者得到了许多专家、学者的帮助和指导，参考了大量的学术文献，在此表示真诚的感谢。本书共27万字，赵岩负责撰写11万字，焦广识负责撰写 10.5 万字，孙启凯负责撰写 5.5 万字。限于作者水平有限，加之时间仓促，本书难免存在一些疏漏，在此，恳请同行专家和读者朋友批评指正。

赵　岩　焦广识　孙启凯

2023 年 2 月

目 录

第一章 绪论 ... 1
- 第一节 排球运动的起源与发展 ... 1
- 第二节 排球技术的发展 ... 10
- 第三节 排球运动比赛的设施 ... 18
- 第四节 排球运动比赛的规则 ... 21

第二章 排球运动的特点及教学现状 ... 27
- 第一节 排球运动的特点 ... 27
- 第二节 大学生的生理和心理特点 ... 29
- 第三节 高校排球运动的教学现状 ... 33

第三章 排球运动的学科基础 ... 37
- 第一节 排球运动的运动生理学基础 ... 37
- 第二节 排球运动的运动心理学基础 ... 53
- 第三节 排球运动的运动生物力学基础 ... 58
- 第四节 排球运动的运动生物化学基础 ... 62

第四章 排球运动科学研究 ... 73
- 第一节 排球运动科学研究的目标、意义和特点 ... 73
- 第二节 排球运动科学研究的主要内容 ... 76
- 第三节 排球运动科学研究的主要方法 ... 80

第四节　排球运动科学研究的选题与程序·················· 98
　　第五节　排球运动科学研究的资料收集与研究·············· 108

第五章　现代排球运动的基本技术和科学训练·············· 119
　　第一节　现代排球运动技术的理论······················ 119
　　第二节　准备姿势、移动的技术与科学训练················ 123
　　第三节　垫球、传球的技术与科学训练·················· 129
　　第四节　发球、扣球的技术与科学训练·················· 145
　　第五节　拦网、"自由人"的技术与科学训练··············· 159

第六章　排球运动教学与科学训练······················ 167
　　第一节　排球运动身体素质的科学训练·················· 167
　　第二节　排球运动心理素质的科学训练·················· 175
　　第三节　排球运动智能素质的科学训练·················· 180

第七章　排球运动技术、战术教学与科学训练··············· 185
　　第一节　排球运动无球技术的科学训练·················· 185
　　第二节　排球运动有球技术的科学训练·················· 189
　　第三节　排球运动的战术··························· 202
　　第四节　排球运动进攻战术的科学训练·················· 207
　　第五节　排球运动防守战术的科学训练·················· 217

参考文献······································· 235

第一章 绪论

本章主要从四个方面进行了阐述，分别是排球运动的起源与发展、排球技术的发展、排球运动比赛的设施、排球运动比赛的规则。

第一节 排球运动的起源与发展

一、排球运动概述

排球运动是美国人发明的，由篮球运动发展而来。前期游戏的玩法是：许多人在场所中间立一个球网，两支球队球员站在球网的两侧，用手把球在空中抛来掷去，在比赛中对人数和击球数没有限制。此项运动很快快速发展下去，变成世界性的体育运动，获得大家的喜爱。

排球运动的击球技术动作是借助两只手来实现的。作为比赛类项目，比赛要在两个团队间进行，每一个排球队有六名参赛选手，其中有三名网前队员和三名接近底线队员，按序轮着发球。两个队要想获胜就需要组织好每一次的攻击和防御，根据挪动、发球、传接球、垫球、扣杀、拦网等操作获得比赛的主导权，进而取得比赛的胜利。比赛的胜利不光要借助队友个人能力，同时还需要同伴间有较强的团结协作能力。因而，无论是技术还是战略，都离不开团队意识。

排球的英文名称是"Volleyball"，是击打空中球的意思，称其为"空中飞球"则更形象和直观。比赛在长方形的球场中进行，场地中央设有球网，将球场分成了两个部分，双方球员各自站在球网的一侧。比赛用球的圆周为63.5~68.8厘米，与足球的大小差不多；外壳的材质为羊皮或人造皮革，内胆为橡胶材料；球的重量为255~346克。

二、排球运动的起源

19世纪末，美国开始了第四次产业革命，生产力因电力技术的发展得到快速提高，与此同时，人们的生活方式也在发生着翻天覆地的变化，教育、体育和娱乐等方面也因此有了更好的发展。体育成为学校教育中的必修课程，城市中建起更多供大众休闲娱乐的公园和健身场所。此外，交通的便利、人们休闲时间的增多、出版业和媒体对体育信息的传播等都为体育运动的发展创造了条件。

1891年，美国人创造了篮球。篮球与排球发明拥有非常大的关联。春田学院是美国篮球的发源地，在篮球被发明出来四年之后，威廉·摩根就发觉，篮球运动是一项激烈的运动项目，同时对参与者的身体素质有较高的要求，不太适合长期在办公室伏案工作的同事。不仅如此，他们也很不喜欢玩篮球。为了能让同事也能够在闲暇之余活动一下身体，威廉·摩根便把篮球进行了适度的改善。他受羽毛球运动和网球运动的启迪，在体育场馆中间树立了一个球网，参与运动的双方把篮球抛过球网，并在球网的上空往返击打。规定两支球队总数务必相同，但实际出场的总人数并没有限制。其玩法技术和棒球比较相似，比赛一共需要进行九局，其中一支队伍连续得到三分为一局。这类运动远远没有篮球赛运动猛烈，无须在球场上跑来跑去，不会出现猛烈的撞击，大家参与此项运动并不会觉得太累，也能满足放松心情和训练的目的。威廉·摩根将此项运动命名为"Mintonette"，采用直译的方式，翻译过来便是"小网子"。威廉·摩根的同事很喜欢他创造出来的这项运动。

1896年，霍利奥克城举行了一场"小网子"比赛，这也是排球历史上的第一场正式比赛。比赛双方各派出五人参赛，当时观看比赛的哈尔斯博士觉得"小网子"这个名字不够贴切，于是提议改名为"Volleyball"。从此，排球便被称为"Volleyball"并迅速地发展起来了。

三、排球运动的发展

（一）排球的发展

摩根发明排球的时候也经过了一段时间的研究和实验。一开始，他用的是篮球，但在实际应用中发现篮球并不适合用手击打，因为它太重了，打在手腕上很疼，如果冲击力过大，还容易使手部受伤。摩根开始用足球代替，虽然足球比篮球轻些，但仍然不适合用手击打。最终，摩根想到了改造球体的方法。他拿出篮球中的球胆，丢去篮球外壳，将球胆充足了气，采用球胆作为击打用球，优点很快就显现出来了。球胆的重量轻、质地柔软，打球的时候不会伤到手，但它的缺点也很明显，球体过轻，不利于控制球击出的方向。为了解决这个问题，摩根设计出一种软牛皮球。软牛皮的材质软，同时具有一定的重量，用这种球不但不会伤到手，同时还可以控制击球方向。一家大型的体育用品公司根据摩根的设计制作了一批排球，内胆采用橡皮材质，外面包着一层皮套，重量为255～340克，圆周为63.5～68.6厘米。现在用的排球就是在此基础上发展而来的。

1897年，美国规范了排球规则，其中对比赛用球做了较为细致的规定。例如，规定球的圆周应该为63.5～68.6厘米，重量约为350克，外表的皮套是真皮、人造皮革或帆布，内胆是橡皮材质。

国际排球联合会成立于1947年，其成立之后提出了新的排球比赛规则，再次对比赛用球进行了要求。具体如下：球重务必超过250克，低于300克，球的内部结构标准气压在0.52～0.58千克/平方厘米。之后，排球制作材料得到进一步的改善，球的表皮停止使用保护套和布罩，也不采用皮块手术缝合的形式制作，而是采用更加前沿的胶合技术，现在的排球就是采用这种技术制作而成的。

那时使用的排球还有一个缺陷，因为球内的标准气压太高，敲击球的时候会觉得其硬度大，给人一种厚重的感觉，持续发球、击球非常容易产生疲惫感，特别是迅速击球时会出现击球中断的现象。除此之外，用这样的排球垫球时，手难以将所有的力量发挥出来，产生球很厚重的假象，垫球技术也不能很好地显现出来。关于这个问题，国际排球联合会更改了排球的标准，将球的标准气压适度降低，为0.48～0.52千克/平方厘米。

1982年，国际排联再次更改了规则，将球的重量规定在260～280克，球的圆周规定在65～67厘米，球的气压在0.4～0.45千克/平方厘米。这种规格是相当科学的，该标准也一直沿用了14年。

随着排球运动的快速发展，导致排球的一些规则不再适用了。最明显的是，由于技战术水平的提高以及运动员的体能和心理素质的提升，竟然间接地影响了比赛的节奏，导致比赛常会出现中断的情况。1995年，国际排联和排球推动委员会针对这个问题做了调查，结果发现比赛中断的情况主要是由死球造成的，死球所用的时间约占比赛用时的2/3，这个比例是很惊人的，频繁和长时间的中断不仅影响了比赛的进行，还会使比赛的观赏性大打折扣。出于这些原因，排球也不再像以前那样受欢迎了。比赛中的频繁中断其实是球速过快造成的，球速太快就很容易出现死球。国际排球联合会组织专家进行试验研究，最终发现球的气压是影响其飞行速度的关键。在击球条件相同的情况下，球的气压约为0.3千克/平方厘米时，球速是最慢的，且最利于运动员控球；当使用气压高于或低于0.3千克/平方厘米的球时，球速就会提高。球速快导致难以控球，自然就容易出现死球。通过研究世界排名靠前的男排劲旅的比赛，采用符合当时规定的球比赛时，只有半数多一点儿的时候可防守成功；可是采用气压为0.3千克/平方厘米的球比赛时，防守的成功率上升到73%。这个数据所说明的情况是显而易见的，防守成功率高了，出现死球的概率就减少了，比赛中断的频率也就降低了，比赛的进行则更加顺畅，其观赏性自然就会有很大的提高。

国际排联看到上述研究结果后进行了更深入的讨论，在1996年的代表大会上公布了新修订的排球比赛规则。新规则是这样的：排球的外壳采用柔软的皮革材质，球胆的材质为橡皮或其他类似材质，球的重量应该在260～280克，圆周长度在65～67厘米，球的气压应该精确到0.3～0.325千克/平方厘米。[1]

（二）排球比赛的发展

1949年，国际排球联合会组织并举行了第一届世界男子排球锦标赛，比赛在布拉格举办。这届世界男子排球锦标赛具有里程碑式的意义。从创造发明排球到第一届排球世界锦标赛的举办，一共经过50多年。在这悠长的发展历程中，排球在慢慢地向规范性方向发展，同时其标准也在不断地健全，参加排球运动的人数也在逐渐增加。此外，排球运动员能力素质还在逐渐提升。在排球运动的影响下，世界各国的交流更为紧密了，而这也是全球性排球比赛可以顺利开展的重要基础。

在男子排球运动如火如荼地开展期间，女子排球运动的发展也赶了上来。1952年，首届女排锦标赛在苏联的莫斯科举行。在1964年的东京奥林匹克运动

---

[1] 刘文学，李凤丽. 排球运动训练与指导[M]. 长春：吉林摄影出版社，2017.

会上，奥委会将排球列为正式比赛项目。1965年，首届男子排球世界杯赛在波兰的华沙举行。1973年，首届女子排球世界杯赛在南美洲的乌拉圭举行。

世界性比赛分别是世界排球锦标赛、世界杯排球赛、奥运会的排球比赛项目。这些世界性比赛成为现今世界排球最大的三项赛事，其组织性和规范性很强。1977年举行了世界男女青年锦标赛，1989年举行了世界男女少年锦标赛，1990年举行了世界男子排球联赛，1993年举行了世界女子排球大奖赛。

经过近半个世纪的发展，国际排球联合会逐渐发展为世界上最大的单项体育运动联合会，拥有会员200多人。调查结果显示，目前世界上参与排球运动的人数已接近2亿，排球的普及度仅次于足球和篮球。由此可见，排球运动在民间受欢迎的程度是非常高的。

1964年，东京奥运会在进行女子排球决赛时，日本全国91%的人口通过电视收看了该场决赛。

法国的排球运动发展趋势良好，法国巴黎每年都会举办"一日排球赛"。1981年举办的"一日排球赛"，一共有275支队伍参与了此次比赛，参与人数共计2500人。其人群涵盖范围也十分广泛，有女性、儿童、老年人。此次比赛的场地设置在足球场上，主办单位将偌大足球场地划分为54个相同的区域，每一个区域就是一个独立的排球比赛场地，比赛从早晨开始，一直持续至夜间。该赛事大众参与度特别高，甚至还有身背小婴儿的家庭主妇出场。据调查，这一天共展开了1200场比赛，比赛就像隆重的排球狂欢节日一般。

1983年，在巴西举办了一次规模巨大的国际友谊排球赛，比赛双方分别是苏联男子排球队、巴西男子排球队。举办方将此次的比赛场地选在了可容纳10万观众的足球场地内，前来观看比赛的群众高达96000人。比赛开展得十分激烈，观众们密切关注着比赛的进程。尽管比赛中骤降暴雨，比赛也由此迫不得已中止45分钟，但令人吃惊的是，即便出现这种突发状况，观众观看比赛的激情依然未曾淡去，直至比赛结束才离开。

排球作为一项世界运动项目，在欧洲也得到了较好的发展，就连一些较小的国家也对其十分偏爱，比如，位于地中海地区的马耳他共和国。1986年，马耳他共和国举办了马拉松排球赛，该比赛每年都会举办一届。比赛从八月份开始，采用持续进行的形式，参赛队伍一共有6支，不间断地进行交替比赛，最后赛出输赢。这一年的比赛共开展了100个小时，比赛期内，有非常多的群众前去收看比赛，整个比赛十分激烈，氛围也十分热烈。各种国际性排球组织对马耳他共和国举办的这一排球赛十分满意，并且表示提倡世界各国学习马耳他共和国的排球赛事创新精神，为全球排球运动的高速发展作出贡献。马耳他共和国马拉松排球赛的观赏价值和影响力逐年提高，伴随着运动员玩法技术以及战略的提高，比赛的时间也逐渐变长。比如，1987年的比赛展开了120小时，1988年的比赛开展了144小时，1989年的比赛开展了170小时。自此该赛事比赛时间依然一直保持着快速增长的趋势，到1993年，比赛的时间已增加至200小时。

国际排联在排球比赛的发展中起了很大的推动作用，在1988年和1995年分别推出了《世界排球发展计划》和《世界排球2001计划》。这类规划性强的发展计划文件使得排球运动和比赛始终健康有序地发展着。国际排联主持在全世界各个国家和地区建立了数十个排球发展中心，推动了娱乐性和健身性排球的发展，使其普及度更高，也更贴近民众，进一步成为受到广大群众欢迎的全民健身运动。国际排联为了支持一些发展中国家更好地发展排球运动，不仅赠送排球器材给这些国家，同时还提供排球的教学资料等。除此之外，为了使排球比赛发展得更好，国际排联还充分利用媒体力量，如电视、广播、报刊和网络等宣传排球比赛和相关运动。

（三）排球在世界上的发展

美国人发明排球以后，该运动迅速传播到世界各国。基督教传教士在到亚洲各国传教的同时，也将排球运动带到亚洲地区。20世纪初期，排球随着传教士传到亚洲地区的一些国家，如中国、印度、日本等。那时，排球运动都还没形成统一的、成熟的规则，其在传播的过程当中，经常会出现根据当地居民习惯而变更比赛规则的状况。比如，美国人把排球带到菲律宾时，因为本地人习惯开展户外运动，另外还出于提升大众参与度等方面的考虑，当地排球运动皆在户外开展，且经常选用16人制的方式。在开展16人制的排球比赛时，每一个团队的16名运动员按照次序交替开球，这样的方式让更多人参与其中，使此项运动更具集体性。1913年，举办了第一届远东运动会，在这一届的运动大会上，增加并设定排球为比赛新项目，而且此次运动会所使用的玩法便是16人制的，这对排球运动在亚洲传播也起到了很大的促进作用。

亚洲的排球运动就是这样发展下去的，多人比赛打法传承了很长一段时间。伴随着全球排球运动的高速发展及排球比赛规则的逐渐完善，亚洲地区排球打法也发生变化，并逐步和世界对接。亚洲地区排球从 16 人制、12 人制变化为 9 人制。到 20 世纪 50 年代，6 人制的方式才真正引进亚洲地区。但是即便是现在，亚洲的许多国家依然玩 9 人制排球。

排球运动也是在 20 世纪初期传入美洲一些国家的，主要的传播渠道也是基督教会。1900 年，排球运动传入加拿大；几年后，排球运动传入南美洲的一些国家，比如古巴、波多黎各、乌拉圭、巴西等。在 20 世纪 60 年代以前，排球在美洲各国一直都是娱乐活动，相当于健身运动或消遣游戏。实际上，那个时期排球在美洲也不是体育项目。在 1964 年的奥运会上，奥委会将排球列入正式的比赛项目，使排球运动的发展走上了正轨，同时也提高了该项运动的普及度和受重视程度。

一战期间及之后的几年，美国军队将排球运动编入正式的训练内容中。在美国军营中，经常会见到排球、球网以及打排球的士兵和军官们，这为排球在美国国内和国外的传播起到了很大的作用。排球运动通过美国军队传播开来，美军的军事活动主要在欧洲大陆和地中海沿岸，排球就是以这种方式传播到欧洲的。1914 年到 1922 年，排球先后传入了英国、法国、意大利、苏联、南斯拉夫、捷克斯洛伐克、波兰、德国。在 1919 年，美军将一万多个排球分发给他们在欧洲的派遣部队，排球在美军中掀起了一股热潮。

20 世纪 20 年代，苏联大力发展排球运动，倡导将排球运动带进民众中。经过苏联共产党中央委员会的批准，排球运动正式成为一项群众性体育项目，这对苏联排球运动的发展起到了非常显著的促进作用。

（四）排球在我国的发展

排球是 20 世纪初期传到我国的。那时候，其他国家将他们的各种文化艺术、体育运动、娱乐活动带到我国。排球运动的宣传者主要是以美国的基督教传教士为主，他们试图用一些文体活动来宣传他们的教规，我国的排球运动便是在这样的背景下逐渐开展起来的。排球运动最先在我国广州与香港等地区传播，如广州的南武中学和香港皇仁书院等。自此，这些地区的一些基督教会开始开展排球运动，教会的人员和留学人员就是这一运动的关键参加者。当时的国人对排球运动产生了非常大的好奇心。此外，外国人还通过各种途径和方法传播排球运动，如在体育教学中加入排球课程内容、将排球作为一种游戏去进行、开设专门排球培训班、开展排球比赛演出等。由此可以看出，此时期排球运动在我国的传播方式非常多，呈现出多样化的传播特点，也正是在这样的大环境下，排球运动在我国各地的学校里逐渐开展起来，非常容易接受新事物的青年学生成为此项运动的重要参加者。那个年代，我们将排球的英文名字"Volleyball"译为"华利波"，一时间，"华利波"变成年轻人青睐的体育运动活动之一。

1913年，菲律宾举行了第一届远东运动会，中国第一次参加国际排球赛。

1914年，中国举行全运会，这是中国第二次举行全国运动会。在此届比赛中，排球成为正式比赛项目，此前一直称为"华利波"的排球经历了第一次改名，改为"队球"，意为以队伍的形式进行的球类运动。

排球运动刚刚在我国开展起来的时候，所有比赛都是为男运动员开设的，女性可以进行排球活动，却没有机会参加正式排球比赛。直到1921年，广东省在第八届运动会上将女子排球设立为正式比赛项目，我国的女子排球运动也因此得到了进一步的发展。

1930年，国民政府在杭州举办了第四届全运会，那时候全国体育协会的主要责任是负责全国体育运动活动与比赛事宜。通过这家机构的讨论研究，将排球的名称做了第二次更改。这一次变更的名称一直在使用，即"排球"。这一名称是根据该运动的特征来决定的，"排"具体表现该运动的两大主要特征：一是开展排球运动时，球在双方运动员手上以球网为分界线，往返击打，从而在球网空中产生"排击"状态；其二，参赛运动员以自己团队为基准，分成两行站到场地面上，产生一排排序列的方式。根据以上两点，"排球"的名称获得了普遍的肯定，并一直沿用。

1949年之后，在党和国家的大力支持下，排球运动获得了很好的发展，并呈现出更强、更快的发展趋势。20世纪50年代，我国引进了6人制比赛方式，此次比赛规则的变化是在全国体育总会、诸位专家及诸多体育爱好者的共同探索下形成的。1950年，在清华大学举行的体育运动学习培训大会上，北京大学林启武教授向与会人员阐述了6人制排球比赛规则。在诸多排球界专家和学者的努力下，最终在1951年明确用6人制取代9人制，此外6人制排球比赛的主要特点和玩法也慢慢在学习与实践中得到完善。

1953年，中国成立了排球协会，我国排协代表参加了国际排联的行政会议。次年，中国排协正式加入国际排联。1956年，中国排球队在国际排联的邀请下参加了世界排球锦标赛。

1957年，在广东男排技战术的作用下，我国在各种排球竞赛中开始采用勾手大力发球这一技术。这个发球技术的重要优势就是开球出错少，有利于队伍组织进攻。接着，在我国各种排球赛场上出现了一种新技术，即上手飘球技术。这一发球技术融合勾手大力发球可以发挥较大杀伤力。以上两种排球技术的出现不仅仅是排球运动技术革命，同时也为我国排球运动员技战术的提升打了一针强心剂。

1964年，国际排联为了推动排球运动的发展，更改了排球比赛的拦网规则。其中最大的一个修改便是在防守层面，另一方队员在扣杀的时候可以过网拦球。也正是由于这一规则的变动，我国排球队伍的技战术打法也由此出现了极大的变化。

20世纪60年代，我国排球队在发展过程中经历了许多起起落落。在此期间，在我国男子排球队的拦网和扣杀技术已经有了质的飞跃，这对于我国排球运动发展有很大促进作用。但是到了20世纪60年代末和20世纪70年代初期，我们国家的排球运动因为一些原因而处在了停滞期，不但战术水平急剧下降，中国国家队也紧缺出色的运动员。

1972年，排球比赛再次恢复，国家体委组织建立了漳州排球训练基地，使得男子排球和女子排球的技术又得到了快速提高。"前飞""背飞""拉三拉四"这三种打法以及快速反击技术，都是我国排球运动员在这一时期创造的，这也提高了中国排球队的整体技战术水平。1979年以后，我国排球运动得到更快速的发展。最为突出的是1981年到1986年间，中国女排连续获得了5次世界冠军，这样辉煌的成绩是令人振奋的。虽然我国排球运动在此后的发展中也遇到了低潮和曲折期，但整体上是进步和发展的，并一直处于世界强队的阵营中，这是值得国人骄傲的。

第二节 排球技术的发展

一、球风与流派

从第一届男子排球世界锦标赛，一直到第二十届夏季奥运会中开设排球比赛新项目，期间共经历了20多年的时间。在这段时期，全世界各个国家和地区的排球运动的发展水平是不平衡的，这种不平衡不但体现在技战术水平上，也体现在打法特点上，这和各个国家和地区的当地环境与人的体质特性相关。

在这里20多年间，世界各国出现了三种特性最突出的打法，分别是力量排球、技巧排球、高度排球。

力量排球的特点主要有以下几点：运动员个子高、体格健壮、体能素质好、力量素质高、爆发力非常突出。比赛时，经常选用力量强劲扣球打法，那也是该类型团队胜出的绝招。最典型的力量排球队伍主要有三个：苏联男子排球队、保加利亚男子排球队、波兰男子排球队。

技巧排球的特点主要有以下几点：不拿体质作为制胜筹码，比赛中善于运用战术；打球和吊球的力量并不算太大，反而是运用巧劲儿，将更多精力用于技巧、方法上。这种团队通常会以巧制胜，最典型的技巧排球队伍的代表是捷克斯洛伐克男子排球队。

以上两种打法称霸世界排坛十几年，使用其他打法的队伍无法与他们抗衡，直到高度排球打法的出现才打破了这种局面。高度排球的特点主要体现在"两高"上：其一，采用这种打法的队伍进行二传球时，球在空中离地相当高，与地面的距离可达到7~8米；其二，扣球时，手的动作很慢，同时跳起的高度非常高，这是以运动员优秀的弹跳力为基础的，确保球可以准确地扣入对方场内。典型的高度排球劲旅是前民主德国男子排球队。

1964年，国际排联修改了排球规则，这对拦网方式的改变是非常大的。这使得针对扣球与拦网的技术对抗变得更加激烈，同时也导致国际排坛的格局发生了翻天覆地的变化。以往在国际比赛中占据着极大优势的力量型或技巧型队伍开始走下坡路，采用高度型排球打法的劲旅成为排坛新宠。他们高举、高打、高拦网的打法一时间称霸世界排坛。典型的高度型劲旅前民主德国男子排球队在1969年和1970年的国际赛场上连续两年夺得世界冠军。

1972年以后，国际排坛又出现了新气象。在第二十届奥运会的排球比赛中，采用配合打法的日本男子排球队击败了前民主德国队。这是配合型打法与高度型打法之间的较量，并以配合型打法取胜而告终。配合型打法的特点是：队员间的配合特别默契，技战术的发挥主要依靠团体的智慧，打法灵活多变，能够快速掌控场上的主动权。配合与协作是日本男排取胜的关键，本次日本男排获胜是世界排坛里程碑式的事件，也是亚洲排球队首次夺得世界冠军，这给其他亚洲国家和地区的排球队带来了极大的鼓舞。与此同时，配合打法也登上了世界排坛的舞台。

在这一时期，各个国家和地区的女子排球所采用的打法分为两种：一种是进攻型打法，这类打法以运动员力量素质为载体，善于攻击，最典型的队伍便是苏联女子排球队；另一种是防守型打法，这类打法以技术性高的开球及牢不可破防御阵容为主要特征，最典型的是日本女子排球队。日本女排凭借防守型打法在1962年的奥运会上打败了先前一直所向披靡的苏联女排，获得了第一枚世界金牌。日本女排此次获胜绝非偶然。自此，世界女排开始进入了进攻型和防守型打法的强烈对抗期，这也为世界女排带来了更多魅力。

到了1972年，世界排球运动到了一个新的发展阶段，各个国家的排球队伍不再局限于某一种传统的打法，反而以更加开放的姿态吸取经验教训，学习先进经验的打法，融合各自特性，将相对高度、力量、技巧、速度、相互配合等打法结合在一起，消化吸收每家之长，改善自身缺点。鉴于此，最初每家打法的特点十分的鲜明，但是在此之后界限渐渐变得模糊不清，而且在日后发展过程中慢慢结合。

自此，国际排坛出现百花齐放的局势，各种排球队的整体实力展现出旗鼓相当之态。在1974年的男子排球世界锦标赛和两年后的奥运会男排运动项目中，芬兰男子排球队因其灵活变通的打法赢得了总冠军。20世纪70年代是有史以来各种排球队竞争最为剧烈的阶段。因为技战术水平不分伯仲，波兰队、苏联队、美国队、意大利队、巴西国家队、荷兰队都获得过奥运会冠军。他们胜出的原因是一样的，都是有扎实的基础、灵活变通的战术、全方位的防御能力、相对高度和快速结合的打法。排球运动的这一发展态势一直延续到20世纪八九十年代。

一支强悍的排球队伍需要具备灵便且迅急的打法、扎扎实实完备的战术、操控场中局面的技术等素质，这是取胜的关键。

这一时期，女排的打法也在发生变化。中国女排采用全攻全守、快速反击的独特打法，在20世纪80年代连续5次站在世界排球大赛的巅峰位置上。此后，俄罗斯女排、古巴女排、巴西女排开始转变打法，采用攻守转换和高快结合的打法，并先后在世界大赛中夺冠。此后，单一进攻和单一防守的打法彻底从世界女排的赛场上消失了。

二、新式排球的兴起

由于排球运动是群众智慧的产物，从发明开始一直具有很强的普及性。排球的群众参与性强，竞赛形式也更加多样化，这也体现出它贴近生活的特点。下文将介绍一些当今世界较为流行的新式排球种类。

（一）软式排球

软式排球是日本人创造出来的，日本排协把它列入趣味性活动。该活动参赛队伍的组成方式大致有两种：一是年龄组，二是家庭组。常用的球主要由柔性橡胶制作而成，成年组用球重210克，球的周长为78厘米左右；儿童组用球重150克，其周长为66厘米左右，常用场所为13.4米×6.1米，网高2米。比赛在两个队内进行，每一个团队的人数为4人。

年龄组又分为3个等级组，依照年纪由大到小的顺序分为金组、银组、铜组。金组中的参赛选手年龄最大，凡是年纪超出50岁的男人、女人均可参加；银组比赛规定参赛选手的年纪在40～49岁；参与铜组比赛队员规定年龄要求30～39岁。年龄段的比赛所使用的比赛规则为三局两胜，最大分是17分。双方队员按顺时针方向轮着开球，完成开球后的队员在球场上随意选择位置。比赛允许全部参赛选手开展拦网和网前扣杀，但扣发球、拦发球及过网拦网是被禁止的。

家庭组比赛在两家人内进行，每一个家庭派4名家庭成员参加比赛，包含爸爸、妈妈和2名少年儿童。与年龄组不一样的是，在家庭组比赛中，后排的成年人不能进入小禁区开展扣杀或拦网。

软式排球的群众性极强，对参赛者几乎没有限制，任何年龄和性别的人都可以参与进来，这是由软式排球的比赛形式和用球特点决定的。软式排球的尺寸大、球软而轻，很容易控制，对技术没有过高要求。该运动也不激烈，体质稍差的人也可以玩。软式排球相当于初级的排球比赛，学习起来非常简单，发球、传球、拦网等基础技术用起来也极简单，因此深受群众喜爱。基于这些优点，软式排球的传播速度非常快。现如今，世界各地都能看到进行软式排球运动的人。对于年轻人和老年人来说，软式排球是非常适合的强健身体、休闲娱乐的体育活动。

中国从 1995 年开始开展软式排球运动，并在这一年第一次举行了软式排球比赛。次年，中国排球协会将软式排球纳入未来的排球运动发展计划中。

（二）沙滩排球

传统排球运动是在房间里进行的，后来随着排球运动的高速发展，很多人为了在户外打排球，便创造发明出许多花样的排球运动形式，如沙滩排球。沙滩排球就是把场所建在沙滩上的排球运动形式。此项运动对比赛总人数不做限制，并且也并没有年龄、性别的限制，运动强度可以自行调整，因此受到了广大群众的热烈欢迎。

20 世纪 20 年代，美国人在发明了排球以后，又拓展出一项更具有集体性的运动，即沙滩排球。在发明出沙滩排球之后，夏季到来之际，在沙滩上经常能看到打沙滩排球的人群。沙滩这类与众不同的场地有着许多别的场所无法媲美的优点：沙滩并不是平坦的，会随着人在上面的活动而出现深凹的形态变化；其具有松弛和柔软的特性，人摔在沙滩上的时候不会觉得疼；夏日的沙滩拥有极好的触感，肌肤接触它会觉得很舒适。除此之外，在开展沙滩排球运动的时候还可以享受阳光的沐浴，是追求健康肤色的人群最合适的选择。在美国，沙滩排球的普及率甚至比传统排球还要高，是名副其实的大众运动。人在休闲活动的前提下，能全心全意地融入最温暖的自然界当中，感受大自然的美好。

沙滩排球以其独特的运动形式赢得广大群众的热烈欢迎，并很快传播到美洲地区其他国家，如巴西和阿根廷，此外还有澳大利亚、新西兰及地中海沿岸的一些国家。沙滩排球发展初期，其趣味性远大于观赏价值，这主要是由于在刚开始的时候沙滩排球的规则还不够规范，同时其技战术水平还处于初始阶段。之后，伴随着沙滩排球规则的不断完善及其战术水平的提升，其观赏价值也有了很大提升。慢慢地，参与沙滩排球运动的人越来越多，然后出现了多种多样的竞赛形式，如4人制、3人制、2人制等。

沙滩排球在美国的影响力是巨大的，并且是很多传统竞技排球运动员最初接触排球的形式。比如，美国排球运动员凯拉里从小时候就开始玩沙滩排球，是沙滩排球带他进入了排球的世界。凯拉里在面对采访时曾经这样表示，他在排球领域的成功与沙滩排球有着莫大的关系。

1987年，巴西里约热内卢举行了首届世界沙滩排球锦标赛，共有7个国家的运动员参加了这次比赛，很多运动员因此走上了沙滩排球的职业化道路。该次比赛也是沙滩排球成为正式竞赛运动的标志。

1993年，奥林匹克代表大会通过了将沙滩排球列入奥运会正式竞赛项目的决议，这也使得沙滩排球项目朝着更加规范化和严谨化的方向发展。1996年，奥运会在美国亚特兰大举行，在沙滩排球的竞赛项目上，巴西队获得了冠军。

我国开展沙滩排球的时间并不长，引入该项运动的时间大约是20世纪80年代末，也曾举行过几次小规模的比赛。沙滩排球在我国的发展初期，主要采用的赛制为4人制和2人制。因该运动在1993年成为奥运会正式比赛项目，我国才开始进行正式的全国沙滩排球比赛。1997年，我国派代表队参加了沙滩排球世锦赛。

在2000年的伦敦奥运会上，我国体育健儿迟蓉、熊姿参加了女子沙滩排球的比赛新项目，也取得了该项目的第九名。当时，我国的沙滩排球正处在发展初期，和世界高水平排球运动大国之间存在一定的差距。但是我国运动员充分发挥锲而不舍、奋发向上的运动精神，并对比赛经验进行不断汇总与积累，使自己的竞技能力获得了大幅提升。在2001年世界沙滩排球锦标赛上，迟蓉和熊姿组合获得了第五名的优异成绩，这也是当时我国沙滩排球在全世界最高级别的比赛中获得的最佳比赛成绩。

我国沙滩排球在短期内获得这般快速的发展，在很大程度上激发了我国发展沙滩排球运动的斗志，这也在无形中推动了沙滩排球在我国大规模的传播。在2006年的沙滩排球世界巡回赛波兰站，我国沙滩排球参赛选手吴根鹏与徐林胤赢得了男子沙滩排球的第三名，为我国沙排史再增光辉战绩。在同一年的多哈亚运会上，我国在男子、女子沙排比赛中一共得到两金一银一铜，战况突出。

在中国沙滩排球项目中，女子沙排参赛选手获得了更为辉煌闪耀的比赛成绩。在 2008 年的北京奥运会上，中国女子沙滩排球队谱写了新的时代篇章，王洁、田佳与张希、薛晨各自拿下女子沙滩排球的金牌和奖牌，为国家获得了无限的荣誉与称号。

随着沙排健儿在国际赛场上频频取得振奋人心的成绩，沙滩排球在我国民间得到了广泛传播与普及。特别是在沿海城市，沙滩排球已经成为人们海边娱乐的重要项目，成为人们强身健体的主要运动方式。

沙滩排球能够得到众多民众的青睐与其运动的特点是有着紧密联系的。

首先，沙滩排球在场地和运动设施的准备上相对简单，只要有沙滩和排球，就可以来一场激烈的沙排比赛。沙滩排球在动作要领与比赛规则的掌握上较为容易，并且受众群体相对较广，老少皆宜，不分性别和体质，因此该项运动具有良好的群众基础。

其次，运动技术的综合性是沙滩排球受欢迎的又一主要原因。在进行沙排比赛时，场上选手要不断变换位置、不停移动，既要参与防守拦网，又要插上前排采取进攻扣杀。这些综合性技术充分锻炼了选手身体各部分的肌肉与关节，让平日里忙于工作和学习的人们通过沙排运动缓解疲劳，对身心都有益处。

（三）气排球

气排球是由我国广大人民群众创造出来的集体性排球健身运动。1984 年，呼和浩特铁路局济宁分局组织单位的退休老同事开展体育运动，这些人在排球场所中使用气球进行击打游戏。气球非常轻，稍微用劲儿就有可能将其击破，之后大伙儿就想到用软质球取代气球。那时，老同事们打气排球并没有规范化的比赛规则，仅仅就是将其当作一种欢乐的游戏。之后，大伙儿出于喜好便商讨制定了 6 人制的简单比赛规则，合称此项活动为"气排球"。

1991 年，火车头老年体育协会为气排球编写了正规的比赛规则，同时也找专业的文体用品生产厂家设计了适合击打的气排球。1992 年，我国建立了老人气排球培训班，同一年又举办了第一届老人气排球比赛，参与该次比赛的队伍一共有 13 支，其中男子队伍共有 7 支、女子队伍共有 6 支。1993 年，北京建立了火车头老年体育协会，并举办了第二届老人气排球比赛。

气排球重量为 100～150 克，材质为软塑料，球的周长一般为 79～85 厘米，比普通的排球大。开展气排球的场地长 12 米，宽 6 米。男子女子比赛所使用的球网相对高度是不一样的，男子比赛的球网高 2 米，女子比赛的球网高 1.8 米。比赛为 5 人制。气排球的比赛要求和传统排球比赛要求非常相似。

开展气排球比赛时，不需要太精湛的技术。由于气排球的球速偏慢，并且控球技术方式非常简单，比赛中可以借助这一点来提升回球频次，依靠回球次数的增加充分演变出更多的击球手法。新手能较容易地学好气排球，此项活动的集体性、趣味性和观赏价值是相对较高的。气排球是十分适合老人、青少年、少年儿童参加的一项运动。

（四）妈妈排球

妈妈排球和乒乓球很像，是日本的家庭主妇发明的。因参与者中大部分都已为人母，故称这种排球运动为"妈妈排球"。该运动的赛制为淘汰制，比赛在 7 组中进行，发球不直接影响得分。1979 年，名古屋市的妈妈排球队到中国访问，并表演了妈妈排球。1987 年，我国在上海举行了妈妈排球比赛，共有 4 支队伍参加比赛，分别是国家体委队、江苏队、山东队、上海队。

（五）小排球

小排球是妈妈排球的变体，但小排球在世界上的发展要更广泛一些。小排球的重量约 190 克，球体很小。日本的小学生是该运动的主要参与者，他们在升入四年级后就可以学习和进行小排球运动了。俄罗斯也很流行小排球，小学生在升入三年级时开始接触小排球运动。法国小排球的普及率也很高，他们的儿童长到 12 岁时就要学习小排球了。

（六）墙排球

墙排球源于美国，是近几年比较时兴的娱乐运动。墙排球是在壁球场地开展的排球健身运动，打墙排球前需要对场所进行一些更新、改造。壁球场地长、宽、高分别是 12.19 米、6.1 米、6.1 米，打墙排球必须在场地上安装一面宽约 2.13 米的球网。墙排球的竞赛形式有许多种，采用的是 4 人制、3 人制、2 人制，而其他的标准、规则和传统排球类似。

墙排球的显著特点反映在墙面反弹球上。打墙排球时，假如球打到墙壁并反弹回来，那么我们就将此球看作是死球，队员还可以继续击打回球，这一点与壁球非常相似。

墙排球健身运动节奏比较快，参加者必须拥有比较灵巧的反应力、灵活多变的步法和相对较高的击球技术，这也是墙排球的魅力所在。1987年，中国男子排球队出访美国，男子排球队教练员受邀与美国男排教练员进行了一次友谊赛，也正是在这样的环境下，我国教练员结识了这类与众不同的排球运动形式，其运动强度和紧凑的比赛节奏感给他留下了深刻印象。

（七）雪地排球

雪地排球是美国人创造出来的，是一种在雪地中进行的排球健身运动。此项健身运动所采用的竞赛形式为3人制，每一局的最高分是7分。比赛场所通常是被降雪覆盖的高山上，室外温度最好是在-15℃以下。开展雪地排球运动的时候，参加者需要穿着保暖性比较好的滑雪服装、滑雪鞋，并佩戴滑雪手套和滑雪帽。

（八）坐式排球

坐式排球是下肢残疾者进行的排球运动。参赛选手必须通过坐到场所的地面上挪动身体去进行比赛。坐式排球运动比赛场所全长约10米，宽约6米。男子坐式排球的球网高度为1.15米，女子坐式排球的球网高度为1.05米，球网总宽均是0.8米。此项运动比赛通常采用6人制。比赛时，参赛选手务必自始至终坐在场地地面上，即便移动时，屁股也不能和地面分离。1994年，第六届远南伤残人运动会首次宣布将坐式排球纳入比赛新项目。

（九）站式排球

站式排球与坐式排球都是为残疾人设计的排球竞赛项目，但两者存在一些区别。与坐式排球不同的是，站式排球的参与者为一条腿残疾的人。在进行该项运动时，参与者需要戴着假肢打排球。这种运动的规则与传统排球没有太大区别，对场地也无特殊要求，通常采用6人制。

（十）盲人排球

盲人排球是专门为盲人设计的排球运动。由于盲人无法看到任何东西，所以他们只能依靠触觉和听觉来进行一切活动。他们做一些简单的运动都是较为困难的，何况是需要具备良好视力的球类运动。出于这些考虑，设计者将铃铛装在排球中，排球被击打或在空中运动时就会发出清晰的声响。这样一来，盲人就可以轻松获知球的方位并进行击球。盲人排球给盲人的运动带来了很大的快乐，受到了盲人朋友的广泛欢迎。

第三节　排球运动比赛的设施

不论是场地设施还是规则赛制，在排球发展的 100 多年中，其内容始终在变化着，这是排球运动不断进步和发展的标志。以亚洲的排球运动发展为例，从 20 世纪初的 16 人制发展到现在的 6 人制，亚洲排球经历了无数次变化，这不仅仅体现在赛制上，其场地和设施的变化也是显著的，这些变化使得排球比赛的观赏性更高，更易于被群众接受和喜爱。

一、比赛场地的区域划分

排球的比赛场所主要包含两个区域，其一是比赛场区，其二是无障碍区。比赛场区在内部，无障碍区在外部。比赛场区是一个长方形的区域，长度、宽度各是 16 米和 8 米，其外场延伸出最少 7 米，即无障碍区。国际性比赛的场地规定无障碍区域的空间最少要保持 12.5 米。

比赛场区又可分为 5 个范围，这些区域的区别、划分主要是根据比赛规则来定。

比赛场区：比赛场区被中心线分为两个均是 9 米场区。

前场区：在两个场区中，距中心线 3 米远的距离划有进攻线，前场区是指进攻线和中心线之间的地区。

换人区：换人区位于边框线外，在两根进攻线、延伸线中间，记录台就在这个区域的旁边。

发球区：发球区在端线外两根边框线的延伸线上，位于两短线中间。边框线增加 15 厘米，与短线之间有 20 厘米的距离并与之竖直。

准备活动区：准备活动区在离替补席最远的地方，没有在无障碍区之内。这个区域为长、宽均是 3 米的正方形。[1]

---

[1] 刘文学，李凤丽. 排球运动训练与指导 [M]. 长春：吉林摄影出版社，2017.

二、比赛场地的要求

（一）地面

地面整洁是排球比赛场所应当具备的前提条件。除此之外，场所还一定要有水准，表层材质整齐、干燥。湿冷并且不平坦的场所很有可能给选手带来安全风险。全球性排球比赛使用的场所必须采用木质板材或其他相似的复合材料。

（二）界线

界线主要用于区别、划分场中各个区域，他们的宽度均为 5 厘米，比赛中的界线不可选用硬物标识。

（三）颜色

室内排球比赛场地的地面颜色一定要是浅色系的。界线和地面二者的颜色应当区别开来。在国际性排球比赛中，比赛场所的界线的颜色要求一定是白色的，而且地面的颜色应当与其有较为明显的差别。

（四）温度、湿度和照明

室内场地的温度应该保持在 10 摄氏度以上，照明度应该保持在 1000~1500 勒克斯。国际比赛中规定，室内场地的温度应该保持在 16~25 摄氏度之间，对湿度也有要求，相对湿度应该不高于 60%。

三、比赛的器材与设备

最主要的比赛器械包含比赛用球、球网、网柱、标志带、标志杆，此外还有排椅、记录台、裁判台、量网尺、压力表、球架、计分器、换人牌、拖布、表格等。下面简单介绍一下其中几类器械设备的要求和功效：

排椅是供选手歇息的，裁判台必须要有调节作用的，记录台是供记录人员及播音员使用的。在全球比赛中，除了需要一名记录员外，还要一名协助记录人。

量网尺和压力表全是测量仪器。量网尺数最少为 2.5 米，可以精确测量球网高度。操作时，先在距离球网最高处的 2 厘米处做好标识，随后从这一标识处顺着与场所地面垂线进行测量。这么做的主要原因是精确测量球网是不是超过要求网高 2 厘米之上，如果最终测量的结果超过规定标准，那么这就是不合乎标准的比赛设施设备。压力表用以精确测量比赛用球的标准气压，以拣出不符合规格型号的球。当我们发现比赛用球的气压低于比赛规定的标准气压时，我们还能够临时用打气管来打气，与此同时凭借压力表将球的标准气压冲至所规定的标准气压范围之内。

计分器、换人牌是比赛时不可缺少的器材。计分器有两个作用，一个作用是表明登场团队的实时成绩，另外一个作用是表明比赛中的暂停次数和换人次数。换人牌务必提前准备 2 套，色彩上需有一定的区别，每一套换人牌有 18 张，从 1 号到 18 号不能残缺不全。

除了上述器械外，工作员还要有一些实用工具，如各种表格和清洁用品等。不一样的工作员所使用的表格也不一样，如记录卡、成绩报告单、播音员用表等。清洁用品包含拖布和抹布等，拖布用以擦洗比赛场所，使比赛场地的地面保持清洁；纯棉毛巾适合于拖地，也可以擦洗比赛用球。

四、比赛中的其他规定

（一）运动员的规定服装

比赛规定，每支队伍的运动员穿着统一的服装，服装包括上衣、短裤、运动鞋、袜子。队伍服装的统一性包括服装的样式和颜色，并且服装要整洁。在国际比赛中，每支队伍运动鞋的商标和样式允许有不同，但颜色必须保持一致。上衣标有号码，从 1 号到 18 号，号码与上衣的颜色必须对比明显。前面的号码高度为 10 厘米，后面的号码高度不能低于 15 厘米，号码的笔画宽度应该在 2 厘米以上。

（二）禁止佩戴的物品

运动员比赛时不可佩戴任何可能给自身和其他队员造成伤害的物品，尤其是金属制品。比赛时可以戴眼镜，但因此而受伤或引起的后果都由个人来承担。

第四节 排球运动比赛的规则

在 1996 年的亚特兰大奥运会上，沙滩排球被列为正式比赛项目，这个事件给室内排球比赛带来了不小的冲击，引起了大家的争论。在 2000 年的悉尼奥运会上，室内排球的比赛规则进行了一次较大的修改，运动员的场上位置增设了自由人；规定了每球得分制，旧规则中规定有发球权的队伍可以得分，新规则中规定不论发球权在哪方手里都可得分。

一、简单介绍

如今普遍使用的排球比赛规则是 6 人制。在一支队伍中，运动员在球场上位置并不是固定的，网前与接近底线的运动员各 3 名。比赛队伍每一方的传接球频次最多 3 次，击球过程中不可以用手持球，同一名运动员不可以持续击球超出 2 次。场上的运动员在击球时可以用人体的任何一个部位。持续击球不仅仅是针对手来说的，人体其余部位持续击球 2 次都是违规的。

二、一般规则

排球比赛要在两个队内进行，它是一项团队竞技运动项目。比赛场所被平均划分为两个区域，两支球队选手分别在球网的一侧。两个队必须在比赛中运用技战术把球敲击过球网，落到另一方场所上可获得一分。此外，一定要做好防御，不能让另一方将球击入自己的场地区域内。除拦网接触球外，每一个队伍只有 3 次把球击到他们场地的机会。一方开球后，比赛即开始，队员把球敲击过网之后，另一方需在球未落地之前把它击回到对方的区域，彼此往返击打来球。球碰地、出界或是有一方没有按照规则正常击打球时，彼此之间的击打球完毕。比赛采用每球评分制，赢一球得一分，假如接发球队伍获得一分，那发球权就归到该队。

三、发球

比赛采用轮流发球制，发球的顺序按照顺时针方向进行。当一支队伍得到发球权后，发球的运动员要站在己方半场的右后角区域将球发入对方半场，这是一个回合。发球运动员可以用拳或掌发球，也可以用手臂发球；可向上发球，也可向下发球。发球的位置相对来讲是自由的，只要发球者站在底线后，可以自由选择一个位置将球发出。此外，发球者的发球方式也是相对自由的。跳发球时，运动员起跳后的脚可以越过底线，球发出后，脚可以落在场地内侧。发出的球落在对方半场内任何一点都是没问题的。此后，拥有发球权的一方可按照顺序继续发球，发球权易主后结束。

裁判员吹响哨子后，发球员发球，并且必须在鸣哨后的8秒内完成发球。发球时可将球抛起来，也可以撤出持球的手，趁着球落地之前，用手或手臂击出球。但在发球时，不论使用抛球的方式还是手撤离的方式让球腾空，都只能使用一次。发球时，不允许拍球或摆弄球。在发球的整个过程中，脚不能接触到场区、端线或发球区以外的任何区域。

四、得分

新规则采用每球得分制，即一方得到发球权，同时又得分。每场比赛要进行5局。当一方在前四局中得到了25分，且对方的分数在24分以下，那么在第五局的比赛中，得分占优势的一方只要在本局中得到15分就能获得比赛的最终胜利。

五、自由人

自由人是现阶段排球项目规则中新增加的一项内容。一般情况下，队伍里的自由人承担防守任务，自由人由后排的队员担任，且可以随意更换候选人。作为自由人的队员关键是协助中后场抵挡敌人的攻击。但自由人都是没有发球权的，也做不了拦网，此外，自由人到前场区域也是属于违反规定的。出于战略决策及其技术特征的全面考虑，身高矮一点选手适宜出任自由人，矮小队员更为灵巧，姿势也灵便。因为身材矮小，当球将要落到地面时，球员能够依靠自身身高特性，快速倒下救球，因而这样的球员是非常适合做自由人的。为了便于与其他队员区分开来，自由人的衣服颜色和别的队员是不同类型的。

在正规的排球比赛中，允许参赛的队伍在球场上没有自由人，有自由人的队伍不得超过备案两个人。有明文规定，在开展排球比赛时，场中只能存有一名自由人，违规的排球团队将被取消比赛资质。比赛中对自由人的更换不计入球员更换次数中。但是不能在比赛中任意进行自由人的更换，必须要在排球落地与裁判吹哨子提示开球的过程中进行自由人的替换。在排球比赛中，自由人不能担任比赛中的队长。

六、教练与换人

比赛时，教练员能够在规定的场地区域内向球队的运动员传递战略、战术，必须站在那里给予指导，而且不能摆脱规定的场地区域。新规对换人也做了改动，换人有次数限定，每场比赛只有六次换人的机会，这六次也包含换自由人。针对替补队员的人选并没有作出具体的限制。比如，用一名替补队员换下场中队员，在随后的比赛中，再用此前被换下来的队员去更换那位被换掉的替补队员。这类情况是许可的，只需遵循每场最多换人六次的规则就可以。

七、运动员在场上的位置

开球时，彼此队员务必在各自场地区域内排成两行，不能随便行走，球队中只有发球员位置是没有限制的。判断球员位置的唯一标准是脚的位置：前排队员的脚理应比后排队员的脚更贴近中心线，后排队员起码有一只脚的某一位置比前排队员的腿更接近场地左边或右边边框线。发球者把球打中的一瞬间，别的选手的腿务必在相关规定位置上。球发出后，场中运动员在各个场区或无障碍区任一位置上都可以。

八、网下穿越

规则还规定，运动员的脚可以从网下穿越球网，接触球网另一侧的对方场区，但要在不妨碍对方比赛的前提下。队员双脚可越过中线，接触到对方场区，也可以不接触场区，而只是置于中线上空。但这个规则只允许脚从网下穿越，队员身体的其他部位是不能穿越球网接触中线和对方场区的，也不能置于其上空。比赛中断后，双方队员交换场地。

九、触网

虽然触网是犯规行为，但也有例外。如果队员没有击球的意图，且是无意识触网，那么是不算犯规的。没有击球的意图可从两个方面来讲：其一，是指击球的动作已经完成或试图击球却已告失败的情况；其二，队员的扣球动作已经完成或已经完成掩护扣球动作后不经意间的触网，都不会被判定为犯规行为。

十、进攻性击球

进攻性击球技术包含开球和拦网等将球击向对方场地区域的击球动作。进攻性击球的完成是以球越过球网或球触碰另一方队员身体为标识的。开展进攻性击球针对前排队员和后排队员有着不同要求：前排队员可以在任意相对高度还击回球，当肢体接触球时，脚必须在我方的场地内；后排队员的活动范围在后场区，脚不可接触到或越过进攻线，在这种情况下，同样也可以还击一切高度的回球，击打后的球可以落入前场区的空间中。除此之外，后排队员在接触球的时候，要确保球不可以高过球网，即球的一部分一定要在球网最顶部之下。

十一、拦网

队员身体贴近球网，并使胳膊高过球网上方，用于拦挡另一方敲击来的球，这种做法被称作"拦网"。进行拦网是指手早已触碰来球。拦网并非队伍里全部队员都可以做的，事实上仅有前排队员可以进行拦网。在排球竞技规则中明确规定不允许后排队员进行拦网，否则就会被认定是违规。假如拦网不成功，球依然进到我方场区，也就意味着此次的拦网完毕，但是不属于第一次击球。这也就意味着，自此队员在球未落地时也可以有三次击球的机会。拦网要在没有妨碍另一方队员击球的情况下进行。在这样的情况下，手和胳膊能够翻过球网，但是必须在对方队员的主动进攻击球姿势完毕之后开展。在一次拦网中，球假如迅速并且不中断地接触一名以上球员，这是被许可的，并不属于违规操作。

十二、比赛中的击球

击球时，队员身体各个部位都是可以用于击球和触球的，球向任何方向弹出都在规则允许的范围内。击球的动作完成后，就不能再进行抛球动作了，更不能接球，否则将被判定为持球，这是击球犯规行为中的一种。

球在同一时间接触身体的不同部位不属于犯规。但如果接触身体部位是在不同时间点发生的，那么这种情况属于连击，这也是击球犯规。拦球时，一名或多名队员可以连续或同时触球。

在进行第一次击球时，队员可以用身体的不同部位在同一击球动作中连续触球。接发球、接进攻性击球、接本方拦起的球、接对方拦回的球等击球动作都属于第一次击球。在进行第二次和第三次击球时，队员如果用身体的不同部位连续击球则属于犯规，不论该连续击球是不是在同一击球动作中进行的。

十三、其他规则

拦网必须由前排队员完成。拦网要在不阻碍对方球队正常活动及不接触球网的前提下进行，拦网动作可以在球没有过网前进行。拦网与击球是两种不同的打球方式，拦网不计入击球次数中。在一局比赛中，一支队伍有两次要求比赛暂停的权利。

第二章 排球运动的特点及教学现状

如果我们想要大力促进排球运动的发展，就要全面把握排球运动的特征、洞察排球运动的课堂教学现况，这些都是非常重要的。本章主要介绍排球运动的特点和课堂教学现况，主要从三个方面进行了论述，分别是排球运动的特征、大学生生理心理特性、高等院校排球运动的课堂教学现况。

第一节 排球运动的特点

一、排球运动形式的多样性

排球运动的场地设备非常简单，可设置在房间内，也可以建在户外。木地板、沙土地、草坪、冰天雪地，乃至水里都可以直接开展排球运动。现在的排球运动形式有很多种，如室内六人排球、沙滩排球、软式排球、气排球、墙排球、草地排球及专门为伤残人定制的盲人排球和坐式排球等。

二、排球运动广泛的群众性

排球场所设备简易，比赛标准非常容易把握。既可以在比赛场地上进行比赛、训练，亦能够在一般空地上进行，一人或多人都能够开展运动，运动量可多可少，适用于不同年龄段、不一样性别、不一样身体素质、不一样练习水平的人。

三、技术的全面性和高超的技巧性

从现有的排球运动竞赛规则上来看，每一个队员都会进行位置轮换，既需要到前排扣杀与拦网，还需要到后排防御与策应。正是在这样的情况下，规则要求每一个队员都全方位地掌握各类攻、防技术，可以在每个位置上比赛。排球运动竞赛规则要求，比赛中球不可以着地，务必把球击打出去，不可以接住球或抛出球，同一名队员不可以持续击球两次，三次内务必把球击打到对方场区等。击球时间短暂，击球区域变化多端，这些特点决定了排球的高超技巧性。

四、激烈的对抗性和严密的集体性

在排球比赛中，彼此之间的攻防转换自始至终要在激烈的对抗中开展。在高质量比赛中，双方运动员对抗关注的焦点在网上的扣杀上。在一场比赛中，夺得一分通常需要通过六七个来回的交战。水准越高的比赛，对抗角逐也就越猛烈。

排球比赛是团体比赛新项目，除开球外，都在团体搭配中进行。假如没有团体相互配合，再好的个人技术也无法得到充分发挥，更难以充分发挥战术的功效。比赛中球员要灵活运用比赛规则中许可的三次击球，利用精心的策划和恰当的相互配合，在一瞬间完成攻防转换。水准越高的队伍，团体的配合程度就会越好。

五、攻防技术的两重性

排球是一种使用多种技术都能够获得比赛分数，也可能丢分的项目，这样的情况在决胜盘比赛中更突出，所以每一项技术都具有攻击、防御的双重性。因而，排球运动员的技术不仅要有较大的杀伤力，还要有足够的精确性。

六、轻松的娱乐性和高雅的休闲性

排球运动不拘泥于形式，可隔网互斗，也可以围圈玩耍。只要有一个充足的空间，不管是海滩或是草坪，都可以使参与者享受其中的快乐。排球运动隔网抵抗，彼此并没有肢体接触，安全文雅，是许多人娱乐、休闲的理想化形式。

七、排球运动的健身性

依据排球运动的特征，参与排球运动不但可以锻炼身体、增强抵抗力，并且还能塑造机敏、坚决等个人心理素质，同时也是精神文明建设的重要手段。

（一）参加排球运动能增强体质，增进健康

排球运动能提高大众的力量、速度、体力、弹跳以及反应等身体素质水平和

运动水平，并改善人体内脏器官、机体功能情况，提升大众的中枢神经系统和内脏的身体机能，增强抵抗力。

（二）培养意志品质，愉悦身心

排球比赛训练可以锻炼人们的团结协作精神，锻炼人们坚忍顽强、不怕困难、坚持不懈的意志力。参与排球运动还能让人们释放压力，陶冶情操，减轻工作、生活压力，提高人际交往能力。

第二节 大学生的生理和心理特点

在校大学生就是指正在进行高等教育的学生，其年纪一般在18～23岁，他们属于青年人中后期。大学生生理已基本发育完全，其心理状态具备青年人中后期的诸多特性。

一、大学生的生理特征

（一）形态发育

低学段在校大学生早已经历了最后一个成长发育的最佳时期，个子、体重、胸围、肩膀宽度、头围、盆腔等身体条件已经逐渐转到缓慢发展的过程，人体骨骼已经基本钙化并固定。在这个年龄层，由于受激素的影响，人体肌肉纤维逐渐变宽，呈横向发展的趋势；肌肉组织的水分日益减少，蛋白质、人体脂肪、糖和无机化合物成分日益增多；肌肉组织横剖面、肌肉组织重量和肌肉耐力都显著增加，达到成年人水平。男、女学生在外部形态上出现了明显的差别，男孩子的喉结越来越大，喉部扩宽，音标发音浑厚，肩膀变宽，胸部展现出前后左右扁平的形态，须毛散生，看起来十分健壮。女生乳房突显，喉部拉长，声线细而长。这种第一性征的诞生，说明生理发育已逐渐成熟，身体能够承受比较大的负载，为负担繁杂的脑力和体力活动，适应各种艰难的环境，同时为个人心理素质的健康发展奠定了生理条件。

（二）心肺系统

在校大学生的心脏在形态结构和结构功效上都已达到成年人标准。此时，其心脏净重大约为300～400克，心脏的容量在240～250毫升，心跳频率为65～75次/分钟，血液量占体重7%～8%，心脏每一次搏动可以输出的血液量大约为60毫升。对于绝大部分男生和女生而言，心血管系统基本能承受各类剧烈的身体活动的。发生青春发育期高血压的人，如果过去有锻炼身体的好习惯，运动后无不良反应，仍然能正常锻炼身体和从事体力活动。只需要适度留意运动量与医务人员监管就可以。随着年龄增长和身体内部环境的融洽均衡，这种情况就会自然消退。大学生呼吸道已接近成年人的水平。心肺器官的结构和功能快速成长发育，心跳次数慢慢缓减，呼吸深度也随之增加。[1]

二、大学生的心理特征

大学生的生理发展逐渐成熟，随着地位和使命感及其学习与活动方法的改变，大学生的智力发育到领先水平，变成充满活力的青年人，因此心理状态的发展变化也十分大，心理状态活动活跃，心理特征多种多样，形成了自己的特点。

（一）大学生自我意识的基本特征

大学生开始设计自我未来的发展，其心理状态活动转入隐蔽的内心深处，深度、广度及其发展速度均远远超过中学生。大学生自身构想十分丰富、细致，开始从社会认知层面了解自己，并对自己作出相应的评价，同时感受自身，操纵调整自身，处于自我认同趋于完善的阶段，大学生个人评价能力逐步提高。大学生对个人的评价开始涉及很多方面的内容，不仅包含自身的仪表风度，同时也开始评价自身的才能、个性、品行、观念。个人评价能力的高速发展，在无形中提升了大学生的自信心，从而进行自我剖析、个人评价，以此来实现自身的完善。大学生个人评价的主动性、积极性和稳定性有非常大的个体差异。大学生的自尊心、独立性和自信心增强，喜欢发表自己的见解，不喜欢他人对自己言行的干涉，希望成为自己命运的主人，因而顽强、坚毅、坚韧不拔、做竞争的强者等优良心理品质获得较大发展。

---

[1] 杨建平. 高校排球运动教学模式探索与实践[M]. 哈尔滨：哈尔滨地图出版社，2007.

(二)大学生的智力发展达到高峰

大学生的观察能力显著提高，观察事物的目的性由被动向主动和自觉过渡；观察的精确性、仔细程度大大提高；大学生观察事物的抽象性得到了显著的发展，能找到事物的相同点与差别，及其与其他事情的联系。大学生思维敏锐，思维的速度更快，转移至另一个问题的速度也比较快。与此同时，大学生还善于运用理论思维讨论基础理论难题，大学生思想的宽阔性与思辨性的高速发展，促使他们对人文科学、数学物理、天文地理等多学科都有兴趣，对天、地、人和日、月、星都开始思考，但考虑最多的就是人生问题。大学生富有理想，对未来一切充满着憧憬与希望，再想象能力更为详细与精准。

(三)情感日益丰富，情绪易于激动

大学生热情奔放，有着丰富、复杂而又强烈的情感世界，且易趋于两极；在情感的体验及情绪上有更长的延续性，有一定的自我调节和自控能力，出现比较曲折、掩饰的特点，甚至外显的形式和内隐的体验有时完全不一致。和成人相比，大学生的情绪具有不稳定性。大学生情绪和情感具有的二重性是实施教育过程中需要认真注意的，要支持和鼓励他们豪情满怀为真理献身的积极情感和行动，要教育和疏导他们不冷静、易冲动、盲目狂热等消极方面的情感和行动。

(四)个性基本形成

通过青年期的社会化过程，大学生的个性趋于定型。他们有不同层次的理想，对未来抱有美好的希望和幻想。他们精力充沛，兴趣广泛，乐于探索科学的各个领域，具有明确的方向性和选择性。他们的意志和各种品质得到了较大的发展，自身的性格逐渐形成，向稳定方向发展。他们的人生观基本确立，对于自然和社会现象已经形成比较系统的观念和认识。他们关心祖国，有着强烈的振兴中华的愿望，不满足于现状，勇于改革。但由于他们缺乏社会实践经验，观察问题比较简单，有时容易要求过高、过急，甚至有些人会产生一些悲观消极的想法。

三、大学生健康体育的特点

从生理角度来说，大学生的神经系统功能极其完善，心脏功能也基本健全。

同时，大学生的生殖发育系统也日益成熟。此外，大学生的运动器官系统整体呈现为稳步发展的状态，但是由于地域差异、个别差异，同时受性别等因素的影响，不同大学生的运动素质发展情况具有一定的不平衡性。从心理角度观察，大学期间是人类个性形成的关键期，自我认同比较明显，客观性极强，情绪极为丰富，性心理提升，智力水平较高。从社会角度来看，在个人社会化过程中，大学生已基本具有参与人际交往以及社会活动的能力，这都决定了大学生的健康体育特性。

（一）根据兴趣和身体情况，参加较大强度、大负荷量的身体锻炼

由于大学生身体的肌肉、骨骼系统、内脏器官机能均已发育到人生的最高水平，身体的控制能力和各项运动的机能与少年期相比，均有明显的发展，为系统地进行体育训练、追求高水平的运动创造了有利条件。因此，大学期间，学生要从健身、健美、娱乐等需要出发，积极参加个人喜欢的各种体育活动，也可以参加各类竞技项目的训练与比赛活动。这里的大强度、大负荷量是个相对的概念，在实际中应因人而异，并应随着锻炼水平的提高而改善，不能带有盲目性，造成不必要的伤害。

（二）锻炼内容应具有多样化

青年人的兴趣广泛，爱好多样，因此，在安排身体锻炼时要考虑内容的多样化。由于人的经历以及受教育程度的不同，对体育的经历和爱好影响也不尽相同，大学期间的体育价值观、习惯、运动技术等方面都存在较大的个体差异。因此，这一时期，大学生应尤其注意体育的多层次性特点，锻炼过程应注重从实际出发的原则，选择适合个人的锻炼内容、方法和场所，从个人的实际能力和条件出发，坚持身体锻炼，从而为健康体育打下基础。

（三）大学体育锻炼的实用性特征

对于学生而言，因为课程设置的差别，如果想要发展健康体育，就需要考虑自身所学的专业和对未来职业规划的需求，掌握未来岗位所需要的运动锻炼专业知识、方式与方法，掌握岗位应用性体育技能以及与职业属性相似的体育项目，提升未来职业规划所需要的一些运动素质以及对外界因素的融入能力和抵御能力。

第三节 高校排球运动的教学现状

一、大学生排球运动参与情况

篮球、排球、足球合称为"三大球",是高等院校比较常见的体育运动。据统计,在大学生对这三大球类运动的喜爱程度中,排球处在最后的位置。大学生参与排球运动存在接触时间晚、参与时间较短、参与排球运动频率不规律的现象。这主要是由于排球的技术水平高,大学生在刚开始接触的时候,球对胳膊的刺激比较大,会出现痛感,特别是女生参与排球的积极性明显下降。大学生课余参与排球活动的人数众多,但习惯性参与者偏少,大部分的学生都是偶尔参与一次排球运动。

二、排球教学现状分析

因为大部分的学生在入学前排球基础技术水平比较低,所以要让学生在有限的课时内,很好地把握排球基础知识、基础技术、专业技能是一个较大难题。教师对教学具体内容的分配一般是遵照教材章节目录次序,先技术性教学、后战术教学,这样排球技术和战术教学具体内容迥然分开。这种分配方式一方面展现了教学内容由浅到深的教学次序,另一方面又展现了技术是战术的前提,同时还可以使技、战术教学具体内容归类,做到一目了然。但这种布置的较大缺点是无法直接反映技、战术二者具体内容的相互关系。

三、排球教学改革

排球教学已不是简单的技术性教学,而是系统化教学,这就需要教学由重视掌握运动技能,向重视塑造学生体育意识、兴趣爱好、能力和风格的方向转换;由纯粹注重技评和分数的学习培训,向注重学生学习过程转换;注重在学习中激起学生的学习兴趣,启迪学生的思路,使学生积极研究难题,独立活动。教师角色要再定位,从原来的教育者转化成学生学习的引导者、合作方。教学模式也要由密闭的教学组织结构,向开放的教学组织结构转换。

（一）引进国外先进的教学理论与方法

高校应引入先进的教育观念理论与方法，根据教学试验来考察它在排球教学中的各种效应，再加以更新改造，使之成为结合我国国情和排球重点教学特征的中西融合的新式教学方式，并逐渐衍生出新的教学思维方法管理体系。

（二）培养学生的参与意识

提高学生学习的积极性是决定教学的关键因素。当今大学生的体育意识具备人性化、应用性的特点，因而，排球学科的教学具体内容务必从六人制室内排球的桎梏中解脱出来，引入软式排球、气排球、墙排球、沙滩排球等游戏娱乐排球。只有当多样化的排球运动形式符合学生学习排球的多种动因时，学生参与排球健身运动的观念才能得到提高。

（三）科学制定课程目标

课程目标的制定具有十分重要的意义，其制定的科学性直接影响排球教学的方方面面，如排球课程教学内容、教学手段、教学组织、教学方式、教学评价等。我们可以将排球课程的教学目标界定为：根据排球课程内容开展有目的的教学，引导学生领悟终身受益的运动锻炼的基础知识与方式方法，并从这当中感受幸福、修身养性，提升排球专项运动素质，培养、掌握符合未来社会发展所需要的心理素质，以及对外界因素的融入能力和抵御能力，为全面发展教学服务。

（四）潜心安排教学组织形式

在普通高等院校体育运动教学中，从宏观层面按学生的体育爱好开展编班教学的形式已得到了广大体育教师的赞成。其基本方式是：一是按学生运动具体能力水准将教学班分成出色组与一般组，教师将教学的重心放在一般组，对其开展加强教学，从而使得学生更加积极、自主学习。此外，适度兼具出色组，给他们提出更高的要求，每一次开展动作技术专业测评，按专业测评得到的结果推行动态性调节，让一般组学生体会到经过努力升上出色组的自我成就感和荣誉感，而出色组的学生为了能留在出色组，在能力上面肯定也会更上一层楼。二是开展相辅相成分类教学。比如，在背向双手垫球技术教学中，首先由教师讲解示范，逐渐开展一段时间的自抛—自垫训练。然后开展一人一组的训练，练习时轮着担任

"小老师",给练习者及时提供反馈情况,形成相互监督、激励、共同奋斗的优良学习气氛。

(五)精心设计练习手段

在排球动作技术教学中,训练方式安排得是否科学对教学实际效果的好与坏有着极为重要的影响。训练方式的设计方案不仅考虑使用时的层递性,还要了解它的实用性。比如,在进行扣杀技术的挥击动作教学时,可以通过增长网高的训练方式,达到更明显的教学实际效果。因为在最开始的低网练习时,学生能把精神集中在挥击动作上,可以从中感受到"一锤定音"带给自己的快乐,从而可以激发学生的积极性和主动性,在学生基本掌握动作要点的前提下逐渐升高网的高度,让学生经过不懈奋斗,充分发挥自己的水准。

(六)科学运用教学方法和手段

因为排球课程内容教学的时长不足,加上学生年龄、性别、运动能力等因素的影响,在进行教学方式选择的时候,应依据不同阶段的特点选择不同的教学方式。应用多媒体系统技术,完成教学方式智能化,一些难懂理论、繁杂的健身运动还可以通过三维动画、虚拟现实技术等各种方式,使学生从理论与实践融为一体的视觉信息中认知抽象化信息、了解繁杂的内容,有益于提升学生的视觉体验,全心全意地进入学习状态,以达到传统式教学不能达到的独特属性,完成教学目的。运用影片、电视录像、计算机 CAI 等媒体技术方式,能够动态性地仿真模拟排球战术的时光特点和持续转变全过程,提升形象化教学效果。

比如,在掌握动作技术环节,应依据学生能够利用已经知道的专业知识的心理学特性,尽量采用诱导性示范的方法开展教学。例如,在垫球练习的时候,教师可以在学生把握正面双手垫球的前提下诱导学生怎样把握变向垫球的动作方法与要点,充分激发学生的想象力与创造力;依据学生不容易发觉本身不正确动作的心理特点,尽可能应用即刻信息反馈机制改正错误的办法。例如,在训练上手传球技术时,用简约语言表达并立刻将信息传递给学生,让学生立刻改正动作。

(七)课余排球竞赛

组织课余排球竞赛活动,一方面,通过竞赛激发学生对排球的热情,使学生喜爱该项运动，从而引导他们参加课外锻炼，丰富大学生的体育文化生活，掌握一项锻炼身体的运动方式，为终身体育奠定基础；另一方面，能使课堂教学与课外活动有效结合，提高教学效果。

第三章 排球运动的学科基础

本章主要介绍了排球运动的学科基础，主要从四个方面进行了阐述，分别是排球运动的运动生理学基础、排球运动的运动心理学基础、排球运动的运动生物力学基础、排球运动的运动生物化学基础。

第一节 排球运动的运动生理学基础

一、运动负荷

（一）运动负荷的本质

所谓运动负荷，就是将身体练习作为一种基本方法，以此为基础，对人体形成有效的刺激作用。机体对这一刺激的反应，具体表现为生理与心理两个层面。这里所说的运动负荷是指生理负荷，即身体所受到的运动刺激。当运动负荷受到剧烈激发时，与运动紧密联系的各器官系统机能状态会受到不同程度的影响。所以生理负荷量可通过有关生物化学方面的指标进行测定。运动负荷外在表现形式是量和强度，内在表现是心率、血压、血乳酸及其他生理机能指标的改变。运动负荷越高，刺激强度也就越强，机体发生的反应也就越多，各生理指标均会发生显著的改变。

（二）机体在运动负荷作用下的响应特点

运动负荷对机体产生刺激作用时，人体各器官和系统都会作出相应的反应，常以耐受、疲劳、恢复、超量恢复、消退以及其他机能变化显现出来。在进行体育教学和运动训练时，一节训练课就能引起身体机能变化和反应特征。

1. 耐受

排球运动员在参加锻炼的时候，锻炼产生的负荷的刺激，机体会产生一定的耐受能力。这种耐受能力有多大，维持时间有多长，主要取决于两个方面：其一，运动负荷强度大小；其二，运动员的训练水平。机体耐受阶段将显示出相对稳定的工作能力，能够较好地完成训练任务，从这个层面来看，训练课应该是这一阶段的主要工作。机体耐受运动负荷程度个体差异很大，并且受训练负荷量、强度等多种因素的影响。另外，训练结束时机体机能恢复情况和运动员身体机能状态对其也会产生影响。

2. 疲劳

经过一段时间的运动负荷刺激后，机体的机能及速率都将逐步下降，此时会产生疲劳。运动员训练之后的疲劳度、训练多久会产生疲劳感，这主要是由培训目的决定的。在训练期间，运动员的疲劳度只有达到一定的水平，恢复期才能达到理想的恢复效果，才能切实地提高运动员的运动水平。

3. 恢复

在完成排球运动的训练之后，排球运动员需要靠饮食来补充体力，身体在摄取养分之后，就会立刻补充与恢复在训练期间所消耗的能源物质，对紊乱的内部环境进行修复，使身体各器官系统机能都能恢复至训练之前，完成机体结构和机能上的重构。机体疲劳程度决定着身体恢复所需的时间，疲劳度越重，恢复时间越长；疲劳度越轻，恢复时间越短。

4. 超量恢复

就排球项目而言，消耗掉的能量、降低的功能，经过锻炼不但可以得到恢复，甚至可以超出培训前的水平，这一现象就叫作超量恢复。一般对于运动员而言，运动负荷量越大，强度也越大，身体越疲劳，那么，锻炼后超量恢复情况也就愈明显，运动能力增长越强。

5. 消退

通过运动训练带来的机能提高以及运动能力的增强，并不能一直持续下去。如果不能在已经取得超量恢复的基础上适时增加负荷，那么运动训练的效果在维持一段时间之后，就会慢慢减弱，机体机能也会回到之前的水平，这一现象就叫作机体适应运动负荷刺激的减退。要想促使排球运动训练效果得到稳步提高，必须以最后一次训练出现超量恢复为条件，高质量地做好下一次训练加量工作。

（三）机体对运动负荷的适应与训练效果

1. 机体对运动负荷的适应性

应激性和适应性是生物机体具有的基本特征。机体不仅具有对刺激产生反应的能力，还具备适应的能力，人体对运动负荷刺激的适应也同样具有这一特性。长期系统的运动训练使机体各器官系统的形态、结构、生理机能等方面因为适应训练的强度而发生改变，如系统力量训练引起的肌肉肥大、肌纤维增粗和肌肉力量增长、耐力训练引起的"运动性心脏增大"等都是长期运动负荷刺激下机体产生的一系列良好适应效果。

2. 训练效果

从本质上来说，运动训练是以身体练习或者对一些项目进行技战术练习为基础，带给人体各器官系统一系列大量的生理负荷刺激，让训练者从身体形态、生理功能及生物化学上出现主动适应性变化，从而增强运动能力，人们常将这种适应性变化叫作训练效果。

排球运动训练结束之后，运动员会有恢复期，在此时期，身体所耗能量和酶及其他物质不但可以复原，还会出现超量补偿的现象；运动时受损的肌纤维不只是被修复了，而且还会粗化，同时还会产生更大的收缩力量。故而恢复期中既有机体结构的改善，称为结构重建；又有机体机能的提高，称为机能重建。长期的运动训练，在实际过程中反复出现"刺激—反应—适应"的过程，是机体对运动负荷刺激从不适应到逐步适应的过程，也是身体结构与机能不断破坏与重建的循环往复的过程。这些过程结束之后，人体的运动能力往往会出现大幅度提升。

3. 运动负荷阈

在排球运动过程中，机体承受的生理负荷是对机体的有效刺激，是引起各器官系统功能产生适应性变化的原发因素。但刺激引起机体出现反应与适应的程度与刺激强度的大小有关。运动负荷过小，不足以给机体带来足够的刺激，很难引起机体的适应性变化；运动负荷过大，给身体带来超出承受范围的刺激，不但不能提高适应能力，反而会伤害运动员的身心健康，甚至出现运动损伤，并可能引发过度训练或过度疲劳等病理性改变，导致不良后果。因为机体对不适宜的刺激也会产生适应性改变，但其适应的结果往往是消极的，不是运动员所希望看到的。

因此，只有生理范围内的适宜刺激才能加快机体适应，并使机体的形态、结构与生理机能产生运动员希望出现的良性适应。要注意的是，应结合运动员自身情况制定训练量和强度，并非训练量越大训练效果越好。

运动负荷阈是指校园排球课程训练适宜生理负荷的低限至高限。运动练习的强度、持续时间、练习密度和数量是构成运动负荷阈的四个基本因素。这四个基本因素之间存在相互联系、相互作用的关系，当其他因素大体相同时，四个基本因素中的任何一个发生变化都会影响练习给人体带来的生理负荷量。

二、影响体能训练的生理学因素

（一）影响速度素质训练的生理学因素

一般来说，速度素质是由多个因素组成的，主要包括反应速度、动作速度和位移速度。这三方面的素质是深入解读速度素质的重点。

1.影响反应速度的生理学因素

（1）中枢神经的兴奋状态

中枢神经系统的兴奋状态会影响机体的反应速度，中枢神经系统越兴奋，机体的反应速度就越快。但是，如果运动员中枢神经系统的兴奋度一旦下降或是运动员过度劳累，那么运动员的反应就会变慢。

（2）反射活动的复杂程度

反射活动的复杂程度决定了反应时的长短，也对人体反应速度有着显著的影响。反应时可以理解为机体对刺激作出肌肉动作的反应时间。反应在很大程度上受感受器敏感性、中枢信息加工时间和效应器兴奋程度的影响，具体步骤如下：人体感觉器官受到刺激而兴奋—兴奋顺着传入神经到达中枢神经—大脑中枢按照以往的经验来分析传入的兴奋（刺激方式越烦琐，中枢神经信息加工时间越长）—中枢发出的冲动顺着传出神经到达人体相应肌肉群—肌肉按照刺激的特征和要求作出相应反应。

（3）刺激强度

人体反应速度也同样受到刺激信号强度的影响，信号强度越大，人体就越容易产生反应。

（4）注意力集中度

机体反应速度受个体注意力的影响，注意力的集中程度越高，机体的反应速度越快，反之，个体的注意力集中程度越低，反应就越慢。

（5）遗传因素

反应速度在很大程度上受到遗传因素的影响。有关调查研究表明，人体反应速度遗传力可达75%。

2.影响动作速度和位移速度的生理学因素

（1）身体形态和发育

运动员的身体形态和发育状况对其速度素质具有重要的影响，二者具有十分密切的关系。身体形态在速度素质中的作用大小，主要是由运动员肢体的长短来决定的。若其他条件相同，就可以得出如下结论：上、下肢的长度与该部位的运动速度呈正比。人的四肢运动形式为肢体围绕关节轴旋转，运动员手脚离轴心越远越好，距离越远，移动的速度就越快。

（2）能量供应

在校园排球课程教学中，人体肌肉收缩速度受以下几项因素的影响比较显著：第一，肌纤维中动用化学能的速度与强度；第二，兴奋从神经向肌肉传导的速度与强度；第三，机体化学能转变为收缩机械能的速度与强度；第四，机体释放和分解三磷酸腺苷（ATP）的数量与速度。

大量研究表明，在人体的三大代谢供能系统中，动作速度和位移速度的能力主要取决于磷酸原（ATP-CP）系统的无氧代谢供能能力。通过科学的体能训练，改善ATP-CP系统的供能能力，能有效地提高运动员的动作速度和位移速度。

（3）肌肉力量

从力学角度分析，加速度是影响一定时间内速度大小的决定性因素，而加速度大小取决于克服阻力做功的力量，力量越大，加速度就越大。对于人体来说，体重是需要克服的最大阻力，因而人体质量（体重）与加速度呈反比。想要提高动作速度，运动员可以通过提高力量素质和减少人体质量带来的阻力两个方面实现。而我们知道，人体力量与体重之比是相对力量，因此，相对力量越大，运动中肌肉越易克服内外阻力。所以影响肌肉的相对力量必然会影响动作速度与位移速度。

（4）肌纤维百分比

研究证明：人体内肌肉块肌纤维的百分比与其快速活动的能力呈正比关系，速度性项目中优秀的选手身体快速运动的能力强于耐力性项目中选手身体快速运动的能力。优秀的短跑运动员的快速运动能力惊人，其肌肉块肌纤维百分比可高达95%。

（5）神经系统的功能特点

神经系统可以有效支配与控制肌肉活动。运动生理学指出，人体完成不同形式的快速运动都是在神经中枢活动高度协调的支配作用下完成的，也可以理解为机体在支配作用下表现出较快的动作速度与位移速度。提高神经中枢活动的协调性，能保证运动员在提高动作速度和位移速度的过程中，机体迅速组织必要的肌肉协作参与活动，抑制对抗肌（肌肉内部的阻力）的消极影响，从而表现出较高的运动速度。

研究显示，神经活动过程是否灵活会对人体肌肉产生两大影响。一是影响肌肉的剧烈收缩能力，二是影响肌肉随意放松的能力。后者则为神经中枢适当抑制状态下的产物。在锻炼时，肌肉完全松弛的能力和长期保持高速运动的能力是呈正比的。

在此基础上，人体中枢神经系统兴奋和抑制的转换时间，将直接关系到运动员运动时的转换速度，两者有着紧密的关系。具体体现在两者呈反比例关系，也就是兴奋与抑制神经元转化得越快、越好，转换的速度越快，转换的时间越短。运动员从事高速度的活动时，疲劳最原始的表现形式是中枢神经疲劳，随之而来的是机体运动速度下降，最终机体活动彻底停止。所以当运动员以更高速度完成动作时，动作持续时间不能过长。

（6）遗传因素

众多实践结果表明，个体遗传因素能够对排球运动员的动作速度与位移速度产生相对明显的影响。

（二）影响力量素质训练的生理学因素

影响排球运动员力量素质训练的生理学因素主要包括最大肌肉横断面积、肌肉初长度、肌纤维类型、神经因素，此外还有性别、年龄、激素等多方面因素。排球运动员力量素质训练的生理学因素和力量素质训练的注意事项如下：

1. 最大肌肉横断面积

最大肌肉横断面积指横切某块肌肉所有肌纤维所获得的横断面面积，最大肌肉横断面积是由机体肌纤维的数量及肌纤维的粗细来决定的，通常用"平方厘米"表示。生理学研究表明，人体每平方厘米横断面积的肌肉在最大用力收缩条件下可以产生3~8公斤的肌力。机体肌肉的最大横断面积与该肌肉的力量存在正比例的关系，即肌肉的最大横断面积越大，肌肉力量也就越大。

在排球运动训练中，运动员常常会通过参与相关的力量训练来达到增强肌肉力量的目的。力量训练的原理是最大限度地增大运动员力量肌肉中的肌肉横断面积。但必须强调的是，肌肉横断面积无法全方位地阐述力量训练过程中反映出的全部生理学现象。

2. 肌肉初长度

运动员的肌力大小与肌肉收缩前的初长度也具有密切的关系，二者呈正比例关系。通常情况下，肌肉收缩前的初长度越长，肌肉收缩的张力及缩短的程度越大。出现这种生理现象的原因反映在两个方面：一方面，肌肉本身具有弹性，在受到快速牵拉时可弹性回缩；另一方面，肌肉拉长时，肌梭感知肌纤维长度变化而产生冲动，通过牵张反射机制提高了肌肉的对抗力，即用肌纤维回缩的形式对抗肌肉被动拉长。对于排球运动训练而言，肌肉初长度对运动员各项动作的发挥情况有显著影响。

3. 肌纤维类型

根据肌肉收缩特性划分，肌纤维有快肌与慢肌之分。两者相比较，快肌引起的收缩力较大。因此，运动员的骨骼肌中快肌纤维百分比越高、横断面积越大、直径越长，则肌肉收缩力量大；反之，肌肉力量小。

通常情况下，人体肌纤维的发展状况会在一定程度上受到遗传因素的影响，但是先天条件的影响较小，最重要的是受后天训练因素的影响。例如，在田径运动项目中，短跑运动员拥有较多的快肌纤维。另外，研究还发现，快肌的纤维横断面积、快肌的收缩力量，慢肌的纤维横断面积、慢肌的收缩力量等可以在力量训练的影响下相应增加，但快肌纤维增加的速度比慢肌要快。

4. 神经因素

（1）中枢驱动

所谓中枢驱动，可以理解为机体中枢神经系统调动肌纤维参与收缩的能力。运动员在体能锻炼时，肌肉收缩力的大小与参加锻炼的肌纤维数量存在着紧密的联系，但是，并非所有肌纤维均参与肌肉做最大用力收缩过程。对于缺乏训练的运动员而言，机体只能动员肌肉中 60% 的肌纤维参加肌肉的收缩活动，优秀的运动员在运动中，机体可以同时动员肌肉中 90% 以上的肌纤维。中枢驱动的原理是支配运动员机体中的肌肉的运动神经元放电频率及其同步变化，通过力量素质训练能够有效提高运动神经元的放电频率，进而增强中枢驱动能力。

（2）神经中枢对肌肉工作的协调及控制能力

排球运动员在参加整个锻炼的过程中，完成每一个动作，都要通过全身每一部分肌肉的协同努力来完成，机体各肌肉群常受相关神经中枢的支配，执行相关任务。所以运动员要重视提高机体神经中枢协调控制肌肉工作能力，增强主动肌和协同肌、固定肌、对抗肌间的协调能力，让不同肌肉群协调配合，才能够使肌肉群得到最大限度的锻炼。研究发现，力量训练对主动肌运动有一定影响，力量训练能增加收缩过程中肌肉所产生的力量。

（3）中枢神经系统的兴奋状态

中枢神经系统的兴奋状态会促使机体释放大量肾上腺素、乙酰胆碱等生理活性物质，进而促使肌肉力量增强。研究发现，人在极度激动或紧急情况下会发挥超大力量。分析出现这种现象的主要原因能够发现，一方面，情绪极度兴奋使肾上腺素分泌大量增加；另一方面，大量增加的肾上腺素提高了肌肉的应激性，同时神经中枢发出了强而集中的冲动，机体的"储备力量"得到了迅速的动员。

研究显示，儿童、少年时期，力量训练能引起肌肉力量的大幅度增加，但肌肉力量增大的同时，肌肉体积的增长速度较为滞后；在力量训练的后期，机体肌肉力量的进一步增加会在很大程度上更加依赖肌肉体积的增长。这表明，机体的神经系统功能的完善对肌肉功能的发育有重要的影响，而且适应机制在人体力量训练的不同时期表现也各不相同。

（三）影响耐力素质训练的生理学因素

运动员耐力素质的高低，主要受运动员个性心理特征、运动技能水平和战术运用等诸多因素的影响。其中影响机体耐力生理学因素包括有氧耐力与无氧耐力两种。

1. 有氧耐力

（1）氧运输系统的功能水平

呼吸系统、血液、循环系统共同构成了人体的氧运输系统。氧运输系统的功能和任务主要是完成运输氧气、营养物质和代谢的产物，对机体的有氧耐力有重要的影响。氧运输系统的功能水平也称最大氧运输能力，主要受以下两方面因素的影响：

①血液的载氧能力。血液血红蛋白含量的高低会对血液载氧能力产生影响。研究表明，1 克血红蛋白可以结合 1.34 毫升氧气，血红蛋白含量与血液结合的氧气量呈正比例。一般来说，成年男性机体内每 100 毫升血液内，含有血红蛋白约为 15 克、氧容量约为 20 毫升，女性和少年、儿童则较少。优秀的耐力项目运动员的血红蛋白含量可达 16 克/100 毫升血液，血液的载氧量也比一般人多。

②心脏的泵血功能。最大心输出量（心脏每搏输出量与心率的乘积）对心脏泵血功能具有较大的影响。最大心输出量与肌肉组织在单位时间内获得的血流量及单位时间内氧气的运输量呈正比。研究表明，和一般的运动员或普通人相比，优秀的耐力项目运动员的心室腔容积大、心室壁厚；心脏每搏输出量也更大（优秀运动员为 150～170 毫升，普通人为 100～120 毫升），即使在高达 200 次/分钟的心率时，每搏输出量仍不减少；心肌收缩力也较大，射血速度也较快。

（2）神经系统的调节能力

作为排球运动员，具备良好的耐力基础是非常重要的，需满足以下条件：一是神经系统能长期兴奋；二是神经系统对节律性转换具有很强的抑制作用；三是运动中枢和内脏中枢协调活动能力强，能使肌肉收缩与舒张保持良好的节律；四是运动器官和内脏器官能有效地进行合作。这表明，从本质上提高神经系统调节功能，帮助排球运动员神经系统活动更进一步满足耐力运动相关要求，在排球运动员耐力素质训练中，关系着排球运动员提高耐力素质的效果。

（3）骨骼肌的氧利用

骨骼肌氧利用状况在耐力素质训练中也有一定的作用。运动员的氧利用情况如下：

①人体肌肉组织主要是通过流经其内的毛细血管血液来吸收并获取氧气。所以生理学认为，肌纤维类型、肌纤维有氧代谢的能力影响着人体肌肉组织氧摄取与利用的能力。就人体肌纤维而言，Ⅰ型肌纤维占比及其所处肌肉的有氧代谢酶的活性与肌肉摄取和对其的利用能力呈正比。实践表明：高水平的耐力项目选手慢肌纤维所占比重较大，氧化酶活性较强，线粒体数目较多，毛细血管分布致密，肌肉对氧有很强的摄取与利用能力。

②在影响耐力的机体机制中，心输出量是其中的核心影响因素，肌纤维类型的比例构成及其有氧代谢能力是次要影响因素。

③机体在运动时，骨骼肌的氧利用能力受无氧阈的影响。以无氧阈的最大吸氧量比值为例，比值越高，肌肉的氧利用能力越强。一般人的无氧阈约为65%，优秀耐力运动员的无氧阈可高达80%以上。

（4）能量供应水平

研究表明，运动员在参加耐力性运动时，机体的大部分能量都来源于机体内部肌糖原和脂肪的有氧氧化。因此，机体的肌糖原含量不足可以明显影响运动员的耐力水平，在运动前或运动过程中，通过合理训练而使机体的肌糖原储备增加、有氧氧化的能量利用效率提高、肌糖原利用节约、脂肪利用比例提高等，对提高运动员的耐力素质十分有益。

（5）能量利用效率

在单位耗氧量条件下，机体在运动中做功的能力就叫能量利用效率。相关研究证实，在运动员的其他机体因素相同或相似的情况下，耐力素质高低的差异更多的是来自机体能量的利用效率，影响率最高时可达65%。考斯蒂尔研究发现，两个马拉松运动员的最大吸氧量相对值如果是相同的，并且他们在运动过程中均使用了85%的氧气，能量利用效率高的那个运动员可以比另一人的成绩快13分钟。

2. 无氧耐力

（1）骨骼肌的糖无氧酵解供能能力

骨骼肌的糖无氧酵解供能能力在运动员无氧耐力运动中起着重要作用。肌糖原在运动中的主要功能是以无氧酵解的方式向人体供能，它还是锻炼无氧耐力最重要的能量来源。锻炼时，肌糖原无氧酵解能力的高低，主要受肌纤维百分组成和糖酵解酶催化活性等因素的影响。相关学者研究发现，在各种代谢性质的运动项目中，运动员肌纤维百分组成和糖酵解酶活性有较大的差别，也是造成运动员无氧耐力差异的重要因素。

（2）肌肉对酸性物质的缓冲能力

对于排球运动员来说，肌肉对酸性物质的缓冲能力会影响到肌肉的耐受能力。细胞内部和体内环境理化性质变化对人体运动能力有影响，特别是会影响人体耐力。机体内部理化性质改变以肌肉糖酵解为主，H^+是肌肉糖酵解后的产物，可大量积累于人体肌细胞中，甚至会聚集于血液中，改变其酸环境，继而引起肌肉中酸的含量升高，影响人体正常耐力素质水平。

人体内的肌肉、血液都含有缓冲酸碱的物质，维持体内环境pH稳定。缓冲物质由弱酸、弱碱和强碱形成的盐类按照一定比例构成。研究表明，增强机体耐酸能力，是提高无氧耐力水平行之有效的方法，而无氧耐力训练并不直接改善排球运动员体内缓冲酸碱物质，但增强了运动员在训练中因酸碱物质而引起的不适，从而大大提高了排球运动员的耐受能力。

（3）神经系统对酸性物质的耐受能力

神经系统对酸性物质的耐受能力在一定程度上也影响着运动员的无氧耐力素质。从总体上来讲，人体的内环境是酸性的，安静状态下，人体血液的平均pH为7.4，骨骼肌细胞液的pH约为7.0。这是因为酸性物质在机体内积累的速度很快，肌肉和血液中存在的能缓冲酸碱的物质来不及进行足够的缓冲以维持酸碱平衡。在运动状态下，机体的骨骼肌细胞内和血液pH会有所下降。其中，血液pH可能降到7.0左右，骨骼肌细胞液的pH可降到6.3。

经过相关实践证明，机体的神经系统不仅可以协调运动肌的驱动，还可以协调不同肌肉群之间的活动。这对于提高运动员的无氧耐力水平具有十分重要的作用。研究表明，神经系统的以上两个协调功能会受到机体大量酸性物质的影响，合理与科学的无氧耐力训练有助于运动员在运动中提高神经系统的耐受能力，对抗运动中产生的大量酸性物质。

（四）影响柔韧素质训练的生理学因素

1.肌肉、韧带的弹性

对运动员柔韧素质发展有直接影响的因素有肌肉组织、韧带组织的弹性。这里需要指出的是，年龄不同、性别不同、训练程度不同的人，他们机体肌肉组织、韧带组织的弹性也是不同的。此外，中枢神经系统兴奋性对肌肉组织的弹性变化也会产生一定的影响。例如，比赛时运动员情绪激动，他的柔韧性一般会比平时要强。

2. 神经过程转换的灵活性

神经过程转换是否灵活，对于运动员柔韧素质的提高同样起着非常重要的作用。人的身体在活动的时候，一方面，肌肉的基本张力和神经系统兴奋、抑制过程转换是否灵活是存在着紧密的关系的，中枢神经系统调节对抗肌之间的协调性、中枢神经系统调节肌肉的紧张与松弛等，都能够显著地增强肌肉的张力；另一方面，肌肉的张力又和神经过程分化抑制发生发展密切相关。由此可以看出，校园排球的教练员必须十分重视以机体神经过程变换为目标的灵活性训练，这样才有利于排球运动员身体柔韧性的大幅度提高。

3. 关节的柔韧性

关节的柔韧性与关节周围组织的大小密切相关。关节周围组织（肌腔、韧带、肌肉、皮肤等）的大小与伸展性、关节生理结构都会影响关节的柔韧性。

在关节周围的组织中，肌腱与韧带有助于加固关节。一方面，肌肉可以从外部给予关节一定的加固力量；另一方面，韧带的抗拉性能将关节的活动限制在一定的范围内，避免关节在运动中受伤。

对于运动员而言，发展关节的柔韧性主要是对限制关节活动的对抗肌施加影响，使关节的对抗肌可以主动牵拉伸展，从而减少对关节活动范围的限制，提高关节的伸展度和柔韧性。

需要补充的是，增进跨过关节的韧带肌腱和皮肤的伸展性则是运动员提高机体关节柔韧性的有效方式和重要方法。

4. 性别差异

从生理学角度分析，与男子相比，女子的柔韧性普遍较好。这是因为，男子的肌纤维粗长、强而有力，横断面积大，对关节活动范围限制较大；女子的肌纤维细长，横断面积小，伸展性好，对关节活动范围的限制较小。因此，在柔韧素质训练过程中，应区别对待男子与女子。

5. 年龄特征

（1）0～10岁运动员机体的柔韧性

从人的自然生长规律来看，初生婴儿的柔韧性最好。人体的骨骼在随着年龄的递增过程中，其柔韧性不断得到加强，因此，人体的柔韧性会有所降低。在10岁以前就应给予一定的柔韧素质的训练，以不断提高人体自然增长的柔韧性。

（2）11～12岁运动员机体的柔韧性

11～12岁，人体柔韧性有下降趋势，特别是髋关节，随着腿部前后活动的增多、肌肉组织的增大，髋关节明显缩小了左右开跨的幅度范围。在这个年龄段，尽管人体骨骼的弹性会增加，但肌肉韧带在伸展性方面仍然具有很大可塑性，所以要注重肌肉韧带伸展性训练，这样才能更好地改善关节柔韧性。

（3）13～15岁运动员机体的柔韧性

13～15岁，是人体生长期，人体骨骼生长迅速，肌肉增长速度相对缓慢，机体柔韧性减弱。这个年龄阶段要多进行全身性伸展训练，切勿过度发展身体柔韧性，以免引起拉伤。

（4）16～20岁运动员机体的柔韧性

16～20岁，人体在生长发育过程中日趋成熟，教练员进行柔韧性训练时，要适度提高训练的运动负荷和训练强度，从而为排球运动员掌握专项运动所需要的柔韧素质打下坚实的基础。

三、运动训练效果的生理学评定

（一）训练者安静状态下的生理适应特征

在长时间运动负荷刺激的作用下，运动系统各种器官系统。比如，和运动息息相关的血液循环系统、呼吸系统与神经系统产生了很好的适应性。

1. 运动系统

（1）骨骼的特征

运动训练对骨骼产生的影响，主要表现为骨密度的改变。针对各类运动项目进行研究，在具体分析运动员训练水平和训练年限的基础上，我们会发现骨密度表现出了不同的改变特征。适当锻炼能有效提高峰值骨量，延缓随着年龄增加出现的骨质疏松的速度。研究显示，运动员骨矿物质含量依照运动等级反映了不同水准，运动员骨密度随着训练的进行而升高。

运动项目会对骨骼产生一定的影响，不同的运动项目会带来不同的刺激，由此看来，骨密度也表现出很大的差异。具体分析，从事力量性项目的运动员骨密度最大，从事耐力性项目的运动员骨密度最小。主要原因在于不同的运动负荷刺激作用于骨骼的方式也各不相同，骨矿物质的合成效应也千差万别。负荷强度和BMC/BW（骨矿物质含量/骨宽度）之间存在着一定的联系，由于力量主导的运动项目的负荷强度比其他运动项目高，因此，力量型运动员BMC/BW的水平很高。如果进行的耐力运动超过了一定的量，对于女运动员来说，产生的雌激素会减少，对于男运动员来说，产生的雄激素会减少，进而导致骨代谢过程中，骨的吸收速度超过了骨的形成速度，骨密度下降。不仅如此，针对运动员体内不同的部位，其骨密度在训练时也表现出了不同的特征，就拿网球运动员为例来分析，握拍击球手比另一击球手骨密度高，这也从侧面说明了运动锻炼可以刺激局部部位的骨发育。

（2）骨骼肌的特征

运动训练使骨骼肌发生改变，具体表现为肌肉体积增加、横断面变大、肌肉力量变大等。在运动训练的过程中，力量训练能促进氨基酸在肌纤维内转运，加快肌肉组织中收缩蛋白质的合成速度，能够有效引起肌肉增大、肌力增强。

除此之外，运动训练对于人体抗氧化能力的影响也特别明显。近年来的许多研究结果表明，耐力训练能有效地提高肌组织中超氧化物歧化酶（SOD）及谷胱甘肽过氧化物酶（GPX）的活性。肌肉抗氧化酶活性增强，也是骨骼肌运动性顺应过程中最主要的生物学特征。

肌组织抗氧化能力的运动性适应受多种因素的影响，发挥主导作用的因素包括运动负荷、训练状态及抗氧化剂的补充等。通常情况下，这三个影响因素都能在一定程度上促进人体抗氧化能力的提升。

2. 氧运输系统

（1）呼吸机能的特征

按照一定规律训练的运动员肺活量明显更高，呼吸肌力量明显更强，呼吸深度比较深，肺泡通气量比较大，十分便于气体交换，呼吸肌具有超强的耐力，连续5次检测肺活量,可发现肺活量指标呈逐步上升或稳定维持在一个高的水平。除此之外,闭气训练对运动员来说也是十分重要的,通过闭气时间,我们可以看出一个人控制呼吸运动的能力,闭气时间也能影响运动员的训练质量,在经过相应的运动训练之后,运动员能够提升身体控制呼吸运动的能力,一般来说,水平高的运动员都能闭气很长时间。

(2)血液的特征

运动员血液在组成上和训练较少的普通人相差不大,仅体现为部分项目运动员血液指标发生了变化。例如,耐力性项目运动员红细胞、血红蛋白含量增加,血液中部分酶活性增高等。

(3)循环机能的特征

心脏形态结构及心血管机能也会受运动的影响,主要体现在安静状态下心率减慢,心脏功能水平升高。优秀运动员经过长期规律的耐力训练,安静状态下心率仅为每分钟40~50次或更少,这意味着运动员的机能更加节省。运动性心脏的增大以心肌肥厚为主,同时伴随心脏容积扩大,反映了运动项目的特点,在力量性、耐力性等运动项目中,运动员心脏增大较为常见。力量性运动员以心肌肥大为主,但耐力性运动员以心脏容积增加为主。

3.神经系统

系统运动训练对排球运动员中枢神经系统机能能起到巨大的正面影响,同时能够有效强化运动员各感觉器官功能。

(二)训练者在运动和恢复期的生理特征

1.训练者对定量负荷的反应特征

定量负荷是运动实验条件下限定运动强度(通常在亚极限强度以下)和运动时间的负荷。训练者完成定量负荷后,能够达到的效果为机体转入工作状态所需时间缩短、身体生理反应减少、锻炼后迅速康复等。这些特点存在于运动系统、中枢神经系统、氧运输系统中。

(1)肌肉活动高度一致

肌电图的研究表明,当完成同样定量负荷后,训练者肌肉活动程度较低,主动肌、对抗肌与协同肌的配合程度较高,肌电振幅及积分值均偏低,并有明显的放电节律,动作电位高度集中。这种现象出现于运动过程中,在比较安静的状态下，动作电位基本全部消失。这说明了相关中枢在活动上是高度一致的。

（2）心肺机能的改变不大

训练者在完成定量负荷后，心肺机能改变不大，心率、心输出量均低于普通人，心率增加量不大，每搏输出量提高幅度较大，呼吸较深，呼吸频率缓慢。但普通人在非运动情况下，主要通过加快心率、呼吸频率来提高每分钟心输出量，改善肺通气量。

2.训练者对极限负荷的反应特征

排球运动员参加极限负荷运动的时候，常常要最大限度地发挥其潜能，使机体各器官和系统的机能得到最大限度的发挥。与正常人比较，优秀运动员具有较高水平的生理功能，机能的开发潜力巨大，在极限负荷下显示了较强的适应性。在极限负荷运动中，通常选用生理指标。例如，最大摄氧量、氧脉搏、最大氧亏积累、最大做功量和其他指标来评价训练效果。

（1）最大摄氧量

最大摄氧量能全面反映心肺功能的状况，在最大负荷运动中，没有训练经历的人每分钟仅2～3升，而运动员每分钟可达到5～6升。

（2）氧脉搏

脉搏是每搏输出量摄入氧量的多少，也就是每分钟摄氧量和心率之比。它能有效地反映心脏工作效率。研究表明，优秀耐力运动员在极限负荷运动心率达180～190次/分钟时，摄氧量可达最大摄氧量的90%～100%，氧脉搏平均达23毫升，是安静时候的6倍。当心跳突然加快时，氧脉搏会逐渐下降。因此，优秀运动员表现出较高的氧脉搏而非过高的心率水平，这表明运动训练使机体氧运输系统功能增强，心脏工作效率提高。

（3）最大氧亏积累（MAOD）

MAOD是指人体在从事高强度的、能发挥身体极限的运动（一般持续时间2～3分钟）时，完成该运动的理论需氧量与实际耗氧量之差。它是衡量机体无氧运动时的工作能力的指标。优秀短跑运动员的MAOD值明显高于其他项目的运动员。

（4）最大做功量

最大做功量是指训练者在递增负荷达极量时所完成的功。持续训练的运动员最大做功量和做功效率都明显高于不经常运动的人。由此可见，和没有参与过训练的人相比，高水平的排球运动员在完成极限负荷工作的过程中往往会有很高的运动效率以及巨大的运动潜力。与此同时，高水平排球运动员的机体在运动起始阶段进入工作状态的节奏快，运动结束后身体恢复时间短，这都是因为运动训练使得排球运动员机体出现良好适应的结果。

第二节 排球运动的运动心理学基础

一、运动动机概述

（一）动机的含义

所谓动机，就是促使人们去做或者参加某种活动，以及指导活动参与者朝某一目标前进的心理动因或者内在动力等。动机就是人们心理活动的过程，是无形的东西，只有观察他人的行为变化，才能猜测他们的动机。产生动机需要满足的两项条件，分别是需要和诱因，具体如下：

1. 需要

从心理学理论上看，需要是指个体由于某种事物的欠缺所产生的一种内部紧张状态与不适。需要使人产生愿望和驱动力，并引起人的活动。需要可以分为生理性需要和社会性需要两类。生理性需要是每个人先天都具有的，比如面对饥渴、缺氧、劳累、寒冷、酷热等状态改变的需要，减轻痛苦、忘掉不愉快的需要等。社会性需要是在生理性需要的基础上发展起来的，是人们后天形成的。例如，在训练中与队友和睦相处，相互配合的需要，训练中希望得到教练认可与赞扬的需要，以及希望提高运动水平（跑得更快，跳得更高等）、希望能加入更好的群体（入选国家队）、追求成就（夺得名次）的需要等。

2. 诱因

诱因是指引起个体动机，满足个人需求的外在因素。诱因是引发动机的直接因素，所以具有直接指向目标行为的作用。诱因可以是立马就能实现的东西，也可以是通过一段时间努力才能实现的东西。诱因通常是达成大目标的小目标，而这些小目标受到个体的重视,是因为它们通向更深远,更有意义的大目标。个体的行为可以通过人的需要来驱动,也可以由外界环境来诱发,但往往是在需要和诱因的交互影响下产生的。

(二)动机的分类

1. 生理性动机和社会性动机

动机按其所需类型与客体可分为生理性动机与社会性动机。

所谓生理性动机,是指建立在人本身生理需要之上的一种动机。比如,因为运动消耗之后饿了、渴了而产生的吃、喝的动机是一种生理性动机。生理性动机驱使人体进行活动,由此满足个人一定的生理性需求。在需求被满足之后,生理性动机则减弱直到消失。在实际生活中,人类生理性动机表现比较常见。

所谓社会性动机,是指建立在人们社会性需要之上的动机。例如,在运动训练中有与其他运动员交流的需求,有在跑步训练中得到第一名的需要,因而就产生了相应的交往动机、成就动机等。这些社会性动机推动人与人之间的沟通交流,促使运动员努力训练以获得周围人的认可,获得某种尊重等。

2. 外部动机和内部动机

动机按其来源可分为外在动机与内在动机。

所谓外部动机,是指由外部刺激引起,以获得一定报酬或者以避免被处罚为目的的动机。例如,运动员参加比赛是为了得到冠军,体育水平不太高的学生在体育教学中努力训练是为了得到老师的鼓励和表扬等。外部动机是从外部对行为的驱动,汲取了外部的力量。

所谓内部动机,就是建立在内在需要之上的动机,通过积极参与某一事件来显示自身的才能,实现自身价值,获得满足的动力。此时,行为本身就是追求的目的,而不需要外部力量推动。例如,某学生因为喜欢足球而参加学校足球队的选拔和训练,那么他参与足球运动纯粹是为了快乐,为了实现自我,这促使他即便没有任何奖励或好处也会主动参与足球运动。

通常情况下,排球运动员参与运动的同时存在内部动机和外部动机,运动员的具体表现也会受这两种因素的重要影响,这两种动机对排球运动员的发展都存在积极作用。但是,一定要指出的是,这两种动机不只是会产生正面影响,还会产生负面影响。外部动机有可能促进内部动机,但也有可能对内部动机有反作用,这主要取决于外部奖励的方式以及运动员对外部动机的认识程度。

3. 直接动机和间接动机

通过分析从事某种活动的心理动因，可以对动机进行分类，主要划分为直接动机和间接动机。这里所说的直接动机可以理解为人们参加某种活动指向的是活动的内容、方法或者组织形式，间接动机可以理解为人们参加某种活动指向的是这一活动所能带来的生理、心理满足未来的结果与社会的认可。

直接动机同体育活动、运动训练有着密切的关系，动机的内容是比较具体的，能够明显作用于行为。但是在进行高难度的体育活动或者训练时，需要付出更多的努力、花费更长的时间用于学习，运动员在训练时难免感到枯燥、乏味，这反映了直接动机的局限性，不利于其作用的发挥。相比于直接动机和运动活动的关系，间接动机和运动活动的关系不是那么紧密，但是间接动机关系到长期活动之后的最终成果及其社会意义，给运动员带来了积极的影响，引导运动员更加有意识地、持久地参加体育活动。由此看来，直接动机和间接动机之间是相互联系、互为补充的。

4. 缺乏性动机和丰富性动机

缺乏性动机，又称匮乏动机，是以排除缺失、阻止破坏、回避威胁、逃避危险等为主要表现的动机。缺乏性动机基本上包括了生存和安全的一般目的，一般倾向于张力缩小。比如，有的排球运动员因为对手比较强，害怕失败，不愿参加比赛就形成了逃避训练的心理，撒谎说自己受了伤。通过装伤来躲避比赛，就是为了减轻心理负担，并使这一负荷控制在最低限度，这类动机是缺乏性动机。也有一些选手由于需要与队友比赛，为了保证自身的主力位置而进行苦练，也是缺乏性动机的一种。

丰富性动机，又称享有动机，就是以体验快乐、得到满足、追求了解、追求新颖、有所发现、有所建树、有所创造等为主要目的的动机。

（三）动机的功能

激活功能、指向或选择功能、调节与维持功能是动机的主要功能。倘若把做一件事情理解成开车，则动机就是发动机与方向盘。动机不只对个体行为有激发作用，还对个体行为的方向与强度有决定性作用。

1. 激活功能

动机的激活功能表现为动机对行为具有促进作用，它可以促使个体进行一定的活动，并将其从静止状态转变为活动状态。

2. 指向或选择功能

动机的指向功能或选择功能，就是动机能指导个体的行为指向某一目标，或者指向选择活动。例如，在获得好成绩的动机支配下，运动员会刻苦训练，在完成既定任务后向更高目标迈进。指向功能的"方向"与一个人目标的选择有关。

3. 调节与维持功能

动机的调节与维持功能是指动机具有维持、增强或制止、减弱某一活动的力量。动机能控制行为的强度，动机愈强烈，行为也随之愈强烈。例如，在相同的训练量下，有的运动员能坚持下来，有的喊累坚持不下来，这是动机的强度问题。"强度"与一个人行为的激活程度有关。

二、心理机能训练概述

（一）心理技能训练的含义

就运动心理学而言，心理技能训练包含双层含义。广义地说，心理技能训练就是要有目的地、系统地作用于运动员的心理过程及个性心理；狭义地讲，心理技能训练就是运用专门的方法与手段，协助运动员对自己心理状态进行调整与控制，然后对自身行为进行调节的一个过程。

（二）心理技能训练的意义

心理技能训练的意义主要体现在三个层面，具体如下：

其一，心理技能训练能帮助运动员学会新的运动技能和改进现有的运动技能，如把运动表象训练与技术练习结合起来进行运动技能的学习能达到更好的效果。在身体疲劳、因为伤病无法进行身体和技术练习时，进行运动表象训练有助于建立、恢复和巩固之前的运动感觉。

其二，多种多样的心理技能训练，如合理情绪训练、暗示训练和放松训练等，能帮助运动员充分清醒，规避不好的、消极的情绪，建立积极的自我暗示，减轻应激的消极反应，提升积极的心理情绪。

其三，运动员在大强度的训练之后，通过适当的心理放松训练，能逐渐降低精神和身体的兴奋水平，松弛肌肉紧张状态，这能促进血液循环和新陈代谢，更快地恢复身体，摆脱疲劳。

从整体来说，心理技能训练有助于改善排球运动员的运动技能训练效果，在一定程度上增强运动员在比赛和训练中的心理调节能力。熟练技能的特征是能够对其他技能或在其他情境中产生效应，即产生技能的迁移现象。心理技能训练和其他技能训练一样，会产生迁移现象。心理技能不仅运用在运动员的训练和比赛中，还能扩展到运动员生活的其他方面，帮助运动员形成积极的生活态度、训练习惯，促进运动员心理品质和人格的发展，甚至影响运动员的一生。

（三）心理技能训练的原则

1. 自愿原则

心理技能训练取得效果的关键是心理辅导员对运动员的正确引导和心理技能训练方法、手段的恰当选择与运用，以及运动员是否接受并愿意认真参与心理训练。其中，运动员的自愿参与是内因，是心理技能训练奏效的决定因素。假如运动员对心理训练效果缺乏信任，不清楚心理训练遵循什么原则，对心理学理论持怀疑态度，打算静观其变，或者持有与心理学理论相悖的观点，或者是被迫无奈加入，强行进行心理技能训练非但不能取得好成绩，反而会起到反作用。掌握并运用任何一种心理技能，都不能偏离人们的主观能动性，假如运动员内部动力丧失，出现厌倦、对立情绪，那么，心理技能训练不会取得任何成效。

2. 因材施教原则

在心理技能训练的过程中，排球教练员应当在密切联系运动员个人心理特征的基础上，有目的、有计划地选择和运用适宜的心理技能训练手段，针对每个排球运动员制订独立的心理训练计划。

3. 长期系统性原则

任何运动技能的形成和巩固都经过了有目的、有计划、有针对性的长期系统的教学与训练过程。射门、投篮、扣球等运动技能都需要在技术训练中进行上万次的重复练习和在比赛中反复地运用才能引起质变，而心理技能训练也是这样的。任何一项心理调控的技术，如调节焦虑情绪的训练、加强注意力的训练、运动表象的认知能力训练等，都必须经过反复的系统练习才能掌握。心理技能的训练是一个不断重复有效的心理和行为调节方法的过程，是在身体和心理之间形成稳定联系的一个过程，这样才能在比赛的关键时刻做到身心一致，发挥作用。

心理技能训练需要在专业心理学工作者的指导和帮助下进行。心理学工作者应同教练组和运动员一起认真分析存在的问题，然后根据问题制订出详细的心理训练计划，然后按照计划实施，根据运动员的训练情况随时修改心理训练的目标和要求。教练员要重视心理技能训练，与心理教练认真配合，让运动员在训练中和赛场上有更好的表现。

4. 与专项运动训练相结合的原则

心理技能的训练必须与专项运动身体训练、技术训练、战术训练相结合，使得心理技能训练在每个专项运动中都有自己的特色。这里需要注意的是，不能机械地要求每一节心理技能训练课都要与专项运动紧密结合起来。

（四）心理技能训练的实施

由于心理技能训练是长期系统的过程，所以在实施心理技能训练的过程中往往要经历几个阶段。在常见的心理技能训练实施过程中，我国相关研究者把整个过程划分成四个阶段：首先是基础训练阶段，为期6个月；其次是赛前针对性训练阶段，从赛前2个月开始；再次是以临场心理调节和咨询为主要内容的训练阶段；最后是赛后心理恢复阶段。

美国的心理学学者认为，心理技能训练是一个长期的过程，主要从三个阶段来进行：第一阶段是向运动员介绍每一种心理技能，让运动员充分了解哪些技能是自己能学习的，哪些技能是可以帮助自己的，以及通过什么样的方式能学会这个技能；第二阶段是帮助运动员在由简到难循序渐进的训练过程中掌握这些技能；第三阶段是反复练习这些技能，将其运用到比赛中。

还有一些学者认为心理技能训练过程应结合专项，融于通常的训练计划中，至少是结合一个完整的训练周期或准备一次重大比赛的数年周期来实施心理技能训练。

第三节 排球运动的运动生物力学基础

针对校园排球课程教学开展的运动生物力学基础，这里主要从人体运动的时空特征和人体运动的平衡与稳定两个层面进行分析。

一、人体运动的时空特征

（一）时间特征

1. 时刻

时刻是指物体在空间某一位置的时间度量。时刻的主要作用是表示运动的始末以及标识关键技术的时相，如运动员关键的身体姿位、特定的关节角度等。

2. 时间

时间即两时刻间的间隔。在运动员的运动训练和比赛中，持续时间是运动的时间度量，单位用秒（s）表示。一般来说，评价运动员动作技术优劣的重要参数就是运动持续时间。

（二）空间特征

1. 位移、轨迹和路程

位移是指从物体初始点指向终点的矢量，单位用米（m）表示，用来描述物体位置变化。轨迹就是质点的轨迹。路程则指物体运动轨迹的长度，路程即标量。路程亦以米为单位。

2. 角位移

人体的运动如果按照刚体运动的形式分，有平动、转动和复合运动三种。转动刚体上的各个质点在同一时间间隔内的线位移不同，但转过的角度是相同的。据此在描述转动时，就可采用物体转过的角度来描述，称为刚体转动的角位移，以逆时针方向为正。角位移的单位通常用度（°）、弧度（rad）表示。

（三）时空特征

1. 速度和加速度

（1）速度与速率

速度是指描述物体运动快慢的时空物理量。人体在变速直线运动中的位移和通过这段位移所需的时间之比，就是人体在这段时间内（或这段位移）的平均速度。

速率是指人体或物体运动经过的路程与其所用的时间之比。速率反映的是单位时间内物体路程改变的数量大小。

（2）加速度

加速度是表征物体速度快慢变化的物理量。平均加速度是人体运动速度变化量和进行该变化所需时间的比值。就体育运动而言，加速度一般指代瞬时加速度。

2. 角速度和角加速度

（1）角速度

角速度是描述一个物体旋转运动速度的量度，其单位有：弧度/秒（rad/s）、度/秒（°/s）、周/秒。

（2）角加速度

角加速度是一个物理量，描述角速度的变化速度，其单位有：弧度/秒（rad/s^2）、度/秒^2（°/s^2）。

二、人体运动的平衡与稳定

人体的平衡状态可以理解为相对惯性参考系处于静止或者做匀速直线运动的状态。就体育运动而言，运动员经常要进行多种平衡动作，来帮助掌握多种运动技能，就像武术里的大鹏展翅、吊环的十字支撑等。人体的平衡能力是完成这些项目的关键。

所谓稳定性，就是人体对各种外界因素扰动的抵抗力，使自身处于平衡状态。人体稳定性有静态稳定性与动态稳定性之分。细致地说，静态稳定性就是人在静止状态下对各种扰动的抵抗能力；动态稳定性就是身体的重心在平衡位置发生偏移之后，除去干扰因素，人体仍能回到最初的平衡范围内。运动员在参加排球训练时，无论是静态稳定性还是动态稳定性，都发挥着不可替代的作用。

（一）人体平衡的类型

1. 根据人体重心和支撑点的位置关系划分

根据人体重心和支撑点的位置关系划分标准，能把人体平衡分割为上支撑平衡、下支撑平衡与混合支撑平衡三种类型。具体来讲，上支撑平衡就是支撑点高于重心，如单杠的悬垂平衡；下支撑平衡，即支撑点低于重心，如手倒立平衡；混合支撑平衡就是身体的重心在上面、下面两个支撑点间的均衡，如肋木侧身平衡。

2.根据平衡的稳定程度划分

根据平衡的稳定程度划分标准，能把人的平衡分为稳定平衡、有限稳定平衡、不稳定平衡、随遇平衡四种类型，现介绍如下：

（1）所谓稳定平衡，就是人体姿位无论偏离多少，均可恢复至原姿位的平衡状态。就体育运动而言，上部的支撑平衡通常为稳定平衡。

（2）所谓有限稳定平衡，就是人体姿位发生偏差，只有在某一范围内才可恢复原姿位。在下支撑中面支撑平衡为有限稳定平衡。

（3）所谓不稳定平衡，就是人体只要有极小的偏离就一定倾倒的平衡。不稳定平衡仅见于下支撑中的点支撑或线支撑，如高空走钢丝、杂技中自行车定车等都属于不稳定平衡，它们的支撑面很窄，可近似看作线支撑。

（4）所谓随遇平衡，就是人的姿位无论怎么偏差，都可以在一个新的立场上恢复平衡。这种平衡的特点是物体偏离原来位置时，重心高度不变。在体育运动中，球体的平衡就属于随遇平衡。

（二）人体稳定度的影响因素

在运动过程中，人体平衡往往是下支撑平衡。对人体下支撑平衡稳定度有重要影响的因素包括以下几点：

1.支撑面大小

一般情况下，支撑面大小会对人体稳定性产生很大影响，稳定度会随着支撑面减小而变小，会随着支撑面增大而增大。

2.重心的高度

若支撑面尺寸不发生变化，则人体重心位置越低，稳定度越高；重心位置越高，稳定度越低。

3.稳定角

稳定角是指重力作用线与重心到支撑面边对应点连线的角度。通常情况下，稳定角越大，人或者物体的稳定性就越高。

4.稳定系数

稳定系数也就是稳定力矩与倾倒力矩的比值。稳定系数能够反映物体借助重力抵抗平衡受破坏的能力。如果稳定系数超过1，意味着物体可以抵抗外来倾倒力矩，保持住平衡；如果稳定系数低于1，意味着物体不能抵抗外来的倾倒力矩，平衡难以维持，物体会翻倒。

需要说明的是，稳定性和平衡并非同一个概念，一定要对两者的概念进行仔细区分。通常来说，稳定性就是保持人体某种状态或运动状态的能力，人体平衡则是指人体在外力影响下的身体姿态。

第四节 排球运动的运动生物化学基础

一、体能训练的代谢基础

人体的物质和能量代谢是体能训练的核心。根据生物化学的研究，可以把人体能量代谢分成三大系统，即磷酸原供能系统、糖酵解供能系统和有氧氧化供能系统。这三个供能系统在运动过程中的供能比重存在或多或少的差异，运动员的供能能力对其运动能力、体能水平都有决定性作用。

（一）无氧代谢系统

人体的速度、力量素质具有短时间、大功率输出的特征，其能量供应主要由磷酸原供能系统和糖酵解供能系统所保障。上述这两大供能系统被称为无氧代谢系统，即不需要氧气就能进行能量供给。

1.磷酸原供能系统

在机体的供能代谢中，ATP（三磷酸腺苷）、CP（磷酸肌酸）都通过高能磷酸基团的转移或水解来释放能量，我们通常把ATP、CP这种包含高能磷酸基团的物质称为磷酸原。ATP、CP对能量的分解、释放和再合成的过程则称为磷酸原供能系统，也可以称为ATP-CP供能系统。

ATP本身不能贮存能量，而是能量的供体。在运动与代谢的过程中，肌肉内ATP分解直接产生能量，这是无氧代谢的核心环节。ATP水解反应可以为体内需要能量的物质提供能量，实现各种生理过程。

肌肉内，ATP 的分解和 ADP 的增加可迅速激活肌酸激酶 CK，CK 催化 CP 分解供能，再合成 ATP。

磷酸原系统是高强度运动的主要能量来源，且供能的最大功率输出极高。磷酸原在肌肉中的贮存量很少，在人体开始运动后最早启动，最早进入角色进行代谢。在跑步进行加速和冲刺时，该系统也要发挥重要的供能作用。

2. 糖酵解供能系统

随着运动的进行，体内氧气逐渐被消耗，含氧量越来越低。在氧气供应不足的情况下，骨骼肌中的糖原或者葡萄糖进行酵解反应，生成乳酸，释放能量，合成 ATP，新生成的 ATP 迅速补充运动中消耗的 ATP，让机体继续保持运动。这种代谢反应被称为糖酵解供能系统。这种糖酵解供能系统的反应发生在细胞质中，进行一连串复杂的酶促反应，简单方程式如下：

$$\text{骨骼肌糖原或葡萄糖} \xrightarrow{\text{糖酵解}} \text{ATP} + \text{乳酸}$$

随着运动速率的加快，ATP 和 CP 迅速消耗，糖酵解反应的过程在顷刻间就能进行，当运动持续 30 秒左右，糖原的糖酵解速率就能达到最快，并维持 1~2 分钟，随后反应速率逐渐降低，在身体上表现为运动强度下降，速度减缓。

磷酸原系统和糖酵解系统供能过程都是无氧代谢，它们构成人体运动无氧代谢供能系统。无氧代谢系统是短时运动能量的主要来源。在排球运动员参与长时间耐力训练时，尽管运动强度偏低、持续时间比较长，但最后阶段加速冲刺时的能力依旧需要由磷酸原和糖酵解提供。

（二）有氧代谢系统

在氧气供应量足够的情况下，糖、脂肪与蛋白质各自发生氧化分解反应，会产生水、二氧化碳和尿素等产物，并且将能量完全释放出来。这一过程叫作有氧代谢过程，构建有氧氧化供能系统。

糖、脂肪及蛋白质在有氧代谢过程中释放出巨大的能量并可以重新合成 ATP，给肌肉运动提供源源不断的能量。其中糖和脂肪在有氧代谢中起着主要的燃料作用，它们为有氧代谢提供能量的运动，就是有氧运动。

1. 糖的有氧代谢

有氧运动发生的时候，肌糖原或者葡萄糖完全氧化，分解为水和二氧化碳，并且释放出巨大的能量，这是糖类有氧代谢的表现，反应方程式如下：

$$骨骼肌糖原或葡萄糖 \xrightarrow{\text{有氧氧化}} ATP+CO_2+H_2O$$

2. 脂肪的有氧代谢

人体内储存的脂肪作为细胞燃料参与供能时只能进行有氧代谢，因此，通过运动减肥时，只能选择有氧运动。脂肪的氧化过程如下：

$$脂肪 \xrightarrow{\text{有氧氧化}} ATP+CO_2+H_2O$$

3. 蛋白质的有氧代谢

随着运动进行，体内存在着蛋白质降解和氨基酸参与供能的情况。但要注意的是，蛋白质提供的能量是十分有限的，即便糖原被大量消耗后，蛋白质供能也只占总耗能量的15%～18%。正常情况下，进行一小时的有氧锻炼，蛋白质供能的数量仅占总代谢的4.4%。因此，无论人体处在哪种状态，蛋白质代谢供能并非人体供能的主要来源，蛋白质分解代谢与合成代谢平衡是维持生命活动的重要基础。

二、各类体能训练方法的生物化学基础

（一）运动能力与遗传

参照一些生物化学指标往往能够体现出排球运动员的运动能力，具体包括骨骼肌中ATP、CP、肌红蛋白、血红蛋白的含量以及最高血乳酸浓度等。与此同时，人体的这些生物化学指标具备遗传性特征和遗传程度，如表3-4-1所示。[1]

---

[1] 陶尚武. 校园排球课程教学理论分析与创新[M]. 北京：九州出版社，2018.

表 3-4-1　运动能力生化指标的遗传度

生化指标	遗传度
骨骼肌 ATP、CP 含量	60～89
骨骼肌细胞线粒体数目	70～92
肌红蛋白含量	60～85
血红蛋白含量	81～99
最大乳酸浓度	60～81
血清睾酮	80

（二）速度训练

有关理论表明，磷酸原和糖酵解系统的供能能力对人体速度素质有决定性影响，所以排球教练员在提高运动员速度素质时可以努力使运动员的磷酸原供能系统和糖酵解供能系统产生适宜变化，并达到相互适应、相互配合的目标，从而促使排球运动员的能量供给能力得到质的提升。

提高磷酸原供能能力的训练方法，从其反应规律上来看，要把训练强度加到最大，运动的时间不要超过 10 秒。在进行多组训练时，每组运动后要休息至少 30 秒，完成 10 组运动后，至少要休息 3 分钟。

提高糖酵解系统的训练方法，根据生化理论原则可采取 1 分钟训练、4 分钟休息的训练方法。重复 5 次为一组，每组训练后长时间休息再进行下一组。通过这种方式可以有效地提高糖酵解系统的供能能力。

（三）耐力训练

一个人耐力素质水平较高的原因主要是其有氧系统供给能量的能力强。因此，耐力素质训练方法应该是时间长、距离长但强度不太大的运动。通常采用长跑、长距离游泳、长距离骑车等运动方式，每次训练的时间要在 30 分钟以上。在参与长距离运动时，排球运动员应当均匀呼吸，把强度控制在合理范围内，有效防止身体疲劳的情况发生。

三、训练恢复的生物化学特点

（一）超量恢复

超量恢复刻画了能源物质在运动中与运动之后被消耗与还原的过程。在运动过程中，身体内主要发生的化学反应就是伴随能源物质分解而消耗能量，而恢复的过程则是次要的。所以在锻炼的时候，能源物质消耗大于恢复，主要表现为身体内的能源物质减少。锻炼之后，机体进入恢复期，能源物质经历了一个由消耗到恢复的变化过程。在此过程中，以合理膳食等为手段，进行营养补充，使身体内各种物质恢复至锻炼之前的水平，或者超越锻炼前的水平。在运动过程中所耗费的能源物质，在运动结束后恢复至运动前的水平或高于运动前的水平的情况，我们将之称为超量恢复。从具体的范围来看，超量恢复程度常随运动训练中身体刺激的增加而提高。

超量恢复明确了能源物质消耗与还原过程中所表现出来的特征，满足超量恢复要求的能源物质主要有肌糖原、ATP、CP 和蛋白质等。由于不同物质的消耗水平不同，其恢复能力亦不同，而运动的持续时间、运动强度对所消耗的能源物质又有其自身的需求。由此可以看出，排球教练员在确定动作的间歇、运动强度和身体负荷的过程中，要自觉遵守能源消耗规律、能源恢复规律，以此为基础制订出最合适的运动训练计划。

（二）体能训练中的间歇

培养速度素质，在以爆发力为培养目的的体能训练中，在 10 秒全力运动后的间歇时间不要低于 30 秒，60～90 秒比较适宜，以保证磷酸原物质的数量恢复到运动前的一半水平。重复几次后，可安排 2～3 分钟的休息。

训练间歇的例子是：对于 30 秒以内的全力运动训练，休息间歇应不少于 1 分钟；对于 1 分钟的全力运动训练，休息间歇应为 4～5 分钟；对于 400 米跑训练，跑完 4 组后应该休息 15 分钟以上。这种间歇安排可以确保机体内部的能源物质恢复至一定水平，进而顺利消除一部分乳酸等代谢产物，还能适应训练时间紧凑的情况。一般情况下，休息的时间越长，对能源物质的恢复、体内废物的排泄越好，但也不能在体能训练后进行无休止的休息。

(三) 体能训练后的休息

运动结束后,大家往往都觉得浑身酸痛,很不舒服,这是由于体内产生大量乳酸,所以结束体育活动后第一件要做的事情就是消除体内的乳酸。要想尽快消除体内的乳酸,就要采取积极休息的手段。积极休息并不是完全静下来歇着,而是在训练结束后进行低强度的运动,如可进行慢走等放松性运动,加快体内废物的排泄。

如果进行数小时的训练,则要考虑到肌糖原的恢复。在强度大、持续次数多的训练后,肌糖原在5~24小时内可以恢复,并且不受食物中糖含量的影响。但如果进行持续性、日常性的大强度运动训练,肌糖原的恢复时间就需要48小时以上,还要补充糖分作为辅助手段。否则,肌糖原尚不能恢复到运动前的正常水平。

四、体能训练效果的生物化学评定

(一) 运动能力的评价

1.10秒最大负荷测试法

针对磷酸原代谢系统供能特点,可通过10秒钟内的最大负荷运动来检验。在有条件的情况下,教师可于测试时首先测定安静状态下的血乳酸值,之后进行10秒钟的最大负荷运动,记录对应速度,并对学生锻炼后的血乳酸最大值进行检测,可以发现,锻炼后的血乳酸值出现了上升的情况。

2.60秒最大负荷测试法

60秒最大负荷测试法可以精确地评价机体的最大糖酵解供能能力。该测试法要求测试者完成400米跑并记录测试结果。由于400米跑是由糖酵解系统提供能量的项目,因此,400米成绩对人体糖酵解供能能力有一定的说服力。如果条件允许,可以跑60秒钟,并记录跑步的距离,分别检测锻炼前血乳酸值,锻炼后血乳酸峰值。若运动后血乳酸浓度为14~18微摩尔/升,则该学生糖酵解系统能力较强;若小于9~10微摩尔/升,那么就可以说明,这个学生身体里糖酵解系统的能力非常普通。

在进行排球运动训练的时候,如果学生运动水平提高,那么血乳酸浓度也同样得到了一定的改善，也就是人体内糖酵解供能系统容量增加。由此可以得出：体能训练取得了较好的效果；如果学生运动成绩有所提高，但血乳酸浓度未见明显改变，这也就意味着他仍有上升的空间；如血乳酸浓度无变化或增高，而成绩降低，表明其身体机能水平降低，训练效果不佳。

3. 最大吸氧量测试

最大吸氧量是反映有氧能力的很好的指标。但是最大吸氧量需要借助昂贵的仪器设备，且操作难度大，耗时长。因此，基本是专业的体育机构才有条件进行该项测试。

4. 6分钟亚极量负荷测试法

6分钟亚极量负荷测试法主要是对氧气转运系统的适应性、专项耐力运动等进行测试，它是耐力训练效果与机能状态评价的手段之一。这样的测试比较简单，测试者不需要动用所有的体力，易于操作。在测试时，测试者使用亚极量运动负荷，锻炼持续6分钟，跑步结束时检测心率及血乳酸值；体能训练结束一段时间之后，完成同样亚极量负荷，血乳酸浓度和心率均显著降低，这表明其有氧代谢能力增强。

5. 12分钟跑测试法

12分钟跑步是对人体有氧能力最大的一种测试。和其他方法一样，跑步前先测定安静状态下血乳酸值，接着请测试者热身并开始跑步12分钟。跑的时候，不只是记录测试者在12分钟内跑步的路程，还要测量跑步至3分钟、5分钟、10分钟瞬时血乳酸值，采用跑距、血乳酸值等指标综合评价。

12分钟后，跑步距离有显著增长，血乳酸代谢迅速，表明这个人有氧代谢能力很强、机能状态很好。

（二）身体机能状况的评价

身体机能状况的评价是根据生物化学理论的方法去评价一次训练课或一个训练周期的负荷及其后的恢复状况，根据一个或几个指标来考量锻炼者某一时刻的机能状态。

评定训练课负荷效果的指标主要有血乳酸、血尿素、尿蛋白和尿胆原等。评定训练课的负荷量、负荷强度及恢复情况时，一定要根据训练计划和训练目的选择检测指标，尽可能配合生理学、医学和心理学的理论来得出全面、客观、科学的结论。

1. 血乳酸

乳酸在体内代谢反应过程中属于中间产物，既是糖酵解的产物，也是有氧代谢氧化过程中的结果，在特定条件下，通过化学反应也可转化为糖类物质。所以运动过程中乳酸产生及乳酸清除等代谢变化，成了解读运动中能量代谢的重要指标，同时也是训练员把握训练强度的重要依据。在正常安静的状态下，血乳酸浓度应低于 2 微摩尔/升。

血乳酸浓度在锻炼时逐渐升高，浓度变化幅度由运动强度决定。短时间内剧烈运动，如 400 米跑之后，血乳酸浓度可达 15 微摩尔/升或更高；在短暂的间歇运动中，如 1 分钟高强度的练习，血乳酸浓度最大可达 32 微摩尔/升；耐力运动时间长，血乳酸浓度升高较少。

运动后的血乳酸浓度与训练水平有着密不可分的联系。经常进行速度耐力训练的人，运动方法妥当、运动成绩好，其血乳酸浓度相对来讲比较高；经常进行耐力训练的人，完成相同亚极量运动时，血乳酸浓度越低则水平越高。

2. 尿蛋白

正常人的尿液中几乎没有蛋白质，浓度约为 2 毫克/升，每天排出总量不超过 150 毫克。一些人在锻炼时可导致尿中蛋白质增加。运动导致蛋白质含量升高的尿液，称为运动性蛋白尿。

通常人们一提到"蛋白尿"，就联想到它是一种病。但运动性蛋白尿与病理性蛋白尿有许多不同，前者常可于锻炼后很快康复。蛋白质排出情况可以用作评价运动负荷强度、运动者身体机能状态的一种指标。运动结束后约 15 分钟测试尿样，有助于帮助人们认识运动负荷对于机体肾功能的影响。运动强度越强，血乳酸值越高，尿中蛋白质的排泄也相应增加。于次日上午再次测量，可以对机体恢复状态进行评价。尽管运动性蛋白尿存在较大差异性，但是在同一运动负荷或者项目下，尿蛋白排泄稳定。如果尿蛋白增加，常表现为身体机能降低。在运动负荷显著增加的情况下，尿蛋白排泄量增加，至第二天上午未减少，则表明身体机能仍没有回到锻炼之前的状态；运动时尿蛋白升高，在 4 个小时之后或者第二天清晨完全恢复至安静时的程度，说明运动负荷对于人体具有良好的影响，机能状态维持较好，并能够及时恢复。

3. 血红蛋白

血红蛋白通称血色素，是机体红细胞的重要组成成分，主要功能为充当红细胞输送氧气、二氧化碳等物质的媒介，并以此来维持血液酸碱平衡。就总体而言，血红蛋白不仅对于人的身体机能和运动能力有着直接性的影响，也是有氧代谢能力关键性指标。

正常人血液中血红蛋白含量每百毫升的正常指数为男性12～15克，女性11～14克。如果长时间剧烈运动，或者运动者身体机能降低时，血红蛋白值将下降，甚至比正常值还低。这种由于运动而导致的血红蛋白低于正常值的情况，就是运动性贫血，通常发生于体能消耗较大的运动项目中。贫血的时候无论有氧或无氧运动，运动能力均显著降低。所以常以清晨安静状态下的血红蛋白值来评价运动者的身体机能状态，以此来设置合理的训练运动负荷。另外，血红蛋白值的高低也能从某种程度上反映出机体缺铁的情况，它是评价运动者营养状况与健康状况的根本标志。

4. 血尿素

尿素在体内蛋白质代谢评价中占重要地位。正常的生理状态下，尿素的产生与排出是在一个稳定的条件下进行的，血尿素浓度维持在固定值，安静值为4～6微摩尔/升。职业运动员血尿素浓度高于常人，为5.5～7微摩尔/升，究其原因，是运动员的蛋白质代谢比较旺盛。

血尿素指标可用于评价运动训练中运动负荷情况。经过30分钟的锻炼，血尿素指标在机体内开始升高。在进行大运动量训练之后，血尿素如果在8微摩尔/升以上，表明运动负荷过大。

训练或赛后第二天上午检测血尿素浓度，可以看到运动者康复情况，血尿素值已达或近正常值，说明机体的代谢已恢复正常，表示身体机能很好，运动强度比较适当。锻炼结束至第三天上午，血尿素值仍然高于正常值，便说明机体恢复能力差，身体机能中等。

安排训练周期负荷时，血尿素浓度会大致发生三种改变：一是血尿素值在一个训练周期内没有变化，表明运动负荷较低，没能在生理上造成改变；二是训练周期初期血尿素值增加，后来渐渐恢复了正常，表明负荷充足，机体可以适应；三是训练周期内血尿素值一直呈上升趋势，表明运动负荷过大、身体尚未康复。

若运动员在运动过程中血尿值保持续增长,教练员则要对其运动量进行科学的控制,若运动员持续高负荷训练,则极有可能产生过度疲劳。

第四章 排球运动科学研究

本章主要介绍排球运动科学研究，主要从五个方面进行了阐述，分别是排球运动科学研究的目标、意义和特点，排球运动科学研究的主要内容，排球运动科学研究的主要方法，排球运动科学研究的选题与程序，排球运动科学研究的资料收集与研究。

第一节 排球运动科学研究的目标、意义和特点

科学研究是一种探索未知领域的实践。探索性是科研的本质，创造性是科研的灵魂，继承性是科研的前提。体育科学随着体育运动实践的发展而不断发展，体育运动的发展推动着体育科学研究的进步与繁荣。体育科学在促进人类的全面发展和增进人类的健康，以及提高运动技术水平中发挥着越来越重要的作用。排球运动科学研究是体育科学研究的形式之一，是运用科学的方法，有目的、有计划地探索排球运动的本质及其规律的创造性活动。要想正确地认识排球运动的发展规律，就必须使用正确、合理、科学、有效的研究方法。

一、排球运动科学研究的任务

排球运动科学研究的主要任务就是通过对排球运动本质的研究，揭开排球运动领域中必然的联系与规律，并且运用这些规律来服务于排球运动训练。在整个排球科学体系中，科学研究占重要地位。随着现代排球运动的发展，其水平日益提升，这大多是由科研水平决定的。教学、训练和竞赛能给科学研究带来大量研究对象以及充足的数据资料，反过来，科学研究成果也可以使教学与训练工作更加高质量。因此，排球运动科学研究与排球教学、训练工作是相辅相成、互相促进的。

掌握排球运动科学研究的理论与方法，进行规范化的排球运动基本功训练，可以形成大量的科学理论，以此为依据能够更好地探究排球运动的规律，并提升排球运动水平、排球教学质量及训练水平。通过对排球运动的技战术教学训练和对比赛中的某个问题进行系统的实验和研究，并采用科学的方法从理论和实践上加以论证，运用自己学过的各种基础理论和知识去观察问题，提高独立思考、分析问题和解决问题的能力，能使广大排球教师通过理论学习和实践，从方法学上学会如何收集资料、选择研究题目、制订科研工作计划，掌握科研的基本方法，了解科学研究的基本过程，如如何收集资料、如何分类整理资料、如何检索文献资料以及撰写论文等程序，为进一步提高科研水平打下坚实基础。

二、排球运动科学研究的意义

学校体育要发展，科研要先行。要加强排球运动科研工作，发挥科研在排球运动的改革与发展中的促进作用。无论是提高排球教学质量，还是提高竞技排球运动训练水平，都有赖于排球运动科研活动的深入开展。因此，进行排球运动科研具有重要的理论意义和实践意义，下面将从三个方面进行阐述：

（一）有利于阐明排球运动的基本规律和理论

进行排球运动科学研究能帮助教师进一步认识排球运动科研的过程及其规律，有利于排球运动向科学化迈进。

（二）有助于全面提高排球教学训练质量

排球运动科学研究为运动训练提供理论和实践支撑。排球运动科研水平的提高，有赖于广大排球理论和实践工作者的不懈探索与研究。

（三）有助于提高排球教学工作者的理论素养和科学研究水平

实践证明，许多排球教师教学能力的不断提高、认识能力的不断增强与积极从事科研活动有着密切的关系。科研过程是排球教师重新学习的过程，是使排球教师知识不断更新、知识结构不断完善并趋向合理的过程。

三、排球运动科学研究的主要特点

要认识排球运动科研领域中研究对象所具有的基本特点，它是我们进行探索和研究的出发点，决定着研究者对研究方向的确定和研究方法的选择。一般来说，排球运动科研有以下特点：

（一）研究对象的复杂性

"人的体育活动和体育活动中的人"是体育科研最基本、最重要的研究对象。排球运动科研的主要研究对象是运动员及学生，根据其属性及特征，需进行不同学科、不同层次及不同角度的研究，这就一定会用到多种学科的研究方法和技术手段。大部分科学研究的对象是运动实践活动，人是这些活动的主要部分，通过人体自身的活动，增强人的体质，挖掘人体机能潜力，掌握运动技能。这就不仅要研究人的生物机体，而且要研究其在运动条件下的变化和适应过程。而人又有个体差异，在排球教学训练中，运动员、学生的身体素质、技能水平都表现出不同的特征。因此，研究对象的复杂性是排球科研活动一个非常显著的特点。

（二）实践性

实践性是排球运动科研最重要的特点之一。大、中、小学生的排球课，排球运动员参加的各专项训练、比赛，全民健身活动中不同形式的排球活动等，丰富生动的排球运动实践是排球运动科学研究发展的动力源泉。排球运动科研就是在排球运动实践中探索规律，指导实践。

（三）动态性

在排球运动科研过程中，大多是以运动员和学生作为研究对象。因此，排球运动科研具有动态性和社会性的特征。作为研究者，要把排球教师看成是动态的、要把学生看成是动态的、要把排球教学和训练过程看成是动态的，要针对运动员和学生的年龄特点开展有效的研究活动。在选择研究方法和研究程序时，不能只考虑这种研究方法和研究程序对所要研究的问题是否有利，还需要考虑所选用的研究方法对研究对象的身心健康是否会产生不良的影响。因此，研究应遵循理论性原则。

第二节 排球运动科学研究的主要内容

一、科学研究的类型

认识并熟悉排球运动科研的分类，可以帮助研究者清晰地理解研究课题的目标、方向及条件，确立并选取研究对象；可以帮助研究者了解每种研究方法的特点、适用条件及使用范围。从不同的角度，依照不同的分类标准，可对科研类型进行不同的分类。排球运动的研究内容特别广泛多样，以研究对象的性质划分：通常可将其分为排球基础理论的研究，排球运动的历史、演变和发展趋势的研究，排球规则的演变及发展趋势的研究，排球技战术的研究，排球教学训练理论与方法的研究，排球专项身体素质训练理论与方法的研究等。从相关报道来看，我国排球运动中的科学研究活动伴随着排球运动发展走过了从无到有、由小到大、由低级向高级、由简到繁、由浅及深的阶段和历程，且每段历程都有鲜明的特点。

二、科学研究的内容

以体育科研资料的分类方法为据，按照体育文献资料目录撰写的规定，根据排球运动课题的研究目的和方向，结合排球运动课题的研究对象的性质等内容，可以将排球运动科学研究的主要内容划分为如下几部分：

（一）排球运动的基础理论研究

排球运动基础理论研究范围很广，内容十分丰富。此类研究主要运用其他学科的相关知识、理论与方法，深入研究排球运动发展中的诸多因素及其相互之间的关系。此类研究主要采用生理学、生物力学、生物化学、医学、心理学、社会学、人类学、管理学和统计学等学科的理论与方法，并借助电子计算机、录像解析、肌电分析、三维测力等现代高科技手段，对排球运动领域进行多视角、全方位、多层面的综合研究，充分发挥多学科渗透、交叉的优势，丰富了排球运动科学研究的内容和科研成果。其目的旨在研究和探索排球运动的本质与规律。在研究方法方面，除采用常用的实验法、调查法、数理统计法和测量法外，还运用各学科的专门研究方法。比如，对于排球运动在生物力学领域的探索，是运用运动生物力学理论与方法来阐明排球运动技术原理，验证动作技术的科学性、先进性和合理性，并为掌握、诊断、改进排球技术，为探索和创新技术、战术、优化运动训练方案提供了理论依据。又如，为记录人体运动的各个技术环节的有关参数，研究者使用高速摄影拍摄运动技术进行拍摄，并对影片进行解析，获得人体运动的各种运动学参数，如"扣球技术影片三维解析""优秀排球运动员扣球技术的生物力学研究"等都属于此类。

（二）排球运动的历史、演变及其发展趋势的研究

此类研究的目的是探究排球运动的客观规律和未来的发展方向，常用的手段是通过对排球运动的起源与发展过程的详细解读，试图阐明推动其前进的推动力量和源泉，寻求其存在的依据和彼此之间的作用关系。像"论竞技排球发展的动力机制""试论排球进攻战术的进步机制""苏、美男排进攻战术的特点——对世界男排进攻战术发展趋势的探讨""排球技术、战术的演变规律及发展趋势"等研究就属于这类。文献资料法和调查法是这类研究经常使用的方法，通常的做法是将排球运动的相关资料进行搜集、整理并分类，辨别资料、数据出处是否真实可信，去除资料中的虚假部分，留下可靠有用的资料进行分析研究，最终得出一个结论，像"世界排球运动技战术发展趋势""中国排球运动史"等研究就是用的这种方法。

（三）排球技战术的研究

进行此类研究的最终目的是在战术和打法上进行创新，常用的手段是通过对国际排球强队在顶级赛事中使用的战术及其产生的效果进行全面剖析，揭开该球队的战术特征，如作用、特点和适用范围，并以此为依据制定新的战术和打法。调查法及类比归纳法是进行排球技战术研究时经常使用的研究方法，其研究内容可分为两类：技术类和战术类。研究内容为技术类的研究有"优秀排球运动员扣球技术的运动学分析""对我国优秀女排队员跳发球助跑起跳的动力学研究""世界男排优秀队员扣球技术的运动学分析""我国部分优秀女排运动员1号位后排进攻技术的运动学研究""优秀男排运动员沙滩排球技术的运动学比较研究""对中国女排运动员屈臂扣球与抢臂扣球的机制解析"等。研究内容为战术类的研究

有"排球后排进攻战术有效性研究""单脚起跳背飞扣球战术打法的研究""论摆动进攻""关于中国女排立体进攻战术设计与应用研究"等。技术解析通常使用高速摄像机将技术动作进行记录,之后通过影片解析仪对录像进行解析,从而对技术动作进行诊断。探究新战术的制订和应用效果使用的方法大都是去现场观看或是对录像进行解析等,其研究目的主要是探寻排球运动的技战术原理和应用时机、应用效果和最好的训练方式。排球技战术的研究基于实践,专门处理排球技战术训练过程中出现的问题,经过不断地研究和发展,使技战术水平得到进一步提升和改进。

（四）排球教学和训练理论与方法的研究

此类研究指的是在进行排球教学和技术训练时,针对不同的对象在各训练阶段的不同安排、训练方式、教学方法、运动量、实际效果,探索多种改进方式,同时也包括研究排球运动的训练原则、方法、训练过程结构、组织与控制等内容。此类研究利用现代教学理论,发现排球教学中的特定规律,以期达到最好的教学效果,提升教学质量。研究的对象包含教学大纲、教学内容、教材、训练计划的制订、教学手段、训练方法、考核方式和评价标准、教学仪器设备的研发制造及学生能力培育等。调查法、实验法和文献法是此类研究过程中经常用到的方法。研究对象是排球教学理论与方法的研究案例有"关于排球正面传球技术程序教学的研究""排球教学原则重构原理与方法的研究""排球分段教学进度的研究""排球普修课教材内容优化的研究""排球普修课技术、技能考核规范化的研究""排球专修课理论教学方法的研究""排球传球技术多种教法实验研究""排球普修课最佳教学程序研究"等。研究对象是排球训练理论与方法的研究案例有"排球训练原理的研究""排球场上核心队员培养和训练方法的研究""对我国女排队员成才过程年龄特征及队伍衔接的研究""排球技术特点与绝招形成机制的研究""排球技术生物力学分析的方法学研究""排球技战术创新的研究""运用心率评定我国甲级女子排球运动员在比赛中负荷强度的研究""排球运动员机能、心理、技术、素质评定规范化研究""高水平排球运动员速度力量及耐力训练方法研究""高水平排球队大赛前实战模拟训练的研究""中国女子排球甲级联赛（主客场制）周期安排与竞技状态的调控"等。

(五)排球专项身体素质训练理论与方法的研究

此类研究主要基于排球运动的特点,探索使用何种训练方式,可以更好地提高排球专项所需的不同类型的身体素质,从而达到提升排球运动技术及战术水平的目的。可以使用数理统计法和回归分析法对排球专项身体素质训练、排球技术水平进行深入分析研究,寻找进行专项身体素质训练和排球技术提升之间的关系。具体的研究对象可以是"排球运动员的身体训练""科学安排运动员训练负荷量的方法"等。

(六)排球运动员选材的研究

此类研究主要依据遗传学理论,通过对人体测量与评价结果进行分析,结合排球运动的特点和运动所需的专项特征,以期选拔出在排球运动方面有天赋、有潜力的"专门人才"而进行的研究。进行此类研究的案例有"排球运动员选材指标体系的研究""少儿排球运动员选材标准及评价方法的研究"等。

(七)排球运动员心理特征和心理训练方法的研究

此类研究是基于心理学理论对排球运动员在训练和比赛时产生的心理现象(心理过程、心理状态和心理特征)进行分析的研究,通常采用的研究手段是以运动心理学理论为依据,进行运动心理实验、心理测试和心理训练。此类研究的具体案例有"我国甲级女排主力队员与替补队员角色心理特征的比较研究""我国青年女排运动员操作反应时与运动成绩关系的研究""我国成年女排二传手性格特征与其二传行为的关系研究""我国青年女排运动员的焦虑特点及影响因素""高水平排球运动员比赛失常心理因素及自我调节的研究"等。

(八)排球运动竞赛组织和规则裁判法的研究

此类研究的理论依据和研究方法来源于运动竞赛学与裁判学,主要探讨排球竞赛规则的演变与优化、改进规则对排球技术与战术的影响,竞赛规则与组织编排和裁判员的工作职责与内容等方面的内容。具体的案例有"排球规则的研究与修改""竞赛规则的沿革及亚洲排球技战术走向""世界女排锦标赛混合制编排法探析""排球裁判系统程序设计与控制研究""排球裁判员执法视野与视线的研究"等。

排球运动科学的研究对象除了以上提到的那些之外，还有针对运动群体不同的年龄、性别以及职业群体等进行的分类探讨，如"中小学排球课堂的教学理论及训练方法研究""少年排球教学训练的理论及方法探究""沙滩排球、软式排球等的运动理论和方法探索""进行排球运动教学、训练、比赛、科研等项目时所需的器材设备的研发制造""排球运动员运动损伤的预防措施与处理方法探讨""排球运动员的疲劳判定和恢复方法研究等"。

第三节 排球运动科学研究的主要方法

一、科学研究的方法学问题

排球运动科学研究按照其包含的科学门类进行划分，可以分为两类：自然科学类研究和社会科学类研究。这两类研究在基本流程与研究方法方面有许多相似的地方，当然也有很多不同。

（一）自然科学类研究工作的基本程序和研究方法的应用

1. 抉择与准备

在这一阶段，科研工作者首先基于理论学习与试验指出存在的科学难题，其次选题并进行论述，然后对课题进行详细阐述，针对研究问题作出合理假设，再次明确科研组织形式之后，进行科研设计，即确定观察项目、具体操作技术、数据处理方式（数理统计方法）等内容，最后制订研究工作计划。课题的选择与科研设计是这个阶段的重点内容。该阶段的实施主要用到的方法有文献资料法，经验思维、发散思维、创造性思维、收敛思维等思维运用法和数学分析法等。

2. 资料与事实的收集

科研工作者通过查阅与研究课程相关的文献资料，用充足的理论基础与事实依据来论述论点；通过使用观察和统计、调查与实验等科学研究的经验性方法得到这个课题的经验材料，明确科学事实。

3. 资料与事实的整理和分析

科研工作者首先对搜集到的多种资料和事实进行梳理归类，去除异常数据；

其次将特定资料用图表展示出来；再次采用数学方法对资料进行剖析，利用数学抽象构建科学概念，或者采用数理统计方法理清资料得到统计结果；最后采用逻辑及逻辑论证的方法，综合专业理论，对研究过程中出现的现象及变化规律进行诠释。

4. 提出科学假说和建立科学理论

经过对资料和事实的梳理及考察，科研工作者就能够取得科研成果，即科学假说或科学理论。若研究的任务为检验并证实一个假设，科研工作者通过观察或者试验、研究发现，事实和假设是一致的，则可将假设提升为假说；若研究的任务就是对假设进行检验，同样，科研工作者通过观察或者试验、研究发现，事实符合假说，则假说可提升为理论。这个阶段通常运用科学抽象、假说、演绎与其他理论方法和逻辑思维方法完成。

5. 理论概括形成书面文件

科研成果最终要形成学术论文或研究报告等进行展示。这个阶段通常运用逻辑论证和理论思维的方法完成。

6. 科学研究成果的评价

对上述所获得的科研成果所能产生的实际应用价值、社会效益以及经济效益还需要进一步检测鉴定，并进行评价。这个阶段通常运用专家调查法、模糊综合评价法以及体育科技成果评价量表等方法完成。

（二）社会科学类研究工作的基本程序和研究方法的应用

第一步，选题并确定课题题目。这个阶段通常采用的是文献法和选题方法。

第二步，搜集资料和事实。资料和事实不但是所有科研的依据，还是学术论文的基本组成要素。这个阶段通常采用的方法是文献资料法、调查法等。

第三步，提出论点并确立。论点即研究者的观点，它是研究者对所论述问题提出的见解，是整个论证过程的中心，也是整篇论文的核心。这一阶段通常采用的方法是归纳和演绎、分析和综合、抽象到具体、逻辑与历史相一致等辩证思维方法，创造性思维和假说验证等理论方法。

第四步和第五步，分别是撰写论文和成果评价，与自然类研究的最后两步类似，这里就不做过多的赘述了。

二、科学研究的方法

在现代科学技术飞速发展的今天，我们了解客观世界的视角、方法与手段不断拓展与强化，理解能力与实际操作水平亦在持续提升，科研方法亦不断革新。研究排球运动所使用的方法、手段越来越多，这让排球科研工作者能够站在多种角度来研究排球运动所产生的种种问题，寻找使用多个方法来共同解决某个问题的方式。排球运动科学通常使用的研究方法（图4-3-1），有文献法、调查法、观察法、实验法、数据统计法、逻辑法等。在进行实际的研究时，需要以研究目的、研究性质、研究内容、研究对象以及研究任务为依据，选择最终使用哪种方法进行研究。在进行科研设计时，有时采用一种研究方法，有时综合运用几种研究方法，以提高研究结果的可靠性。因此，在选择研究方法时，可根据研究的要求灵活运用，以期达到研究的目的。

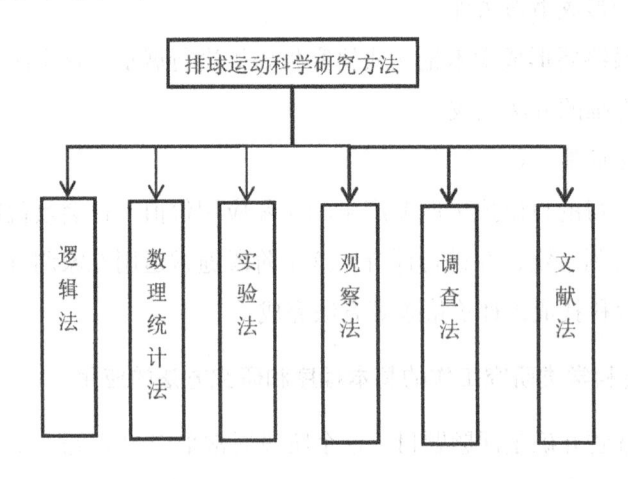

图4-3-1 排球运动科学研究方法

（一）文献法

文献法就是收集和研究内容相关的各种文献、视频和图片等资料，并对其进行筛选、鉴别和整理，然后使用类比、分析与综合、归纳、演绎等方法进行推测假设，阐述所研究的内容，来达到揭开事情本来面目、掌握事物之间的关系、发现某些规律、给出可供选择的解决方案或解决思路的目的。文献法有一些比较突出的特点，它把"静态资料"作为信息的来源，同时间接接触已经存在的事实材料。另外，它有一定的局限性，需要严密判断文献是否真实、可靠、先进以及适用。

由此，科研工作者在使用文献法时，需要确保信息来源的准确性，并保证其丰富性和可靠性。文献法在使用时有一点需要特别关注：其实施一定要基于海量翻阅和搜集资料、做好读书笔记及制作文献汇总卡片之上。科研的前提是拥有充足的资料和事实，所有的科学研究从选择研究课题到作出假说，再到验证假说都需要文献资料作为支撑，文献资料一般在科研的整个过程都会用到。在一定意义上说，科研过程就是文献资料的搜集、运用和再创作的过程。当今信息时代，科技迅猛发展，各学科相互渗透，谁能从科学研究的角度抢先获得情报信息，并能研究创新，谁就能在激烈的国际竞争中获胜。科学研究是在情报调研的基础上进行借鉴和创新的过程。高质量的科研成果的获得和科研论文的完成，实际上是从查找第一篇文献开始的，科研的每个环节都与情报的收集和分析密切相关。也就是说，科研工作是从情报调研开始的，而情报调研又贯穿于整个科学研究的过程中。

（二）调查法

1. 访问调查法

排球运动科研经常用到的基本调查方法是访问调查法。其特征是通过个别访谈、座谈、函询等方式直接与调查对象进行访谈对话，以搜集其课题所需的科研资料，同时分析所研究的问题。由此，在应用访问调查法的时候科研工作者除了要做好各种访谈的准备工作之外，还需擅长人际交往、精通访谈技巧、把控访谈全场。

使用访问调查法时有以下几点需要注意：

（1）明确调查对象和访问目的，确定调查使用的方法并制作采访提纲。座谈或访问之前应该先把提纲、提问的范围给到被访者，希望以此获得真实及丰富的资料。

（2）承认已经存在的事实，听取多种意见和观点。科研工作者在进行访问调查时，不仅要搜集正面材料，也要搜集反面材料；不仅要搜集现实材料，也要搜集历史材料；要看重正反、新旧、前后、左右等对比材料，学会看事物的全局和局部。同时，也要注意提问方式的灵活性，在访问结束后，应及时整理所获得的资料，以备后期研究时使用。

（3）精简函询用语，便于调查对象理解。科研工作者在设计函询调查表的时候，应该尽量言简意赅，不要长篇累牍。函询调查表经常使用的方法是填表与画符号，科研工作者经过对收集数据的综合分析，撰写调查报告或者作出结论。

2. 专家调查法

专家调查法指的是调查者围绕某一主体或问题（如方案、指标、教学内容等）征询相关专家的意见或看法，凭借专家在专业知识、实践经验和创造性智慧方面的优势，使用系统逻辑分析方法和匿名调查问卷的方式，分别征询专家的意见，然后回收汇总，对事物进行测评和剖析、预估和推断，进而得到真实靠谱的意见或信息的方法。德尔菲法是专家调查法的重要代表，在进行排球运动科研时用途极广，经常用来预判和探究运动技术发展的方向和走势、排球运动中某个目标有突破性进展的大概时刻、某一训练方法的成效以及排球运动发展的趋势等。

3. 问卷调查法

问卷调查法是调查者使用统一、严格设计的调查问卷向调查对象了解情况或者征求意见的调查方法。问卷调查法是研究体育科学所使用的重要研究方法中的一种，在体育科研中有普遍的实用性。

问卷调查法有下面三种特征：

第一，标准化：调查者需要针对研究课题进行研究设计，按照一定的要求统一设计出调查问卷，被调查者需要按照问卷的要求进行答题。

第二，间接化：通常情况下，调查者和被调查者不进行直接性接触，而是由调查者将问卷发给（或邮寄给）被调查者来进行调研，被调查者填答问卷以向调查者反馈意见。

第三，书面化：调查者以文字形式向被调查者提问，被调查者也以文字形式进行答复。

根据不同的分类标准，可以将问卷调查分为多种类别。如按照传递方式进行划分，问卷调查可分为报刊问卷、邮寄问卷、送发问卷与访问问卷；按照问卷答者的不同可将其分为自填式问卷与代填式问卷。以上几种问卷调查方式都有自己的独特之处。在进行排球运动科研调查时，经常使用的是自填式邮寄问卷与送发问卷。

问卷是问卷调查最重要的工具。问卷调查中回答的质量、问卷回收率及有效率几乎取决于调查问卷设计的质量，它关系着整个调查成功与否。由此，对调查问卷进行科学设计，在问卷调查中起着至关重要的作用。

(1) 调查问卷的组成部分

问卷大多包含三个部分：前言、主体与结语。其中前两部分（前言与主体）是问卷设计时必不可少的。

①前言。前言主要是对调查的目的、意义及调查内容等相关的说明，包括调查的目的、对被调查者的希冀与要求、关于匿名的保证、问卷回收时间和方法、调查主办方介绍等信息。前言通常放在问卷开头，其目的是吸引被调查者的关注与兴趣，同时获得其支持与配合。由此，撰写前言时，语句须谦逊、真诚，用词须简明、准确。

②主体。主体作为问卷最核心的组成部分，与问卷质量密切相关。主体用于收集研究者所要调查的信息，内容包括问题与说明、回答方式等。

③结语。结语主要为了对被调查者的配合表达谢意，这部分可精简或省略，还可以咨询被调查者对此次问卷调查的意见和感觉。

(2) 问题的种类、选择和排列

所要调查的信息是问卷的主体内容，在进行问卷设计的时候，应该根据课题的实际需求用心思考、仔细推敲问题的种类、选择及排列方式。

①问题的种类。背景问题的设计是为了了解被调查者的个人信息，通常会包含以下内容：被调查者的性别、年龄、职业、婚姻状况及文化程度等。事实或行为问题的设计是为了了解过去和现在的一些客观事实，具体可以是每周参加排球活动的次数是多少、每次活动持续时间是多长等。观念、态度与情感问题的设计是为了了解被调查者对一些现象的真实想法或看法，如对当前中学排球课的教学内容和使用的教学方式的满意程度打几分、当前学校排球课改革的重难点有哪些等。

②问题的选择。在进行问卷问题挑选时有以下几点需要注意：挑选的问题应遵从实际；挑选的问题在调研中有必要性，太过简单的问题没有办法达到调查的目的，太过复杂的问题又会增加工作量，从而对问卷的回收率及问答质量产生负面影响；挑选的问题应该适应被调查者的实际情况，被调查者不了解或不清楚的问题都不应该出现在问卷上；挑选的问题要考虑被调查者是否会真实作答，被调查者不会真实作答的问题不要出现在问卷上。

③问题的排列。调查问题的顺序编排影响着被调查者能否成功答完所有问题，

影响着问卷质量及回收情况，影响着问卷回收后的信息统计、梳理与分析。由此，为确保问题排列严谨且具有逻辑，设计者要选择最佳的方式排列问题的表述、问题的回答方式及其说明。

A. 问题的表述。问卷是以不直接接触的书面调查方式进行的，被调查者只能通过问卷中的文字信息对问题进行了解并作答。所以，问卷设计的重难点就是用文字准确描述所要调查的问题的方式。表述问题时有以下几点要强调：问题要完整；用词要准确、简单和易懂；提问要客观，无诱导或倾向。

B. 问题的回答方式及其说明。对被调查者而言，问卷相当于一份答卷，答卷就一定包含回答方式以及对它的说明。所以，回答方式及回答方式的说明在问卷主体中必不可少。问卷的回答方式通常包含开放式（自由式）回答、封闭式（结构式）回答以及半开放、半封闭式（混合式）回答。

（3）调查问卷的效度、信度及其检验

调查问卷的效度即调查问卷的有效程度，指的是问卷设计的内容、结构特征和调查研究的事物、问题的特征的一致性程度。效度与调查的主题、目标息息相关，有着鲜明的个性特点；信度与调查的结果一脉相承，有着共性的特点；信度为效度之本，效度为信度之旨。

调查问卷的效度包含两种：问卷内容效度与问卷结构效度。

对问卷内容效度的检查核验通常邀请10个左右熟悉该课题的专家或学者，使用定量（十分制、百分制）或定性（非常有效、有效、基本有效、无效）的方法对问卷进行逻辑有效性分析，判断问题的内容与问题间的逻辑关系是不是能够完成调查的目的并满足研究的需要。若专家反馈问卷的内容可以很好地满足调查的需要，那么该问卷就有内容效度。

对问卷结构效度的检查核验通常邀请专家凭借其专业知识与自身经验进行逻辑推断。可以把问卷问题的原有顺序打乱并进行随机编排，之后再邀请15个左右对该课题熟悉的专家，让其依照问卷设计者给出的调查主题和问题类别，依次辨别每个问题的所属类型，同时判断各类问题组成的总体结构是不是与调查主题相吻合。若专家判断问题分类的正确率超过85%，同时整体结构和调查主题相一致，那么问卷的结构效度就是有效的，反之，就要进行调整或删除。

调查问题的信度是指问卷调查所获得材料的可信任程度。通常使用再测法对问卷信度进行检测，也就是在所调查的样本中，第一次问卷回收大概 15 天之后，再向一些首次填写问卷者发送问卷，问卷回收后，统计两次问卷材料评分或比率相关系数，同时检查核验其显著性。如果相关系数达到显著水平，那么说明调查材料的可信程度很高，否则可信程度就比较低。如果没有条件做第二次调查的话，可以把首次调查的材料以奇、偶数（或前、后）划分成两个部分，分别计算出这两个部分的分数或者数据，然后计算出两个部分的相关系数，这体现了调查问卷问题在内部的一致性。

（4）问卷调查的实施及要求

①问卷调查的一般程序。问卷调查的具体操作流程可以按照以下步骤进行：设计问卷、选择调查对象、分发问卷、回收问卷、整理问卷结果、问卷结果的分析研究。

设计问卷有几个需要预先进行的步骤：确定调查课题、实行初步研究、提出假设等，做完这些步骤之后再进行问卷的设计。问卷设计的时候需要把问卷里的口头语言转变为书面语言，尤其是封闭式问卷，因为要把调查中的口头语言变成书面语言，特别是封闭式回答方式，不单单需要斟酌怎样提问更科学、具体，还要思考如何答卷更全面、正确。这种思虑使问卷设计时的工作量增加，难度飙升。除此之外，在进行问卷设计时，对调查进行初步探索有着非常重要的作用，它是判断设计的问卷是否可行的必不可少的步骤与方法。

问卷调查的对象可以使用抽样方法进行确定，还可以将某一领域内的所有人员当成调查对象。通常情况下，问卷调查的回收率与有效率为 100% 的概率极低，因此选择调查对象的数量要高于所需研究的数量。分发问卷有很多方式可以选择，在进行排球运动科研时，经常使用的方式是邮寄问卷和送发问卷。如果使用送发问卷的方式分发问卷，需要调查人员尽量向被调查者说明问卷的内容、用途与填写方式等信息，用来提升问卷的回收率与有效率。

回收问卷在问卷调查中占据着重要的位置。分发问卷通常只需干好工作，回收率就会很高。邮寄问卷就不一样，最开始的回收率通常会很低。所以，可以在预先限定的回收时间之后约一周的时间，通过给被调查者发送提醒信息或催复函（每次内容应不同）的方式来提高回收率。为确保调查结果的科学、可靠，应尽快仔细核查回收的问卷，剔除所有回答不符合标准的无效问卷，使调查资料的整理和加工基于有效问卷进行。

②提高问卷的回收率的途径与方法。提高问卷的回收率作为问卷调查最紧要的一环，不但是有效问卷的先决条件，还是该问卷调查成败的重要影响因素。有很多因素会对问卷的回收率起作用，如调查主办方的客观地位、调查对象的实际情况、调查课题的魅力、问卷设计的质量以及问卷调查的方式等，都或多或少地影响着问卷的回收率。可以从以下方面发力来增加问卷的回收率：

A. 寻求知名度高、权威性大的机构支持。在进行排球运动科研时，部分课题研究的范围比较大，如全国排球运动场地器材配备的调查等。基于这种情况，应该尽量寻找比较著名、权威的机构主持调查，或者获取他们对调查的公开支持，以增加问卷的回收率。

B. 选择合适的调查对象。调查对象是否合作、是否理解问卷内容以及是否拥有回答问卷的能力，都对问卷的回收起着不小的作用。基于这种情况，结合问卷的难易程度与内容，挑选合适的调查对象开展问卷调查，对增加问卷的回收率有着非常重大的作用。

C. 选择具有吸引力的调查课题。调查课题本身的魅力，通常会左右被调查者答卷的意愿与兴趣。基于这种情况，与调查者切身利益相关的问题和新颖的问题，被调查者回答的热情会相对高些，问卷的回收情况就比较好。

D. 提高问卷的设计质量。问卷的内容是最先影响问卷设计质量的因素，尤其是问题的挑选、编排与描述，还有问答的类型与方式。另外，问卷的形式、长短与排版同样会对问卷设计的质量产生影响。

E. 采用合适的问卷调查方式。使用何种调查方式也对回收问卷的多少具有重要的作用。根据一般经验，报刊问卷的回收率为10%～20%，邮寄问卷的回收率为40%～70%，送发问卷的回收率为80%～90%，访问问卷的回收率最高。[1]

（三）观察法

观察是认识事物的主要手段之一，是积极探索未知领域的一个过程，具有证实或否定假说的作用。通过观察能够获得关于客观世界的各种经验认识，它对获取第一手原始资料有重要意义。

观察法的主要特点是通过直接感知收集研究材料和认识现实。科学观察是与

---

[1] 温金河. 排球运动的素质训练和技战法 [M]. 郑州：黄河水利出版社，2012.

解决一定的科学问题相联系的，因此又具有组织性、计划性和目的性。观察法的重要途径包括听课、参观、出席有关会议和参加有关活动等。记录观察结果除笔记外，还可采用录音、录像、摄影等现代科技手段。

科学观察可划分为两类：定性观察和定量观察。定性观察指的是为获得关于观察对象的本质特征而采用的观察方法。如观察排球教学、训练课中教材的安排，课程的组织与教法，课程的密度、强度和运动量以及技战术特征等。定量观察是指为观察对象的量的规定性而采用的观察方法，如观察某个队员在某场比赛中发球得失分效果的统计或全队发、扣、拦三大主动得分手段的统计，或借助高速摄影机拍摄某个队员扣球的速度、角度作定量的分析等。

采用观察法时应注意以下几点：

①观察前要做好充分的准备工作。应明确观察任务、内容、对象和时间，记录方法要统一，记录资料应及时、准确、可靠，字迹清晰。在实施观察前还应准备好观察记录表格及其他必备观察用具等。

②观察时充分利用现代化科技手段扩大感知范围。在实施调查过程中应注重采用先进的测试、鉴定工具和音像设备等，以提高研究效率。

③观察中尽可能使用同一操作者及仪器。

④记录材料要有一定的数量和重复次数。要详细地做好观察记录，观察要坚持客观性、全面性、系统性、典型性和代表性。

（四）实验法

实验法是体育科学研究中最重要、最基本的科研方法之一。它基于科研需要，通过人工控制或者仿真客观观察、消除干扰、探究实验对象的变化规律的实践活动。

1. 实验法的特点

（1）实践性

实验法不但需要用眼看、用口问、用耳听，还需要亲身实践，也就是利用一些实践活动对实验对象所处社会环境进行系统改造，同时立足于实践活动，考察研究实验对象的本质和变化规律。

（2）动态性

在进行实验时，受实践活动进程和社会环境变化的影响，实验对象一定会产生持续的运动与变化，实验对象的动态性来源于实验的实践性。

（3）人为性

实验法的一切研究是基于研究目的在人工干预下进行的，所以能够让研究者观测到在自然条件下很难看到的景象。

（4）控制性

实验法能够将一定的要素剥离出来进行控制。

（5）重复性

实验法能够反复验证结果，实验过程大都能够再现或多次实施。

（6）可测性

因为实验法的可控性和易衡量性，所以研究的结果大多精准同时方便横向对比。

2. 实验法的类型

实验研究的分类标准有很多，通常情况下，有下面这些常见类型：按目的或性质划分，可将其分为探索性实验、验证性实验与应用性实验；按质和量的关系划分，可将其分为定性实验与定量实验；按涉及的因素划分，可将其分为单项实验、多项综合实验与整体综合实验；按控制程度划分，可将其分为前实验、准实验与真实验；按场所或环境划分，可将其分为实验室实验与自然实验（室外实验）。在进行排球的教学与训练时，通常使用的方法是选定某段时间进行实验，如某学期、某学年或者是更长的时间，比较各实验效果，进而找到最适合学生基本技能培育的教学方法。

实验研究必须对研究过程中所涉及的各种变量做认真的分析并加以控制。控制是实验研究的精髓，因此，实验时应注意：对样本进行分组时应遵循随机原则，挑选的对象应具有代表性；做实验时要准确记录。

3. 实验计划的制订

实验者要根据实验研究的目的和对象、方法和步骤，制订详细的实验计划。以等组对照实验为例，其重点是实验组和对照组各方面的情况必须尽量相等或相似，并且所施加的实验因素不宜过多，否则检验实验效果时将不易区分各实验因素的效果。

4. 实验样本数和实验次数要满足统计学的要求

一般来讲，有些实验可通过重复实验逐步扩大范围，逐步从点上的实验走向面上的实验，最后走向推广应用。以等组实验为例，等组实验是选取两个情况相同或相似的被试组，其中一组不施加实验因素为对照组，另一组施加一个实验因素为实验组，然后比较两组的结果，以判定实验因素发生的效果。如在排球教学中对如何培养学生技能进行研究，可在同一年级中选择两个教学班进行分组对比实验。

值得注意的是，实验的设计要采用统计学的方法，统计学不仅用于实验结果的解释，也用于实验的部署。如果在实验的准备阶段不考虑统计学，则实验的结果就可能没有进行统计学上处理的价值。如在排球不同技术的教学实验中，在选择对照组和实验组时，必须先确定各组是在同一时间、同一地点进行实验的，然后用统计学的方法决定各组样本的大小，并用随机方法分配各小组。如果不考虑这一点，实验结果就很难做统计学处理。因此，实验过程中，实验操作者首先必须保证样本的代表性和样本间的可比性，其次必须周密思考如何减少或消除误差。

（五）数理统计法

数理统计法是运用数学和统计学的方法，对客观事物进行研究的科研方法。通常情况下，应用数理统计法的流程是先选定研究课题，然后根据所选题目的需要进行统计处理，最后依据统计结果得出研究结论。实践证明，它不仅是整理与分析资料的有效工具，亦可为定性分析进一步提供客观依据。统计法往往与观察法同时进行，如在预先采用统计法设计的统计表格上如实记录观察内容。统计法的最大长处首先是所搜集资料的精确性、选择性及判断性都比较好，然后是可以量化排球科研的一些因素。在排球运动中，通过比赛的临场技术、战术统计，可以收集到大量的第一手材料，并根据统计数据客观地分析一场比赛，找出比赛胜负的原因，发现训练中存在的主要问题，提出解决问题的方法和途径，确定以后训练的方向，为有效提高训练的质量、改进教学训练方法提供依据；还可以为球队和运动员建立比赛档案，为研究球队和运动员的成长、提高教学训练水平提供数据。

在排球运动的科研中常用数理统计法反映运动员某项运动技术的平均水平及运动水平密集的大致位置。如在评定发球技术的稳定性时，所得标准差大，说明该球员发球技术掌握不稳定。在探讨排球专项身体素质对提高排球技术的影响时，科研工作者可通过数理统计法找出专项身体素质与排球技术之间的内在联系。运用数理统计法时科研工作者应注意统计标准、尺度一致，统计数据齐全。掌握准确、完整的有关数据是进行数理统计法研究的基础。

（六）逻辑法

逻辑法在体育科研工作中经常被使用，在一定程度上，逻辑思维能力属于科研工作者科学基本素养的一种。基本的逻辑思维方法有比较与类比法、分析与综合法、归纳与演绎法、抽象与具体法等。

1. 比较与类比法

比较是认识事物的基础，是人类认识、区别和确定事物共同点和不同点的最常用的逻辑思维方法，被广泛应用于科学研究的各个领域。比较的过程，就是通过对比、分类与解释，找出复杂事物之间相同或类似的地方，进而探索其规律的过程。如横向比较可对事物的性质及量的变化加以判断与分析，纵向比较可探索事物发展变化及消长情况。比较法在排球教学训练研究中应用较为广泛，如教学法的比较、不同类技术动作的比较、同类技术动作的比较。比较与分析方法的使用，有利于科研工作者建立正确动作的概念，发现技术间的共同点与不同点，更快地掌握排球技术。

类比法是根据同类事物在某些方面的相似或相同，而推论它们在其他方面也可能相似或相同。作出论断的方法是由个别到个别的推理，其依据是通过比较，按照事物的共同点与不同点将其分为不同的类别，所以分类又是以比较为基础的。分类法在科研中有着重要的意义，它可以把一些杂乱的技术资料整理分类，从而发现其间的联系，以探索内部的规律性。

2. 分析与综合法

分析是为了综合，综合又离不开分析，分析与综合是两个相辅相成的思维过程，一般是先分析后综合。科学的综合是在分析的基础上加以综合，而绝非简单的叠加。在排球科研中，科研工作者需对科研的对象不断交替进行分析与综合，从而获得对于事物的完整而正确的认识。例如，分析排球正面扣球技术动作各环节，先采用分析的方法，将扣球分解为判断、准备姿势、助跑起跳、空中击球、落地五个部分，对各部分进行分析研究，而后再采用综合方法，把扣球技术动作的各个部分加以概括后，认为就整体动作而言，空中击球是扣球技术最重要的一个环节。

3. 归纳与演绎法

在辩证的思维过程中，归纳以演绎为前导，演绎以归纳为基础，它们是互为前提、互相促进的。在排球理论研究中，有些课题研究要求研究工作的主要活动是思维活动，具有高度抽象性。在整个研究活动中，需要在前人研究成果的基础上不断地加以归纳和演绎，这就决定了研究者必须直接从已有的文献所记载的成果和方法中汲取营养，加以创新。归纳与演绎法是不同于一般物理、化学等学科需要依赖于实验设备和实验活动进行科学研究。如队员在扣球或拦网时，需要跳得高，有较强的爆发力和弹跳力；传球时，需要有较强的手指、手腕力量；防守时，需要移动快、反应迅速等。通过对以上信息分析、综合、归纳、推理后可得出，弹跳力、移动速度、灵敏反应是排球运动员所必需的专项素质。

4. 抽象与具体法

从具体到抽象，再从抽象上升到具体的思维过程，是从认识事物开始到确定科学的最初的概念、判断，再上升到建立科学理论的辩证方法。例如，现代排球理论是从大量的排球现象入手，抽象出若干概念、判断，而后经过深入探讨，逐步上升到理论，最终形成。

三、排球技战术研究方法运用

（一）排球技术研究方法

排球技术研究方法主要包括定性研究和定量研究两种。定性研究主要是通过观察运动员在比赛中技术运用的特点，结合排球专业理论知识，对技术作出大致的分析、提出改进建议等。定量研究主要是通过高速摄影或高速录像在比赛现场或训练时拍摄优秀运动员的技术动作，再通过影片解析得到优秀运动员的技术参数，对其加以分析，得出优秀运动员的运动学特征和规律；或者通过比赛中的技术统计得出优秀运动员的技术运用效果，如成功率、失误率等，分析运动员在比赛中的表现。随着现代排球技战术的发展，仅用一种研究方法已不能满足研究者的需要。因此，在研究中采用两种方法结合的方式，能使研究更为全面、客观、准确。

1. 排球技术研究的三维高速摄像方法

三维摄像方法是近年来体育运动技术研究中常用的研究方法之一。日本在这方面起步较早，从20世纪90年代初期就开始在排球技术研究中使用这种方法。随着高清晰度数字式摄像机的问世和三维录像解析软件的进一步研制开发，三维摄像方法越来越精确，使用范围也越来越广。

同三维高速摄影相比，三维摄像使用录像带，不用电影胶片，能节省大量经费。因此，在比赛中可根据需要大量拍摄技术动作，甚至拍摄整场比赛，使研究者有较大的挑选余地，具有样本含量大、代表性强、可信度高的特点。在动作解析过程中，对技术动作可反复重放，仔细观察，为研究者带来便利。

（1）排球技术研究的三维摄像方法

①拍摄前的准备工作和立体空间标定

A.拍摄前的准备工作。拍摄者需准备好三维摄像所需要的各种器材设备，即两台以上摄像机充电电池、充电器、录像带（一般16毫米较多）、对讲机（联络用）、立体空间标定标杆以及各种辅助器材。拍摄者应提前2小时到达比赛场地或实验拍摄现场，选定好摄像机安放位置。

B.立体空间标定。立体空间标定是指在拍摄动作前，拍摄者对拍摄的区域范围用一带有数字刻度的标杆进行三维框架的标定，使所拍到的动作能够用于解析计算各种位移、速度、角度等三维数据。

②拍摄时的工作

拍摄前，拍摄者先用对讲机联络好，尽可能做到同时开机和同时关机。在比赛时，以主裁判鸣哨的哨音作为开机信号，如比赛现场可以安放同步器（但一般比赛都不允许），如不能安放同步器，则只能以上述方法同时开机，然后在三维录像解析时，以两机拍摄的同一动作中，具有显著的动作时像指标作为同步输入的依据。

③拍摄后的工作

拍摄后，科研工作者先将摄录好的录像带装好并贴上标签，注明是后面还是侧面、比赛队的名称、第几局等信息，然后收拾好全部摄像器材。

（2）排球技术研究的三维录像解析方法

三维录像解析是最重要的也是最艰苦的研究工作，耗时长，还要尽量精确，需要科研工作者有一丝不苟的精神和严肃认真的科学态度。

①录像带的复制和附内时标

由于比赛采用的摄像机大多是16毫米或8毫米摄像机。三维录像解析时，科研工作者首先要将摄制好的录像带转录到三维录像解析系统用的大录像带上（解析系统用的录像带同家用录像机的录像带规格相同，但是清晰度高），在转录的同时，用数码机在录像带的画面上附上内时标（1/60秒）。这样复制好的动作录像带的画面上就有了1/60秒的动作画面和时标，便于在三维录像解析时使用。

②三维技术动作解析

三维技术动作的解析设备是由一台带有彩色显示屏的专门解析用放像机和一台带有三维解析系统的计算机及打印机等附件组成的，相互间用导线连接。解析时，将录像带装入解析用放像机，使动作画面按照需要逐格在显示屏上显示出来。按照先输入标定框架系统，再输入技术动作画面的顺序，将正面和侧面的动作画面逐格输入三维解析系统中。输入方法是采用解析系统的鼠标，使显示器上的十字光标点对准所要的各环节点，按下鼠标，则该点的坐标自动输入解析系统。

全部采点工作完成后，再按照三维解析系统的计算机操作程序，计算出三维原始坐标、角度、速度、角速度、角加速度、距离、高度等有关数据，打印出来。同时，根据数据，计算机还可以作出正、侧、上三个面的人体动作图，供分析时参考。

由于三维录像解析系统操作方法较为复杂，各国操作方法各异，在此不详述。

③排球技术分析的三维运动学指标

排球技术分析所需要的指标比较多，在此以扣球技术为例，列举分析时常用的运动学指标。在解析时应先设定好计算机程序，一般三维解析系统均有这些指标，但不针对排球，还需结合排球技术重新设计，再经过计算机得到所需指标，供动作分析时使用。

三维运动学指标包括：助跑速度——踏跳前瞬间重心水平合速度；助跑最后一步距离——右脚踏跳瞬间左脚尖至右脚尖距离；并步距离——踏跳时右脚尖到左脚尖距离；跳跃方向——起跳离地到着地重心水平移动方向与网呈的角度；踏跳时间——踏跳右脚着地至左脚离地时间；起跳速度——起跳离地时重心的水平速度和垂直速度；起跳时髋角——肩、髋、膝连线角度，角速度；起跳时膝角——

髋、膝、踝连线角度，角速度；起跳时踝角——膝、踝、趾连线角度，角速度；腾起角——起跳离地时，人体重心合速度方向的连线（轨迹）与地平面（水平轴）的夹角；空中移动距离——起跳离地至落地重心移动距离；击球移动距离起跳离地至击球时重心移动距离；击球高度——击球瞬间手中心与地面垂直距离（在扣球高度专门研究中还测试手指尖与地面的垂直距离）；击球速度——球出手后的最大合速度；击球角度——球出手后与垂直面形成的夹角；转体角度——两肩连线与地水平面转动形成的角度，角速度（左、右）；伸肩角度——两肩连线与垂直额状面内转动形成的角度，角速度（上、下）；躯干前屈和后伸角度——躯干正中部连线与地面垂直的矢状面内转动角度，角速度（前、后）；躯干三维合成角度躯干正中部连线实际运动的角度；右肘角度击球过程中右肘关节运动的角度，角速度（肩、肘、腕连线形成的角度）；挥臂击球过程中肩、肘、腕、手三维合成速度；击球时左、右肩高度差；击球时手中心与头部中心（耳尖上方）的水平距离和垂直距离。

（3）排球技术动作分析的主要步骤

通过三维录像的解析得到了数据及人体动作简图后，科研工作者应根据如下步骤对动作作出分析，并写出论文报告：

①了解所拍摄的排球技术动作全过程

在分析排球技术动作时，首要的工作是划分技术动作的阶段，确定技术动作的特征画面。

第一，划分技术动作的范围。确定了动作的开始与结束瞬间，就可把技术动作的范围确定下来，如扣球技术是由助跑开始至击球后落地结束。

第二，划分技术动作的阶段。当动作的范围确定后，划分动作的不同阶段，为分析研究提供方便，如扣球的整个动作，可分助跑、起跳、空中击球、落地四个阶段，而在起跳过程中，又可分缓冲和蹬伸两个阶段。

第三，确定技术动作的特征画面。不同动作的临界点（画面）称为技术动作的特征画面，如扣球的击球瞬间画面，可反映扣球高度、击球瞬间手臂速度以及击球位置等数值。

第四，明确各动作阶段的相互影响及作用。虽然组成完整动作的基本动作的形式、任务及性质不同，但它们同属于一个完整动作的不可缺少的有机组成部分，都是为完整动作的任务服务的。因此，它们之间存在着必然联系与因果关系。如扣球向后反弓形的展体动作和向前用力的收腹动作，虽然是人体基本活动中伸与屈的动作，但从生物力学角度看，它们之间存在着必然联系与因果关系——扣球的收腹动作是展体动作的继续，而且展体动作的幅度影响收腹动作的幅度和速度。

②明确排球技术的关键环节

凡是对完成技术动作的目的起重要作用的动作阶段，都称为技术动作的关键环节或主要环节，如扣球的空中击球、跳发球的击球点位置。

③揭示排球技术的生物力学特征

这一过程对所得数据进行处理分析、整理，得出测试结果，然后对测试结果进行分析处理，得出规律性数据材料，最后成为技术动作的生物力学研究结果。

第一步，揭示技术动作的一般测试结果，如技术动作的运动学参数统计结果、技术动作的线条图（一般以图表方式表示）。

第二步，揭示排球技术生物力学原理。通过对测试结果的分析研究，研究者能够寻找各测试数据之间的内在联系及对排球技术动作的关系和影响，并在此基础上归纳出完成排球技术动作的生物力学原理。

第三步，揭示高水平排球运动员技术动作的生物力学特征。不同等级运动员完成技术动作时应遵循同一规律，即技术动作原理是一样的，但不同水平运动员的运动素质发展水平不同，因此在技术动作特征方面也反映出相应的差异。高水平排球运动员的技术动作特征可表现技术动作的发展趋势，所以了解高水平运动员排球技术动作的生物力学特征有助于技术动作原理的理论研究和技术动作训练的发展。

在以上工作完成后，研究者需根据汇总的资料对运动员的技术动作作出生物力学判断，并对整个研究作出结论，在此不做具体表述。

对分析研究所做的结论是对研究结果的进一步归纳、提炼和升华，而研究结果的具体内容又是依据分析研究的不同任务采用相应的测试与分析方法得到的。

以上内容介绍了三维摄像方法、三维录像解析方法和排球技术动作分析所应具备的知识与技能，供广大排球界同行参考。

2. 排球比赛技术效果统计法

排球比赛技术效果统计法是对排球比赛中双方技术运用效果进行统计、整理分析，进而得出各项技术的成功率、失误率；也可以对本队或某一队员或对手的情况进行分析，得出较为可靠的结论。目前，一些世界大型比赛还以统计出的扣球、发球、拦网、一传、防守等项指标的成功率、得分率等作为评出单项奖的依据。

（二）排球战术研究方法

排球战术研究方法通过对比赛中各种战术的使用情况、效果的统计分析，对排球战术进行研究。统计表格有"一攻"统计表、"防反"统计表、"保攻"统计表、"推攻"统计表等。

在研究中还可通过对比的方法，将中国队和外国队、不同水平队或同一水平队之间的战术使用情况进行对比，从而找出各队的优缺点及打法特点，有针对性、有目的地加以训练，从而提高本队水平，以取得更好的成绩。

第四节 排球运动科学研究的选题与程序

一、科学研究的选题

随着现代科学技术向体育领域的渗透，体育科技的发展程度已成为决定体育现代化的重要因素之一。体育科技是随着体育运动实践的发展而不断发展的，体育运动的发展推动着体育科学研究的进步与繁荣。体育科技对促进人的全面发展、提高人类的健康水平，以及提高运动技术水平发挥着越来越重要的作用。排球运动水平的提高，离不开科研工作，而科研工作也只有面向运动训练实践才能发挥其应有的作用。现代体育科技的发展正不断地加强它与体育实践的联系，最终形成"体育科技—体育技术—体育实践"这样一个相互联系、相互促进的辩证统一的整体。

（一）如何发现问题

科学研究始于问题，一切创造都始于问题，问题的提出成为整个研究过程的逻辑起点。提出一个问题往往比解决一个问题更为重要。因为解决问题也许仅是一个数学上或实验上的技能而已，而提出新的问题、新的可能性以及从新的角度看旧的问题，却需要创造力，且标志着科学的真正进步。另外，科研工作最使人感兴趣的，与其说是问题的解决，不如说是问题的形成。有了正确的认识，方才可以形成一个问题。人类的实践每向前发展一步，都会寻求并提出各种各样的新课题，这要求人们去发现、研究和探索，进而揭示它的规律，得出正确结论。

问题的寻找、形成与提出的过程对整个研究工作具有决定意义，它既是确定研究主攻方向的依据、定向积累资料的向导，又决定着研究的内容和价值，并与研究方法、研究范围密切相关。大量的事实证明，一个研究者的科研能力如何，首先就表现在他提出问题的水平上。一方面，问题的提出不仅可折射出研究者对该研究领域的熟悉程度与掌握程度，而且还反映其看出问题、找到问题的能力；另一方面，能否选择合适的课题，又是判断一个人能否独立从事科研工作和区别科研能力高低的主要标志之一。

如何提出问题，怎样选择课题，选择什么样的课题，为什么选择这样的课题，如何对课题进行合乎科学规范的设计，对于广大教师及教练员来说是首先要思考的问题。通常，在寻找问题的过程中，至少应思考以下几点：研究者要善于开拓创新，敢于在未开垦的领域上耕耘；研究者要善于把握排球运动的发展动态和趋势；研究者要善于抓住制约训练效果的训练学因素和影响比赛结果的非训练学因素；研究者要善于寻找解决问题的新途径和方法；研究者要善于扬长避短；研究者要善于把握机遇和线索，捕获灵感，发现新问题。

选题来源于以下三个方面：

①排球运动实践。从排球教学与训练工作中提出理论与实践问题是排球运动科研选题的基本来源。选题应着眼于排球教学改革的实际问题和促进学生全面发展的需要，大量的研究课题来自排球运动的实践。因此，更加重视和加强针对排球运动实践的应用研究将是排球运动科研发展的主要方向。排球运动科研更强调从选题、研究过程到研究成果的推广应用始终关注实践需要，强调研究成果对排球运动实践发展的实质性效果。只要善于观察，勤于思考，就能从排球教学、训练、竞赛中发现许多值得研究和探讨的问题。应该说，好的选题大多来自排球运动实践，并为实践所需要。

②文献。查阅、评价和研究文献资料是选择课题最重要的、最常用的方法和策略之一。在此过程中，研究者可以注意已有研究文献中忽略的一些问题，发现

研究结果中相互矛盾的地方，同时根据不同理论观点之争，通过对现有理论观点提出质疑，证实他人或自己的某一理论观点而选择相应的课题。例如，已有的理论、学说或研究结论都是在当时的研究条件下对复杂的体育现象的相对认识，有些理论观点有其历史的局限性。经常保持好奇、怀疑和创新精神，保持批判和进取的态度，研究者才能敏锐地发现问题，用批判的眼光审视已有的理论、传统的观点和结论，发现其缺陷和错误之处。

要从过去的研究中发现问题，最重要的途径是查阅有关研究文献。有时在回答旧问题时也能提出新问题。有的研究报告常在讨论部分提出进一步研究的建议，这些建议便成为其他研究者发现问题的良好来源。所以，别人在研究中提出的新问题，也是研究者选择研究问题的重要来源之一。从过去的研究中可以得到许多启发，发现新的有价值的研究问题，这需要研究者在阅读文献时，要善于观察、捕捉和思考，从而发现问题。

③向专家和学者请教。一些教师和有经验的研究者在科研方面有许多成果，对学术前沿情况较了解，并在自己的研究领域中有一系列研究课题，研究者可根据自己的实际情况经常请教这方面的专家学者。

（二）运用科研方法解决教学训练中的实际问题

教师、教练员和科研人员在科研的全过程中，会涉及选材、制定目标、技术改进、战术发展、训练方法手段的创新、综合学科知识的运用、训练计划的安排、计划过程的实施等各方面问题。如果教练员能有意识、有目的、有计划地根据不同项目、不同层次的实际需要，收集材料，观察测定，总结经验，归纳分析，最后加以论证，作为指导训练的依据，就是很有价值的科研过程。目前，教师、教练员和科研人员在实践中使用的科研方法如下：

1. 技术统计的方法

1959 年第一届全运会后，我国逐步组建了排球各项技术统计队伍，对大型比赛中各项技术指标进行统计分析，对参赛的男女运动员的身体形态、运动能力及技术运用效果进行测试与统计。这些统计由最初的人工统计发展到目前的计算机统计，把统计水平向科学化推进了一大步。

2. 多学科领域交叉研究的方法

20 世纪 70 年代末，美国女排将计算机技术引入临场指挥和技术分析中，苏联男排把心理暗示疗法引入队员放松训练，日本用三维摄影分析扣球技术。20世纪80年代初，我国的张丽茹等以统计学为工具进行了弹跳力、灵活性等模式训练的研究；钟秉枢等以教育心理学为基础进行了排球技战术程序教学法、掌握式教学法、数据教学法、组集诱导法等研究；陈康等以运动心理学为依据进行了排球队员神经类型、心理品质、个性特征、智力结构等；黄辅周等以运动生物力学影片解析为基础，进行了扣球技术运动学研究、防守起球动力学分析、强攻和二传技术力学研究等。这些多学科交叉研究，为排球专项科研开辟了新的领域，为人们进一步加深对排球运动规律的认识提供了工具。

3. 技战术开发创新的方法

日本女排教练员大松博文，在训练中创造了垫球新技术，改进了训练方法，把篮球项目中的交叉、掩护战术运用到排球中来，同时采用大运动量训练原则进行超负荷训练，由此日本女排多次夺得世界冠军。我国女排教练员袁伟民在训练中，不断创造新技术、新战术和新的训练方法，因而取得了中国女排"三连冠""五连冠"的佳绩。

4. 未来排球运动训练方面科研的发展方向

未来排球运动训练方面的科研，会更侧重多指标综合评价系统应用于排球运动员选材、排球运动员的体能恢复与营养学研究、排球技术的高度发挥和发展、排球技术、战术创新研究、排球高水平运动员的系统管理、排球教练员队伍的素质与培养、如何控制比赛时间和规则裁判法研究等方面的内容。

（三）与科技人员合作，促进教学训练

目前，越来越多的科研人员开始投身于排球运动实践，从实践中发现问题、研究问题、解决问题。从某种意义上讲，实践问题的解决过程，也是促进排球运动科学研究发展的过程。从方法论来看，科研人员越来越多地从文献研究、思辨研究走向实证研究，正在从不同层面关注运动训练实践，提高研究的实际应用价值；从科研的功用来看，排球科研人员不再满足于排球教学训练的一般抽象理论论述，开始更多地追求排球运动研究成果的推广应用，促进排球教学与训练的改革和发展。

二、科学研究的基本程序

了解和掌握排球运动科学研究的程序，有助于研究者使自己的主观努力与科学研究过程的客观规律相一致；掌握排球运动科研工作程序的理论，有助于加强科研工作的计划性；按照一定的程序组织排球运动科研工作，有利于及时地检查研究工作的进程。

排球运动科学研究程序的划分，可根据研究性质的不同，有简有繁、有详有略，但基本环节大同小异。排球运动科学研究程序可大致分为以下几个环节：

（一）选题

怎样选择课题，选择什么样的课题，为什么选择这样的课题，对选择的课题如何进行合乎科学规范的设计，常常是研究者首先要思考的最重要的问题。选题既是确定研究主攻方向的依据、定向积累资料的向导，又决定着研究的内容和价值，并与研究方法、研究范围密切相关。

1. 选题的步骤

科学研究选题的步骤由确定研究方向、查阅文献资料并初步提出问题、课题论证和准确表述题目四个步骤组成。

2. 选题的基本程序

一般来说，选题时首先要查阅大量的文献资料，了解本学科的现状，明确过去的研究成果，如本课题研究已经达到的程度与今后要解决的问题，从而选定题目，即只有掌握"已知"才能发现"未知"。选题要从现代排球技术、战术、身体训练、教学训练的理论、实践与方法中，找出尚未解决的课题。对于同一选题，可以从不同角度，运用不同方法去论证，即使是前面已研究过的课题，也可以从新角度去探索、开拓，从而挖掘出旧课题中的新内容。

科研选题是一门科学，也是一门艺术。一般来说，选题的方法和策略是多种多样的，有的人擅长演绎和分析，有的人擅长归纳和综合。如何去发现、分析、提出和形成一个有意义、有创造性的问题，这要求科研工作者具有广博的知识、丰富的想象力、敏锐的观察力、果断的判断力及严密的逻辑思维能力。其中，广博的知识是选题产生的基础，丰富的想象力、敏锐的观察力、果断的判断力和严密的逻辑思维能力，或者更简单地说，存疑的治学精神和独立的思考能力是选题产生的必要条件，及时掌握科研动态则是选题正确的重要保证。

3. 选题的原则

只有严格遵守选题原则，才有可能发掘科学宝藏的新突破口。科研选题最忌讳的是无意义地重复别人的工作。

虽然不同的问题、不同的研究内容会有不同的选题标准，但通常应遵循需要性、科学性、可行性和创造性等基本原则。

科研选题的需要性是指选题应能够解决当下排球教学训练的问题，或对其发展有所帮助，不应只重复前人的研究；科研选题的科学性是指选题要有所依据，不能盲目空想。这两个原则比较容易理解，在此不再详述。

科研选题的可行性要求研究者根据自己的主、客观条件来选择能够胜任的问题作为研究课题。主、客观条件的具备程度，反映出研究、了解和掌握选题的基本原则，对提高选择课题和设计课题的水平是十分必要的。

科研选题的创造性是科研创新的前提和基础，要使科研选题具有创造性，就必须采集大量有关的信息，掌握前人和别人已经做过的工作，关注研究动态的发展，站在研究领域的前沿，了解热点，把握时代脉搏，还要善于发现他们工作中的缺陷和不足，或者是某些身具特长者对所选课题的掌握和驾驭的程度。在选题过程中，研究对象明确可求、研究手段具体可用、研究水平适宜、研究资料齐备、研究资料来源可靠、研究时间有保证等都应充分考虑。

上述几条原则既互相区别，又互相联系：需要性原则指明了研究的方向，科学性原则体现了研究的内在要求，创造性原则反映了研究的本质特征，可行性原则说明了研究的现实条件。

（二）确定研究任务、方法和手段

选题后，就应确定研究任务和选择研究方法。根据研究任务（要解决的问题）和目的来选用某种或多种研究方法，在确定研究方法的同时，要充分考虑研究的手段。具体地说，可先从总结经验入手，就某一个具体问题进行一些调查，对调查的资料进行研究，掌握基本的科研方法，在此基础上逐步提高研究的水平。

研究方法的确定取决于课题的研究任务和目的。确定某种或同时采用几种方法时，要明确所选方法能否获得所需的研究结果和要完成的研究目的。研究方法要服务于研究的任务和目的，但是研究任务和目的确定之后，研究方法起着决定性的作用。排球运动科研方法的选择主要依据课题的具体任务、内容和研究对象的性质、特点，选择的研究方法能最全面地揭示现象的表现和现象与本质之间的联系。同一课题可通过不同的方法去研究，有时在课题进行的不同阶段需用不同的方法去研究。

研究方法设计是获得正确、可靠的研究资料的前提，是研究设计中最基本的内容。科研方法的选择应保证研究的科学性、可行性。要根据不同的研究目的采用不同的方法。例如，理论研究一般常用分析、综合、概括、抽象、归纳、演绎、比较等思辨方法，应用研究一般采用观察、调查、实验等实证方法。要根据不同研究范围和条件采用不同的方法。一般来说，以文献法为主的研究，应设计有具体的文献阅读计划、资料分类计划；以调查法为主的研究，应设计出详尽的调查提纲、问卷、所得资料的分类整理方法；以观察法为主的研究，应设计出观察计划、备用方案及观察结果的分类整理方法；以测量法为主的研究，应设计出测量的细则；实验法则需要进行更高要求的实验设计。确定研究方法时要综合应用科研方法，在采用一种主要方法的同时，还要兼用其他多种方法。科研方法的综合运用是当前体育科学研究发展的重要趋势。

总之，排球科研工作者不仅要掌握科研方法，而且要善于选择和运用科研方法。研究方法要回答如何研究的问题，在制订课题研究计划时，要充分考虑选择哪些具体的研究方法。特别是一些较为复杂的重大研究课题，常常需要综合地、交叉地运用多种研究方法。研究方法选择恰当与否，往往决定着研究质量的好坏和研究效率。

（三）制订研究计划

研究计划是开展科研工作的基本依据，是课题研究设想的具体落实，包括进一步明确研究目的、确定研究对象、选择研究方法、制定实施方案和步骤、进行组织分工、安排研究程序和制定研究经费使用办法等。研究工作的顺利进行离不开严谨周密的研究计划。对科学研究来说，仅选择和确定题目是不够的。因为选题仅规定了研究什么，使研究时有了思考的起点，但要真正进入研究过程，还必须在课题选定之后，对课题进行认真的设计，这样才可能使选题转化为可供指导研究的方案，使研究活动有计划、有组织、有步骤地开展。因此，课题的设计是选题的深化和具体化。研究的设计是否科学、合理、周密，直接关系到研究的成败和质量的优劣。

总之，课题的设计要具有科学性、可行性，做到研究目标明确、研究依据充分、研究内容具体、研究步骤有序。研究者要努力避免在课题设计中存在的问题，如研究目标过大、含糊、混杂，研究依据缺乏理论支撑点，缺乏研究对象，研究内容过宽、过窄，研究设计粗糙、不具体、样本不足等问题。

研究计划的内容应体现课题研究和论文写作的全过程，如对每一项目的初步设想、任务要点、方法步骤、注意事项等都要有所考虑与体现。研究计划的制订还要考虑时间、进度、研究仪器设备与经费预算，根据各阶段任务的轻重、主次做全面筹划，列出具体日程进度表，这样做可避免前松后紧。制订研究计划时要把收集资料一项列为计划的重点，要充分考虑研究过程及各阶段的时间分配。

（四）收集文献资料与调查实验

收集和归纳丰富的资料是科学研究的基础，是形成研究者理论观点的依据。这一阶段的主要任务是按照课题研究计划，采用各种研究方法（调查、观察、实验）收集研究资料，并对这些资料进行分析、综合比较，运用逻辑的、数学的以及其他各种科学的方法进行分析，以期证实研究的设想。科学研究要从客观实际出发，要以反映客观事实的资料为依据，这就需要通过多种方法获取大量有价值的研究资料。

当今世界处于一个信息的时代，文献资料浩如烟海，依靠手工查阅文献资料的方式越来越不适应科学工作者及时、系统、准确地获得有关信息的需要。计算机文献检索的出现和发展，已成为文献检索的发展方向和主要手段。因此，除了使用手工检索文献，若有条件可选择使用计算机检索，要把掌握文献检索的基本知识和文献检索方法当作一项基本功，在这方面下功夫。

查阅文献资料有两个主要目的：一是通过广泛收集和查阅过去发表的与选题有关的各种文献资料，了解目前国内外已进行过哪些研究、达到何种程度、取得哪些成果，还有哪些问题有待研究和解决、过去的研究与结论有什么问题和错误等，以便自己在研究时避免无效的重复劳动，借鉴和应用过去的研究成果，在前人研究的基础上获得新成果；二是通过广泛收集和查阅与研究题目有关的参考资料，特别是那些对本课题有参考价值的研究方法和研究设计的资料，为本课题的研究寻找理论依据和科研方法，提高课题的研究质量，以获得更大的成果。收集资料应是经常性工作，很多情况下是因为收集和查阅某些较丰富资料时得到启发，才选择这方面的问题进行研究。

查找到有关的资料后，就应认真阅读。阅读要讲究方法，以期达到事半功倍的效果。在阅读过程中，研究者要边阅读、边思考、边记录。阅读的方法一般可先粗读，后精读；先读摘要、序言，后读全文；先读新资料，后读旧资料。例如，当读一本书时，可先读前言，前言中有作者的写作目的，然后阅读文章的题目和开头及插图和表格，这些是作者所选用的典型材料。略读一篇文章，可先看题目、文章摘要、小标题，再看插图、表格，然后寻找关键性词语。

材料来源有两个方面：一方面是广泛阅读与选题有关的资料，从所阅读的书籍和期刊中得到启发，还可从阅读作者使用过的参考文献中寻找与本课题有关的文献与资料；另一方面是进行社会调查、实验，也就是从教学、训练、比赛中获得第一手材料，这是直接的材料。收集资料要做到有目性、全面性和持久性。记录资料的方法有做读书笔记、读书卡片、剪贴等。

记录资料的内容有五个方面：第一，记录有创新的观点、独特的见解，有价值的意见、方法，这包括虽有争议却令人耳目一新的观点；第二，记录典型论证展开的过程，文献构成的逻辑体系，严谨的谋篇构思等；第三，记录新颖、典型、有说服力的证据；第四，记录通过阅读激发对某个问题产生的奇妙联想、构思及假说；第五，记录能给自己提供准确、鲜明、生动形象的语言表述思想观察能力。记录应尽量做到准确、完整。如记读书笔记，除了摘录文章内容要点、主要观点与方法、结论等，还应写明文章名称、作（译）者、出版者、出版时间，以备复查、核对。另外，还可以记录自己阅读时的感受和想法等。

面对浩如烟海的文献资料，研究者必须有所选择。哪些该选，哪些不选；哪些先选，哪些后选；哪些主选，哪些次选。一般来说，要遵循针对性原则、计划性原则和积累性原则。

综上所述，查阅资料对科学研究有着重要意义。这里把资料工作几个环节的要求简略为：收集资料要广而深，阅读资料要详而略，记录资料要精而全，整理资料要思而辨。

（五）整理与分析数据资料

研究者要对收集到的大量的、杂乱无章的资料进行加工整理、鉴别真伪；要对资料进行分类、分析、选择典型，使之成为有说服力的论据资料；要通过比较、分析、综合、抽象、概括、推理等方式，探索因果关系，揭示规律，说明问题；最后在加工、整理、分析的基础上形成结论。通过不同途径、使用各种方法收集到的原始资料数量庞大，内容广泛且杂乱无章，需要经过一番整理、加工，才能使"无序"变成"有序"，使"杂乱"变成"系统"。如何选取所需资料，这涉及选取的数量、标准要求与方法问题。整理分析资料数据是完成论文过程中极其重要的一环，常用的方法有逻辑推理、数理统计等。研究者在整理资料时，要认真细致、实事求是，根据研究需要，将材料中代表性强、可靠性大的加以选用，作为分析研究问题的基本依据。

要做研究工作，首先要学会将已收集到的杂乱无章的文献，按其内在联系和逻辑顺序排列成有序文献。整理统计资料，一般采用分组归类、计算特征量和绘制图表等方法进行科学的概括，使之系统化。通过计算得到平均数、标准差、相关系数等统计数字，反映研究对象的客观数量特征，并能以此进行各种比较，得出研究结论。排球科研的结果有时需要以数据表示，用数据说明问题。用统计图表描述数据资料可简明、直观地显示出研究事物的数量特征，便于分析、综合和比较，还可进一步深入地揭示事物之间的联系及事物发展变化的规律。

对数据资料的处理，既可采用数学统计的方法，综合分析实验所得的资料，验证实验的假设，对实验结果进行量化处理，也可采用对实验材料进行分析归类的定性处理。因此，实验结果的整理实际上就是对实验结果的分析和综合，采用比较、归纳、演绎等方法，将实验所得的材料进行分析、整理，使之条理化，进而得出应有的结论。

资料整理的目的在于选优淘劣，确保课题研究中获得资料的客观性、可靠性、准确性和有效性。在这一阶段，研究者主要运用逻辑、数学、统计等方法，对所收集到的资料进行加工、整理，即通过科学抽象建立科学概念，并运用比较、分类、类比、归纳、演绎、分析、综合以及各种数学方法或其他方法，对研究中的现象和变化规律作出解释与证明。

（六）撰写论文

课题研究结束后，应把课题研究的全过程及其所取得的成果，以书面文字的形式完整地表述出来，以便总结、交流和推广研究成果。

论文的基本结构有：题名、署名、摘要、选题依据、研究对象与方法、研究结果与分析讨论、结论、致谢辞、参考文献。[1]

第五节　排球运动科学研究的资料收集与研究

一、科学研究资料的收集

有目的、有步骤地搜集数据和事实是开展排球运动科学研究的重要任务之一。其方法主要有文献资料法、调查法、观察法和实验法等经验方法。

（一）文献资料法

文献资料法就是通过阅读文字、声像及其他文献来搜集研究课题所需要的宝贵材料，从而为研究课题的选择、确定、论证及解决提供理论依据的研究方法。

1. 文献资料查找的方法

按照检索工具的有无，文献资料的检索方法大致可以分为追溯法与索引法两大类。追溯法就是通过学术书刊后所附参考文献对其他有关文献进行逐步跟踪和查找。索引法就是使用检索工具直接检索文献的方法。索引法也可以分为两类：一是分段法——按专题的需要划分一定的时间范围来寻找文献；二是顺查和倒查法——从研究对象原始研究年代开始查至今日称为顺查，从最近一次逆时间搜索称为倒查。

2. 文献资料阅读的方法

阅读文献资料多用泛读、精读等方法。泛读是指通过翻阅摘要、引言、小标题和结论等从总体上认识文献梗概。精读是指在泛读的基础之上，熟悉泛读的关键内容，把握泛读的主要论点、论据及结论等。精读时，要摘录文献资料的核心内容。

3. 文献资料积累的方法

文献资料的积累方法很多，比较常见的文献资料积累方法有摘要式笔记和报道性文献卡片，这些方法的主要内容都应该包括：文献资料发表的出处、时间，

---

[1] 温金河.排球运动的素质训练和技战法[M].郑州：黄河水利出版社，2012.

作者姓名，研究主题，研究对象，实验程序与方法，论证论题的事实依据（数据、图表、公式等），研究结论，尚未解决的问题等。

4.引用文献资料时应注意的问题

作者引用的文献资料须为本人亲自读过，且与文章主题有关，来源确切可查的资料。非正式出版物不应归入参考文献。引用文献资料须为原文、原句，包括标点符号。

（二）调查法

按照课题研究需要，利用问卷、通信、个别谈话、座谈会和实地观察等手段获得事实材料的科学研究方法就是调查法。

问卷法、德尔菲法（专家调查法）、现情调查法和追踪调查法是常用于排球运动科学研究的调查方法。

1.问卷法

问卷法就是用问卷这一控制式测量方式来衡量被研究问题，以搜集事实材料并对搜集的材料研究分析的方法。

（1）调查问卷的组成。一个比较完整的问卷，大体由两个部分组成：一是简要说明词，二是问卷正文。在说明词中应标明调查机构、研究目的及其重要性。问卷正文部分通常由两种题型组成：一种是关于被调查对象基本情况的调查；另一种是关于态度的调查，包括观点、情绪和动机等。

（2）调查问卷的问题类型。题型有封闭式与开放式。封闭式问题是指问卷中预先列出几种可能出现的回答，被调查者可自行选择其中一种或多种回答；开放式问题是指不列出回答选项而被调查对象以自身的语言回答问题。

（3）调查问卷设计中应注意的问题。遣词造句时一定要准确无误，便于填卷人理解；试题的排列顺序一般为先易后难、先普通后特别，要注意时间顺序；所提问题应该与研究主题相契合，调查问卷的长度也应该合适，通常以30分钟内回答完毕为宜；正式投入使用前应进行小范围的预试，对问卷效度、信度进行验证，以便减小误差。

（4）调查问卷的发放和回收。如果调查的范围不大，而且样品比较集中，可以面对面地分发和收回；如果样本量较大，而且问卷发放得比较分散，可以通过信函方式进行分发和收回。

2. 德尔菲法

在面对一些重大问题时，利用信函的方式征询有关专家的意见，并根据意见进行直观预测的方法就是德尔菲法。

德尔菲法的基本程序是：将需要预测的内容写成明确的问题，连同有关的资料、信息和情报函寄给经过选择的各位专家；各位专家在互相不通信息的情况下回答所提出的问题；把专家们的意见集中起来，总结归纳出一个结果；再向专家们反馈已经归纳出的结果，专家们根据归纳结果再次综合分析，提出新的论证意见寄回。这样反复多次，使意见趋于集中，最后得出预测结果。

3. 现情调查法

所谓现情调查法，就是调查当时现场所发生的事件。这类调查一般在短时间内对某个特定"时点"进行观测。例如，《1996年四国女排邀请赛的技术统计与分析》一文中使用的现场观察统计研究方法，就是现情调查法。

4. 追踪调查法

所谓追踪调查法，就是对一群调查对象进行间隔时间较长的观察，或数年，或10余年。例如，《从技术统计中看中国女排的特长与不足》这篇文章对1981—1992年间各届世界女子排球大赛录像资料和世界杯、世界锦标赛和奥运会等系列国际大赛发—接和扣—拦两项对抗技术数据进行了跟踪调查并揭示了中国女排专长和缺点、现状及面临问题，就是追踪调查法。

5. 调查研究的步骤

调查前的准备、调查的实施和调查工作的总结这三个环节构成了调查研究的全过程。

（1）调查前的准备。研究者对调查目的加以了解和确定，对调查对象进行熟悉和掌握，对有关知识加以学习和研究，制订合适的调查计划，拟订严谨的调查提纲，在调查前做好必要且充分的物质准备。

（2）调查的实施。研究者按调查计划、提纲收集并记录材料和事实，核实并初步整理所收集的材料和事实。

（3）调查工作的总结。研究者分析与归纳调查的材料和事实，并据此撰写调查报告或学术论文。

（三）观察法

研究者在感觉器官或科学仪器的帮助下，对处于自然状态下的研究对象进行有目的、有计划的感知，进而取得科学事实的研究方法，就是观察法。

1. 观察法的类型

观察法按不同分类标准可分为许多类型，如纯感官观察与仪器观察、定性观察与定量观察、随机观察与系统观察等。排球运动的科学研究，多数是利用高速摄影及影片运动分析系统之类的仪器来定量观察的，如在扣球技术中的助跑、起跳、空中击球三个动作中对人体重心进行测量，并测量和分析各个环节中的位移、速度、角度、击球高度和球速等运动学参数。

2. 观察的步骤

（1）制订观察计划。观察目的与任务、观察对象选择、观察场所和时间、选择观察指标、决定观察仪器设备和特定要求等内容共同组成了观察计划。

（2）观察前准备。观察前研究者应联系和配合开展观察工作的相关单位（如需进内场观察时）；认识并熟悉观察对象概况；准备好观察所用仪器设备、掌握其操作性能、校准调试好仪器设备。

（3）观察（仪器定量观察）的实施。观察执行时，基本要求如下：拍摄操作程序要有明确规定；在观察中应遵循全面性原则与典型性原则，避免主观片面地观察；尽可能按原定的观察计划进行观察；每次观察的内容不可太多；观察人员应保持注意力的高度集中；多人配合观察的任务，要明确责任和分工；防止人的感官错觉，避免仪器误差；观察工作完成以后，要对已经取得的事实材料进行及时的整理。

（四）实验法

按照课题研究的目的和任务，研究者利用科学仪器和设备对研究的事物进行有目的的干预、控制或模拟，使观察能够在最有利的条件下进行，进而获得科学事实的研究方法就是实验法。

1. 实验法的类型

实验方法可根据不同分类标准分为定量实验、定性实验、对照实验、模拟实验及析因实验等多种类型。研究排球运动的科学实验方法，通常采用如下三种：

（1）定量实验。所谓定量实验，就是用深刻认识事物与现象的本质、揭示各种因素间数量关系、测定一些因素取值的方式进行的一种试验方法。例如，通过定量控制排球运动员在克服重量负荷过程中动作速度来揭示重量负荷和克服该重量负荷过程中全身或各环节运动平均速度的特定关系。

（2）定性实验。定性实验是指对研究对象具有何种性质进行判定，或者对某种因素是否存在进行鉴别、判断某些因素之间是否有联系以及某个因素是否起作用，或探讨被研究物体拥有什么样的结构等实验方法。例如，研究排球弹跳力系统结构性内耗形成的主要因素，以及削减结构性内耗的手段和方法的优化研究。

（3）对照试验。所谓对照实验，就是比较研究两个或多个具有不同个别变量的实验组所取得的结果。如为研究排球普修课72课时优化目标教学问题，把实验对象划分为2个或更多相似组，一组以优化目标教学为实验组，另一组以传统教法为对照，再经过一些实验步骤，在对比中对优化目标教学应用效果进行判断。

2. 实验方案

预先对所要进行的实验过程作出的理论设计就是实验方案。实验方案的内容主要包括题目、目的、方法、实验时间、受试对象、施加因素、观察指标、实验步骤、科学事实记录、数据处理方法和设备仪器等。

3. 实验设计

实验设计就是针对实验对象特点对实验样本、程序和次数进行合理的安排，从而达到提高实验效率和减少随机误差的目的，进而得到最佳的实验结果，以及使实验结果能够得到有效统计分析的理论和方法。排球运动科学研究经常采用以下实验设计方法：

（1）随机化方法，在提取实验样本时使用最多的是用"随机数字表"或者抽签的方法。

（2）确定实验样本数的办法，目前应用最多的是用查表法或者计算法来对样本数进行估算。

（3）实验样本采用随机分配的方法，目前应用最为广泛的有以下几种：

①完全随机设计。该设计采用随机数表，将条件相近的实验对象任意分成几组，如果进行多组比较，可采用方差分析法进行数据分析；如仅有2组做比较时，

可采用检验法进行数据分析。

②配对实验设计。首先将实验对象中条件相近的进行配对，其次将同一对中的一个实验对象随机分配到实验组，另一个实验对象分配给对照组。配对实验设计的数据分析与完全随机设计的实验相同。

③正交设计。通过规模化的表格（正交表），来对多因素的若干种水平的设计进行合理安排，这就是正交设计。正交设计中多采用方差分析的方法进行数据分析。当需要建立数学模型时，也可以采用回归分析的方法。

4. 实验步骤

使用实验方法收集科学事实，一般要经过制定实验方案、实验前的准备（仪器、设备等的准备及校正）、实施实验（按实验设计法及实验操作技术逐一完成实验内容）、整理分析实验数据并得出实验结果四个环节。

二、科学研究资料的整理分析

（一）逻辑方法

以事实材料为基础，研究者通过逻辑规则进行判断、推理的一类思维方法就是逻辑方法。排球运动科学研究中按照推理的特点划分常用的逻辑方法有如下几种：比较法、分类法、分析法、综合法、归纳法、演绎法、论证法等。

1. 比较法

比较法是一种逻辑方法，通过测定研究对象间的共同点或不同点来揭示其本质上的相同与差异。如以中国女排选手正面扣球屈臂和抢臂、挥臂动作进行对比研究来揭示二者在掌面击球时的瞬时速度、击球点高度、击球瞬时手臂和躯干夹角等诸多运动学中在参数上具有的共同点，但在性能上表现出屈臂扣球更具攻击力和抢臂扣球更具隐蔽性等差异。

在对排球运动进行科学研究时，往往需要运用比较法来进行数据和事实的搜集和分析，所以这是目前使用比较广泛的研究方法之一。但运用这种方法时，应遵守以下几个规则：一定要处于相同的关系中；一定要有一个统一的标准；一定要从现象比较向本质比较转变；运用理论性方法所得到的最后结论后还需要经验性方法来检验。

2. 分类法

就排球运动的科学研究而言，分类法可以把浩如烟海的庞杂事实材料系统地整理出来，可以将研究对象间的内在联系进行揭示并作出科学预言，还可以探索出研究对象的历史发展规律等。例如，在排球战术分类的基础上，通过对调整球进攻、后排快攻这两种进攻打法关联性的揭示，就可以预测调整进攻前后排协同快攻战术打法在排球战术中的可行性。又如，因为排球进攻阵型分类总是比较稳定，所以就有一些人以进攻打法分类为切点，从排球进攻战术的进展过程、环境和动力机制三个视角，将排球进攻打法发展的基本规律揭示出来。

分类法也经常被使用在排球运动的科学研究中。为了分类的排他性能够得到保证，每次分类都应当有一个统一的标准加以遵循。

3. 分析法

分析法是将复杂的研究事物各部分（如方面、因素、特征、关系等）进行分解并逐一考察和研究，以了解和研究事物组成或本质的思维方法。如在排球纵跳运动规律研究中，有的将纵跳各个运动阶段按髋、膝、踝、肩各个环节角度的变化来进行划分，再分别进行研究；有的按照纵跳环节角度随重心距离的变化的曲线，将纵跳分为储能阶段、被动缓冲阶段、蹬伸用力阶段及腾空阶段并进行单独研究。在动作分析中，为确保其分析的合理性与有效性，应遵循分析要实现的最基本成分。基本成分应相对孤立，找出各个部分之间的实质联系以及将综合法、实验法等逻辑方法紧密结合的原则。

4. 综合法

综合法就是结合与统一所研究的事物各个部分、各个方面，以便从总体上掌握所研究的事物本质与规律的抽象思维方式。如对纵跳动作中的各个阶段运用分析法分别进行研究，然后再联系各个阶段，检验双方的相互联系，并对各个阶段动作与纵跳的整体动作间的内在联系进行分析，以掌握纵跳的实质和规律。

使用综合法处理整理材料和事实时，应坚持这样一个原则：思想的综合过程一定是根据现实为原形，按照它们内在的真正联系来综合；在由局部上升为整体进行综合时，应使各个局部的特殊本质能在综合后的总体上得到新的本质，将研究事物的整体规律完整地呈现出来。

5. 归纳法

归纳法就是分析并整理大量的经验材料后，再上升到理性认识，然后由几种特殊理性认识演绎到一般理性认识的一种逻辑方法，也就是使逻辑从经验阶段向理论阶段迈进的方法。归纳推理的方法有很多，其中科学归纳法是对排球运动科研材料和事实进行加工整理时常用的方法，是通过一类事物为基础来研究这一类事物的某些对象和某一性质间的因果关系，进而推断出这一类研究事物中的全部对象均具备这一性质的推理方法。例如"力量是排球运动员最重要的专项素质"结论的形成就是用科学归纳法确立起来的，它的推理逻辑是：各种起跳和移动都对腿的力量耐力有所要求；在球场上，球员需要保持灵活性，重心变换对腰背的速度和力量有要求；扣拦动作既要求腰背快速有力，又要求上肢和手腕拥有强大的爆发力；排球运动技术动作中，没有一个不是对力量和速度有要求的。因此，力量是排球运动员最重要的专项素质。

具体运用归纳法处理、整理材料和事实时，一定要遵循归纳原则，它们基于归纳原理且更加严格。这些原则如下：观察陈述与实验结果都是归纳的基础，均具有可靠性；要有足够数量的观察陈述或者实验次数，才能形成归纳基础。目前，尚无可靠的观察陈述和实验结果与归纳的一般原理相矛盾。

6. 演绎法

演绎法是从几个命题出发，根据某种逻辑规则，直接得出某一命题的逻辑推理方法。演绎推理的方法很多，三段论法是加工整理研究排球运动科学的材料和事实时，运用最多的演绎法。例如，手腕力量增强，可以增加扣球动作（大前提）速度；使用小哑铃进行快速腕屈伸，可以增强腕力（小前提）。结论：使用小哑铃进行快速腕屈伸，可以提升扣球动作速度。

演绎法既是构建科学理论体系最基本的方法和验证理论的必要手段，又是寻找新概念的办法。所以在排球运动科学研究中，演绎法对材料和事实进行加工整理，起到了非常重要的证明与预见作用。

7. 论证法

所谓论证法，是指根据一个或几个判断的真实性来证明另一个判断的真实性的一种逻辑方法。

论证包括论题、论据、论证方式三部分。论题就是需要论证的判断或者命题；

论据就是为证明论题是否成立所引用的某些判断；论证方式就是论题与论据形成的逻辑联系。论证法按照其表达方式可分为直接论证与间接论证两大类，按照其推理形式可分为归纳论证与演绎论证两类。

论证法的应用应遵循的原则是论题须清晰、论据须真实充足、论证应符合逻辑规则。唯其如此，才有可能作出正确的判断和结论。

（二）数理统计方法

进行科学研究时，必须从其量的方面进行描绘，才能较为深入地了解被研究物体的质，这里借助的研究方法就是数理统计方法。

数理统计方法就是对具有随机性的研究数据进行有效的搜集、整理与分析，从而对研究问题进行推论或者预测的方法。描述统计方法、推断统计方法和多元统计分析方法是常用的数理统计方法。

1. 描述统计方法

在排球运动的科研中，研究人员在实施试验并搜集大量研究成果之后，都要先初步地整理收集来的数据，如统计分类、绘制统计图表等；然后，要描述收集来的数据的特性，即描述统计。描述数据特点的统计方法包括：集中量数，如平均数、中位数等；差异量数，如标准差、变异系数等；相关量数，如等级相关系数、积差相关系数等。

2. 推断统计方法

在排球运动科学研究过程中，推断统计方法可用于研究人员判断所观察到的试验样本资料对整体的属性。例如，判断实验组和对照组两样本统计值所产生的差异在两整体间是否确实存在，也就是用统计决断这种差别是抽样误差造成的还是实验施加的因素造成的。在推断统计方法中，假设检验不但是最重要的统计方法之一，而且在研究排球运动科学的统计方法中是应用得最为广泛的一种。推断统计方法包含的主要方法有：对两个独立无关的大样本平均数差数进行显著性检验；对总体正态分布、总体方差未知或独立小样本的平均数进行显著性检验；对几个组用几个不同处理方法所得的实验数据，需同时比较两个以上的平均数之间是否有显著性差异的检验（方差分析）。

3. 多元统计分析方法

多元统计分析方法是解决实验数据中多个指标或因素之间关系的一种数理统

计方法。在排球运动科学研究中应用过的多元统计分析方法有：对只有相互联系的现象，根据其关系形式，选择一个合适的数学模型，用来近似地反映变量间平均变动关系的回归分析方法。如《发展四川青年男排弹跳力的回归模式》一文就是应用多元回归分析建立弹跳力回归方程，并对回归方程的线性关系进行了检验，最后利用该方程制订了弹跳力的回归模式，为控制弹跳力训练提供一个量化标准。又如，将多个相关的实验指标（或因子）转换成较少的几个独立的、对实验指标（或因子）的变差有重要影响的综合性的潜在变量进行分析的主成分分析方法，如《对中国男排主要身体素质和基础高度的主成分分析》一文是应用主成分分析方法，将88名甲级男排攻手的8项身体素质指标转化为4个互相无关的综合指标（下肢爆发力、基础高度、力量耐力和移动速度），来研究优秀运动员的身体素质的类属及其排序。

在整理和分析排球运动科研资料和事实时，除涉及以上几种数理统计方法外，还有预测方法、模糊数学方法、灰色关联分析方法、系统方法、信息方法和控制论方法。

第五章　现代排球运动的基本技术和科学训练

本章主要介绍现代排球运动的基本技术和科学训练，主要从五个方面进行了阐述，分别是现代排球运动技术的理论，准备姿势、移动的技术与科学训练，垫球、传球的技术与科学训练，发球、扣球的技术与科学训练，以及拦网、"自由人"的技术与科学训练。

第一节　现代排球运动技术的理论

一、排球技术的概念

排球技术就是运动员在排球规则划定的范围内，采用的各种合理的击球动作和为完成击球动作所必不可少的其他配合动作的总称。合理击球动作是指发球、垫球、传球、扣球和拦网等多种直接触球的动作技术，而所谓的有球技术就是这五种基本击球动作。而且各种准备姿势、移动、助跑、起跳和前扑、滚翻、鱼跃、倒地等不与球直接接触的配合动作也称为无球技术。排球技术动作种类繁多，每一个技术动作的动作结构和动作方法都不一样，合理的击球动作与配合动作，首先应当符合人体解剖学与运动生物力学原则以及排球规则的要求，并且还要与个人的特点相结合。排球运动员在完成动作时，要做到协调、轻松、正确、省力，使人体的体能与技巧得以充分发挥，并能将时间与空间的变化充分利用起来。

排球技术是包含了步法移动和击球手法的技术，此外还要与躯干、视野与球场意识进行配合，从而将这些动作融合为一个整体。所谓击球手法，就是在击球过程中，依靠手指、手腕、手臂等部位发力，对球进行控制的一种动作方式；步法就是迅速而灵活地进行脚步移动及助跑起跳动作。迅速而灵活的步法能够维持人和球之间合理的位置关系，也为球员更好地使用手法创造了有利条件。手法精准娴熟，能弥补步法的缺陷，降低失误率。现行排球规则规定运动员在比赛时可以使用身体任何一个部位进行击球，不过排球运动中的技术基本上都是使用手指、手掌和前臂完成，但是如果出现紧急情况还可以利用头部、肩部、大腿、脚弓和脚背等身体部位进行击球，以增加起球率。

二、排球技术的指导思想

只有通过长期的运动实践，才能总结出排球技术的指导思想，这种思想是排球运动员掌握各项技术应遵守的基本原则。在排球技术上，我国总结了八个字的指导思想，即全面、熟练、准确、实用。

全面：指在攻防技术上，运动员对排球掌握的全面程度，即运动员在球场上要做到攻防兼备，能扣球能拦网，能接打高球和快球，前排和后排打法都能适应，能二传等。

熟练：指运动员完成技术动作的娴熟和自动化程度。运动员要有自己的特点和绝招，只有熟练地掌握各项技术，在比赛中才能动作轻松、省力，不失常，不失误。尤其在紧张、激烈的比赛中，只有熟练才能稳定地发挥出自己的各项技术。

准确：指运动员掌握技术合理，动作规范，控制能力强，准确性高。

实用：指运动员的比赛意识强，技术动作简练，适应球的能力强，运用效果好，讲究质量和实效。

这四个方面是相互影响，互相促进，互相制约，相辅相成的。

三、排球技术的分类

排球技术的分类方法主要有两种：

第一种分类，按照排球比赛过程的先后次序：发球—接发球—二传—扣球—拦网—接扣球（防守）。

第二种分类，将排球技术按照无球和有球两种情况，分为无球技术和有球技术两大类。即准备姿势和移动、发球、垫球、传球、扣球、拦网6大项基本技术分类法。对初学者进行教学和训练工作时，适合使用这种技术分类方法教授。

四、排球技术的发展趋势

世界排球运动已经经历了一百年的发展历程，国际排联在第一百个年头时在排球运动规则上做了很大的修改。实践证明，每一次排球规则修订都会对排球技术发展起到推动作用。国际排联自1995年1月1日起实施的新规则，改变了很多有关排球技术方面的规定（如发球、垫球等），这对排球基本技术产生了很大的影响。新排球规则实施后当代排球技术发展走向呈现出以下几个特点：

（一）发球技术趋于点高、力大、速度快、弧度平和落点刁

近几年，世界男队诸强广泛使用了高点跳起的大力发球技术，该发球技术因为击球点较高（男子跳发球的击球点多为3米，女子为2.8米），球与球网的距离拉近（男子跳发球时，离网7.8～8.31米），球速更快（球速平均为18米/秒以上），球飞行过网时俯角大，所以球过网后落点近，突然性大，攻击力强。[1]当代排球比赛，在高点施展强力的跳发球已经成为各球队先发制人、克敌制胜的一种重要方式。攻击性较强的发球往往可以直接获得分数或者造成破坏力，臂力的加强使挥臂速度也得到了提高，高点大力的跳发不仅被世界男排各队中广泛采用，而且在女排诸强队当中也十分常见，古巴队的路易斯，巴西队的莫沙，美国队的凯伦，俄罗斯队的谢苗诺娃，中国队的崔咏梅、王丽娜、楚金玲等都大胆运用高点大力跳发技术，效果非常好。可以预见，在今后的比赛中，高点大力跳发球必将为世界男、女诸强队普遍所用，勾飘、上飘和平砍发球必将逐渐被高点大力跳发技术取代。

（二）垫球技术趋于多样、合理和实用

1995年1月1日实施的排球新规则中规定了球员可以用脚去接球，这一规定使垫球技术的形式大幅度增加，用脚垫（踢）球已成为一项崭新的垫球技术[2]。近年来，从垫球技术来看，多样化、合理化、实用化发展趋势将成为其发展的主流。

接球技术多样化主要体现在垫球上：单手垫球、双手垫球、前扑垫球、侧卧垫球、横滚垫球、鱼跃垫球、挡垫球、顶垫球等；用脚垫（踢）的有：脚背垫球、脚弓垫球、倒勾垫球等。

---

[1] 李慧，朱成，王秋成．当代排球运动[M]．哈尔滨：哈尔滨地图出版社，2007．
[2] 同①．

垫球的弧度小、速度快、失误少以及到位率高等能够充分体现垫球技术的合理化与实用化。而运动员注意力的高度集中、充分的自信、重心低，反应与起动迅速、卡位良好、跃得出与拼得用力等特点则充分体现了运动员在接扣球方面的技术能力。在垫球的路线和方位方面的技术性则表现为向左、向前、向右一条路线，向上、中、下三个部位顽强防守。

由于脚垫（踢）球技术是一种全新的技术，在世界各国都没有得到广泛的应用，所以怎样将比足球更小、更轻的排球打得如同用手垫球一样能够将球的力度与速度进行更好地控制，并且还能对球的弧度与落点进行控制，将成为排球界迫切需要解决的新问题。

（三）传球技术趋于动作隐蔽、分球合理、击球点高、速度加快和弧度降低

在排球运动中，最基础也是最重要的一项技术就是传球。传球质量的优劣直接关系到战术配合的发挥，综观近年来那些世界劲旅中二传手传球技术的发展，主要呈现出如下两种明显的趋势：

（1）跳起的单手或双手的跳传技术已经被普遍采用，这项技术大大提高了击球点的高度。由于击球点高度的增加，传球全过程减少 0.1~0.2 秒，使整个进攻节奏加快，这将会更有效地突破对手拦网。

（2）在手指、手腕弹性压力的使用上，二传手要充分利用起来，使球的传出速度更快，飞行弧度从以前的高弧变为中低弧，尽可能地将球的飞行时间减少，使攻击节奏更快。相关统计数据显示：意大利男排二传手传出的后排立体进攻球的时间在 0.7~0.8 秒。

（四）扣球技术趋于全、高、快、狠、变

在排球比赛中，扣球技术是一项积极有效的进攻武器，并且还是主要的得分手段。综观各国各队扣球技术，具有以下明显的发展倾向：

（1）在身体条件及专项身体素质方面，扣球手需要表现出非常优秀的体能特征，比如个子高、身体结实匀称、力量强等，这就可以让他们拥有较高的扣球点，扣球力量尤其突出，如女排里的路易斯、阿塔莫诺娃和加莫娃等，她们以其独特条件和出众的身体素质以及劲头十足的扣杀技术，成为国际女排中优秀的扣球手，她们所在的球队在世界排球赛事中取得了不错的战绩。

（2）从20世纪90年代开始，优秀选手扣球的力量不断提高。有学者提出，高度加上力量就是排球在20世纪90年代的生命力。近年来，亚洲排球选手在扣球高度与扣球力量上都明显逊于欧美排球选手，在竞赛成绩上不如欧洲球队。

（3）强攻与快攻的结合已经成为进攻型打法中的一种新型打法。例如，古巴队路易斯、马加莉斯的高点大力强攻与高点快攻，她们的击球点通常要比拦网队员的手高10~20厘米，再加上在扣球过程中手腕变向动作完成得好，往往拦网队员与防守队员只能望球兴叹。

（五）拦网技术趋于高度化、滞空化、手型合理化

拦网技术在功能上已经由以前简单防御功能逐渐演变为目前得分的主要手段。相关统计数据表明：高水平的球队在拦网得分方面能占总得分的30%左右，个别局甚至可能超过一半总得分都是拦网得分；防守反击时，拦网成功率约为40%，60%的扣球需要依靠后排防守救起。所以说不拦网得分是难以获胜的。纵观世界排球诸强队拦网技术，具有如下发展趋向：

（1）原来的盖、捂、包的拦网形式逐渐向密集、分散、重叠、换位、空中移位和二次起跳拦等方向发展，拦网的攻击性不断增强，拦死率不断提高。

（2）在拦网用力上，原来单纯靠手臂力量的方式已经过时，现在已经演变为需要腰部、背部和肩部协同发力，以提高拦网的力量性。由于扣球的力量越来越大、速度越来越快，仅靠手臂的力量已很难完成拦截，想要有效拦阻必须做到腰、背、肩的协同用力。

（3）拦网技术由以前篱笆式拦网演变为今天的屋檐式拦网，使得拦网的遮盖性增强。近几年，欧美某些劲旅的球员的弹跳力和滞空能力都不错，在拦网时能将肘关节上方的双臂伸至对方场区上空罩在球上，构成屋檐式拦网。这种方式拦网提升了拦死率，使扣球更难通过。

第二节 准备姿势、移动的技术与科学训练

排球运动应用最为广泛的基本技术之一就是准备姿势及移动，它是发球、传球、垫球、扣球及拦网所有击球技术得以完成的前提和基础，在所有击球技术动

作应用过程中起到串联的作用。

一、准备姿势

运动员为方便运动或技术动作的完成，所采用的合理的身体姿势叫作准备姿势。合理的身体姿势既要让身体重心保持在一个较为平稳的状态下，同时还要方便身体能够快速地起动、移动、起跳以及完成击球动作。

根据身体重心的高度，可以将准备姿势分为半蹲、稍蹲和低蹲三种，这三种准备姿势相应地技术动作也有差异。从传统观念上看，人们认为低蹲的预备姿势多是为防守作预备，这是因为低姿会增加对方从击球至己方起球所需时间，而且球员作出倒地防守和缓冲的动作也更加容易。但是最近几年世界强队多采取高姿防守的方式，由于重心略高、稳定角较小、移动起来更加容易。

（一）半蹲

双脚左、右开立要宽于肩，脚尖适当向内收拢。站在4号、5号位的运动员，左脚在前，右脚在后，后脚跟稍微抬起；站在1号、2号位的运动员，右脚在前，左脚在后，后脚跟略微抬起；在3号、6号位的运动员，双脚平行站立。此外膝关节应保持一定程度的弯曲，上身前倾，重心向前，膝关节垂线位于脚尖前。全身肌肉应当适当放松，眼睛盯着来球看，双脚保持轻微的运动，双臂自然弯曲，置于胸腹间。

（二）稍蹲

稍蹲姿势的重心略高于半蹲姿势，动作上基本一致，常用于扣球助跑之前或当球处于对方场地并组织攻击而不需要迅速起动身体的情况。

（三）低蹲

低蹲姿势的身体重心低于半蹲姿势，应用的情况主要是在防守和接拦回球时等。因重心较低，球员可以倒地以及插入球的下方，适合防低远球及拦回球。

二、移动

移动主要是为了在适当时间内靠近来球并维持好人和球之间的位置，使自己既方便击球，又能快速地在球场上找到合理的位置。

球员在移动前应根据赛场上的情况，合理采取上文描述的三种准备姿势。身体起动的快与慢是移动的关键点，起动后所使用的步法应根据临场技战术需要灵活使用。常见移动步法如下：

（一）并步与滑步

当来球离身体约 1 步距离时，可以采取并步移动。采取并步运动时，如果是前进，那么后脚应当蹬地面，前脚跨步到来球的位置，后脚很快跟上来准备做击球的姿势。当来球在体侧稍远而并步又无法靠近球时，可以迅速而持续地并步，也称为滑步。

（二）跨步与跨跳步

跨步是在来球比较低且距身体约两米距离的情况下使用的。在跨步运动过程中，如果是往前运动，那么后脚蹬地力增大，前脚掌往前跨出一大步，屈膝，上体向前倾，身体的重心向前，腿部移动。跨步可以向前方、侧前、侧方移动。

跨跳步是在来球较低且距离较远、使用跨步也无法靠近球的情况下使用的。跨跳步以跨步为基础，后脚蹬地使身体前移，具有腾空阶段。前脚掌着地时快速屈膝，后脚掌适时跟进，在重心下降的情况下，上体向前倾，做好击球的准备。

（三）交叉步

当球位于身侧 3 米左右的范围内时，移动接球可采用交叉步移动的方式。当身体向右侧交叉步时，上体略微向右转，左脚向右前交叉迈出一步，之后右脚再向右跨步，与此同时，身体转到来球的方向上，保持击球的姿态。

（四）跑步

需要跑步的情况一般是球离身体较远时。当球在侧方或侧后方时，应当采用边转身边跑的方法，并逐渐使自身的重心降低，始终保持身体处于击球的准备姿势。

（五）制动

在经历快速移动后，身体要在击球前保持站稳状态，以便击球动作的顺利完成。制动法一般分为以下两种：

1. **一步制动法**

一步制动是在运动结束后跨步，同时调整重心下降的方法。膝盖与足尖适当内旋，全足横向蹬地面，顶住人体重心继续运动的惯性力并以腰腹力量支配上体，将人体重心垂线停置于双脚形成的支撑面范围之内。

2. **两步制动法**

当身体处于运动速度快、冲力大时使用此方法。在两步制动中，用倒数的第二步进行第一次制动，紧接着继续跨步进行最后一次制动。同时身体后仰、两膝屈膝、重心降低、两脚用力蹬击地面，让身体保持在利于完成下一步运动的姿势。

三、准备姿势和移动的运用

运动员在比赛和训练中要养成习惯，只有听到开始的哨声，才可以进入准备姿势状态，随时准备做各种动作，养成身体始终处于一种"动"的状态，直至再次听到中断或结束的哨音，才可以放松休息。

准备姿势的运用要贯穿整个始终，而移动则要根据场上的具体情况和人与球的跳动来判断使用哪种方法去接近球，但无论使用什么方法都要从准备姿势开始，并迅速移动。

四、准备姿势的训练

（一）训练方法

（1）示范、讲解。教练要对准备姿势的意义和用途进行简明扼要的讲解，学生要对教练的示范动作进行模仿，建立对排球运动的初步印象和概念。

（2）全队成二列横队体操队形做准备姿势，教练巡回检查纠正动作。

（3）同上队形，运动员听到"准备"口令后即做准备姿势，如此反复进行。

（4）运动员呈二列横队面对面站立，一列先做，另一列纠正对方的动作，然后交换。

（5）同上队形，一人随他人连续做准备姿势。

（6）运动员同上队形原地跑步，看信号做动作：看到教练伸一个手指做稍蹲准备姿势，伸两个手指做半蹲准备姿势，伸三个手指做低蹲准备姿势，伸拳头在原地跑步。

（7）全队围着圆圈慢跑，听哨音做动作，当听到一声哨音转身360°继续向前跑。

（8）全队二列横队对面站立，做好半蹲准备姿势，互相摸背，要求始终保持半蹲姿势移动，方向不变。

（9）全队围圆圈慢跑，看信号转身，面向教练员做准备姿势。当看到教练员做传球动作时，立即做稍蹲准备姿势。当看到教练员做徒手勾手发球动作时，立即做半蹲准备姿势。当看到教练员做扣球挥臂动作时，应立即做低蹲准备姿势。

（10）二列横队呈体操队形散开，看教练员手势做各种移动步法，从准备姿势中起动，再从移动中急停做准备姿势。

（二）错误动作及纠正方法

（1）有意提脚跟。表现为姿势不稳，时间稍长，下肢发抖，动作僵硬。

纠正方法：教练须讲清脚跟提起是腰、膝、踝弯曲所引起的自然运动的道理。

（2）全脚掌着地。表现为起动慢，两脚前后分开小。

纠正方法：提示队员提脚跟，使其两脚前后略分大些。

（3）直腿弯腰。表现为向前移动起动慢。

（4）臂部后坐。表现为向前移动起动慢。

纠正方法：教练须讲解重心靠前的原理，提示队员双膝投影超过脚尖。

（三）准备姿势的指导思想

无论是在训练场上，还是在比赛场上，只要是训练未停止，裁判员中止比赛的哨声没响，运动员就要始终处于准备姿势状态，便于衔接做任何动作。

五、移动的训练

（一）训练方法

（1）示范，讲解。教练在前面做，队员在后面跟着练。

（2）二列横队成半蹲准备姿势，向教练手指的方向做各种步法的移动。

（3）两人一组，一人跟随另一人做同方向的移动。

（4）3米往返移动，移动时手要触到两侧线。

（5）3米变向往返移动，每条线往返两次。

（6）穿过网下做6米往返移动。

（7）运动员从端线起动前进6米，后退3米，如此移动到场地的另一端。

（8）运动员从端线起动，跑步移动到进攻线，然后双手触地退到端线，再跑到中线，倒退到进攻线，如此前进到另一端线。

（9）3~4人一组，听到信号后立即从端线起动，快速跑步越过中线。起动的方法包括：原地正面起跑，背向起跑，原地小跑步，高抬腿跑中起跑，正面坐地起跑，脚对场地仰卧或俯卧起跑，头对场地仰卧或俯卧起跑，头对场地俯卧转仰卧起跑或俯卧起跑，头对场地仰卧转仰卧起跑。

（10）运动员围成圆圈慢跑，突然做低姿击球动作。

（11）两人一组移动滚球。场地是长6米、间隔3米的两条平行线，两人各持一球，分别在两条线的两侧端，开始后两人沿线滚球，并移动到另一线端，将对方滚来的球沿原线滚回，如此往返移动。

（12）3人一组，两人相距3米固定向同一方向轮流滚球，另一人在固定滚球的另一侧左右移动将球滚回。

（13）运动员呈纵队立于网前，依次接教练向后场不同方向抛的各种弧度的球。

（14）同上方法，教练做各种虚晃动作，使接球者迅速连续变向移动。

（15）队员呈一路纵队面向教练站立，相距8米左右，队员依次向前迅速移动接抛球。

（16）两人一组，一人抛球，一人接球。抛球者向任意方向2—3米处抛球，另一人将球接住并立即抛回，如此反复进行。

（二）错误动作及纠正方法

（1）起动慢。表现为起动时脚下迟钝，接球时往往是上体动脚不动。

纠正方法：运动员做起身的辅助练习，如各种姿势下的起跑。

（2）移动时身体起伏过大，重心过高。表现为移动慢、不协调。

纠正方法：教练讲清身体重心不能起伏过大的道理，多做穿过网上的往返移动。

（3）制动不好，制动后不能保持准备姿势。表现为制动腿外展。

纠正方法：运动员练习提前制动和膝内扣，最后一步稍大。

（三）移动的指导思想

运动员须根据场上的不同情况，球的不同落点，采取相应的移动步伐，时刻注意起身反应要及时；速度要最快。在训练中，要熟练掌握各种移动方法及运用条件。

第三节　垫球、传球的技术与科学训练

一、垫球的概念及作用

垫球技术是以身体整体协调用力为基础、通过双臂垫击动作使来球由垫击面弹离地面的排球基本技术之一。

垫球的目的主要是接发球、接扣球和接拦回球等，有时还用来组织进攻。

垫球技术主要有：前双手垫球、体侧垫球、背垫球、挡球、滚翻、前扑和鱼跃垫球。

二、垫球技术动作

（一）正面双手垫球

移动对准来球后，运动员双手在腹前垫击称为正面双手垫球。它是最基本的垫球方法。

1. 准备姿势

运动员看清来球的落点后，迅速移动到位，对正来球，成半蹲姿势站立。

2. 击球手型

双手手指交叠后，合掌相握，两拇指并立，手掌根部紧贴，一手在上举时尽量使指尖向下与掌根平齐。或者双手手腕靠近，双手自然松开，腕部向下按压，双臂向外翻转，构成平面。

3. 击球动作

球飞至腹前一手臂的距离后,运动员双臂夹持前伸,插入球的下方,前高后低,蹬地前低,垫击球后部。此时上体保持水平位置不变,两脚分开与肩同宽,脚尖向内并稍外旋。身体重心随着击球动作的进行而向前移动,控制好出球方向及落点。

4. 击球点和击球部位

击球点要尽可能地与腹前一手臂保持一定的距离。由于前臂和腕都位球皮下而不与球网直接接触,因此不会造成损伤。以手腕约10厘米处两小臂桡骨内侧面形成的平面击球。该区域肌肉弹性中等,比较容易稳妥地垫击来球。

5. 手臂角度

垫球时,应视来球角度及所需垫球方向而定,利用入射角近似反射角这一原理,调节手臂与地面夹角,左、右旋转手臂平面,控制垫球的朝向。来球弧度较低,平直,而且需要垫出的球弧度比平常要大一些,手臂角度要大;且球过网时身体要前倾,以减小击球点在网面上的投影范围。反之则应偏小。

6. 垫击用力

垫球用力大小和来球力量呈反比,同垫出球距与弧度呈正比。在比赛中,运动员应尽量加大发力面积和力度。击球以手臂的上抬力量为主,为了提高球体反弹力,还必须依靠蹬地、提腰、提肩等动作配合,抬臂送球的动作亦应适当加大。运动员在练习中应注意加强上肢肌群发力训练,特别是肘关节肌肉力量训练,以使其更有效地发挥作用,为快速有力击球创造条件。垫高中等力量的球,迎击动作应小而慢,双臂适当放松,以免弹力过大,主要依靠来球自身反弹力进行垫击。如果是重投手,在起跳后,可将身体前倾,使肘关节向下压,加大对地面的冲击力。垫重球时臂随屈肘后撤,延长受力距离和时间,降低球在单位时间内对手臂的作用力,达到缓冲的目的,把球顺利垫在预定的地方。

(二)体侧垫球

来球向体侧飞去时,运动员来不及挪动瞄准来球的位置,可利用两臂在身体一侧进行。这种方法可以提高进攻速度与效果。如果球从身体右侧飞过,运动员应左脚前掌向内蹬击地面,右脚右步跨,重心立即移向右脚,右膝关节屈曲,同时双臂夹持向右突出,左肩微斜向下,采用向左旋转腰部,收腹运动,配合双臂从右后侧开始、前进截住球的飞行线路,以两个前臂垫击后段。

(三) 背垫球

运动员背对垫出方向,从身前向背后垫球称为背垫球。一般用于一传失控后的调整球或第三次被动进攻,击球过网。

背向垫球时,要判断好球的飞行方向,迅速移动到球的落点上,背对出球方向,两臂夹紧伸直,击球点最好高于肩。击球时要抬头挺胸,展腹后仰,直臂向上方摆动抬送。在背垫低球时,可用屈肘、翘腕的动作,以虎口处将球向后上方垫起。

(四) 单手垫球

在比赛中,来不及用双手垫球时运动员可采用单手垫球的方法,以扩大控制范围。不足之处是触球面小,控制球能力差,应在无法用双手垫球时采用。

当来球飞向左侧较远处时,运动员迅速跑步接近球,然后左脚跨出一大步,上体向左倾斜,左臂伸直,自左后方向前摆动,用前臂内侧、掌根或虎口处垫击球的后下部。

(五) 挡球

当来球较高,力量较大,不便于传球或垫球时,运动员用手掌在胸、肩部以上挡击来球称挡球。挡球主要用于防守中接高于肩的球。运用此技术可扩大控制范围,提高防守效果。

挡球手法的要点是:两肘弯曲,两虎口交叉,两掌外侧朝前,合并呈勺形;手腕后仰,以掌外侧和掌根组成的平面挡击球的后下部;击球时,手腕紧张,用力适度,击球点应保持在前额或两侧肩上。

(六) 滚翻垫球

来球低、距球远时,运动员可采用滚翻垫球的方法。这样可以充分发挥移动速度,保护身体不至于受伤,并可迅速起立转入下一个动作;击球时,可采用单手或双手击球。

滚翻垫球的动作要领是在接球时迅速向球方向移动,跨出一大步,重心下降,上体前倾,胸部接近大腿,使重心完全落在跨出腿上;手臂伸向来球方向,同时两腿蹬地向前用力，使身体向来球方向伸展，前臂插在球下，用双手或单手击球的后下部；击球后，在身体失去支撑的情况下，顺势转体，依次用大腿外侧、臀部外侧、背部、跨出脚的异侧肩着地，同时低头、收腹团身；通过跨出脚异侧肩的肩部做后滚翻动作，并顺势迅速站起，做下一个动作的准备。

（七）前扑垫球

接低而远的球时，运动员击球后失去平衡，身体向前扑在地上，手臂屈撑地，称前扑垫球。

前扑垫球的准备姿势要低，上体前倾，重心偏前。运动员两脚先后蹬地，身体从低处水平向前方伸展扑出，同时双臂或单臂插入球下，利用单手虎口手背或双手前臂将球垫起；击球后两手迅速撑地，两肘顺势弯曲缓冲，膝关节伸直，以免触地，胸腹可顺势着地。

（八）鱼跃垫球

当来球较远、来不及移动到位时，运动可采用猛然跃出，在空中击球，然后双手撑地缓冲，使胸腹着地向前滑动的动作。这种动作称为鱼跃垫球。

鱼跃垫球的准备动作多采用半蹲姿势。当来球落地低而远时，运动员上体前倾，向前做一两步助跑，前脚掌用力蹬地，使身体向远处腾空跃出，手臂向前伸展，以单手从下向上击球的后下部；击球后，双手在体前着地、腿自然后屈、身体呈反弓形，胸、腹、大腿依次着地产生滑动。

三、垫球技术的运用

垫球技术在比赛中主要用于接发球、接扣（吊）球、接拦回球、处理球及在困难条件下垫击二传组织进攻等。

（一）接发球

接发球多采用正面双手垫球、体侧垫球和跨步垫球技术动作。

目前，世界各强队接发球时多采用高姿稍蹲的准备姿势，站在左场的队员左脚在前，站在右半场的队员右脚在前，脚后跟均抬起，作预备姿势。

运动员须根据来球的性能及速度迅速预判其落点，并用熟练的步法迅速移动到位，稳定身体重心后，根据来球弧度和垫出方向迅速调整身体姿势，将击球点保持在有利队员前，将球垫向二传队员的位置。

（二）接扣球

接扣球的准备姿势一般采用低蹲的防守动作，以便快速起动接起对方的扣球。运动员防守时注意力要高度集中，加强预判，观察对方二传队员的传球方向和高度、对方扣球队员的跑动路线和空中击球动作及我方拦网队员的布局，判断来球的路线、力量和落点，迅速起动，及时移动到位，双臂插到球下起球。另外，在接扣球时，运动员脚下不能站死，身体重心要稍前移，以防对方吊球。在接扣球时应该注意以下几点：

①击球前，运动员要运用灵活的步法接近来球，保持好人与球的位置关系，并根据所处位置，决定垫击球时手臂的角度。

②击球时，身体重心要稳定，尽量用双手垫击。

③接快速有力的来球时，运动员要特别注意垫球手臂的缓冲。

④起球要有一定高度，尽量垫到二传位置，以便组织进攻。

（三）接拦回球

接拦回球也称"保护"。接回球的落点多在扣球人附近，因此防守取位应适当靠近前场区，采用低蹲、上体稍抬起的防守姿势。垫球时手臂插到球下，接球动作要小，以翘腕或抬臂动作将球垫起。

四、垫球技术的训练

（一）训练方法

1. 正面垫球练习方法

示范、讲解，由教练做定位及移动中的垫击动作，着重突出"插、夹、指"三个技术要求。正面垫球的练习方法有以下几种：

（1）徒手模仿练习

①原地模仿垫球：横队成半蹲准备姿势，随口令徒手练习垫球。

②移动模仿垫球：队形同上，抬头看教练的手势做各种移动步法后的垫球。

③徒手练习侧垫和背垫。

（2）结合球练习

①垫固定球，将球固定在垫球者的腹前适宜的位置，反复做垫击动作。

②将球置于垫球者的手臂上，轻轻扶住球，另一人做模仿垫球练习。

③两人相距4~5米，一人抛球一人垫球，然后交换。

④两人相距4~5米对垫。

⑤两人一组，一人向另一人的两侧1.5米处抛球，使其移动垫球。

⑥3人一组，两人抛球，一人左右移动垫球。

⑦教练在2号位向5号位抛球，队员鱼跃垫球。

⑧队员背对垫球方向站立，教练向远处抛球，队员移动到球下用背垫将球垫回。

⑨垫球和传球结合练习。

2. 接发球一传训练方法

（1）一般性技术练习

①两人一组，相距7~9米，另一人接发球。

②两人一组，一人距墙9米左右发球，另一人距墙4~5米接反弹球。

③一人在端线向网前发直线球，另三人依次穿过网下接发球。

④两人相对，分别立于两半场进攻线后2~3米处，一人发球，另一人接发球，将球垫至网前。

（2）结合场上位置练习

①3人一组在发球区依次向5号位发球，另三人在5号位接发球。

②方法同上，在1号位接发球。

③方法同上，前排三人接发球。

④方法同上，后排两人接发球。

⑤方法同上，5人接发球，左边三人或右边三人接发球。

（3）串联练习

①接发球一传和二传的串联练习。

②接发球一传、二传和扣球的串联练习。

③接发球一传和保护的串联练习。

3. 接扣球练习方法

（1）一般性技术练习

①两人一组相距 4～5 米，一人向对方腹部以下抛球，另一人防守，然后交换。

②队员距教练 4～5 米成纵队站立，教练轻扣球，队员依次轮流防守。

③两人一组连续扣防练习。

④3 人一组进行扣、防、调练习。

⑤两扣一防练习。

⑥一扣两防练习，不接球的防守队员要随时准备移动保护。

（2）专位练习

①一人在网前扣球，两人在后排防守，一人做二传。

②教练在 3 号位扣球，后排三人防守，如防失，用备用球继续练习。

③三人在 5 号位轮流防 2 号位扣来的斜线球，把球防到 2 号位或 3 号位。

④三人在 1 号位轮流防 2 号位扣来的直线球，把球防到 2 号位或 3 号位。

⑤4 号位队员手摸网，当 2 号位准备扣球时，迅速退到进攻线后防守，把球防到 2 号位或 3 号位。

⑥4 号位扣球，其他方法同练习①，②，③只是方向相反。

⑦方法同上，接对区 4 号位或 2 号位的高抬扣球。

（3）串联练习

①教练在 3 号位轻扣球，4 号位队员在进攻线后把球防到 3 号位，教练把球传到 4 号位，4 号位队员上步扣球。

②教练在 2 号位轻扣球，4 号位队员在进攻线后把球防到 2 号位，教练顺网传球，4 号位队员扣球。

③教练在 3 号位轻扣球，5 号位队员把球防到 3 号位，教练向 4 号位顺网传球，4 号位队员扣球，防守的 5 号位队员到 4 号位准备扣球。凡防守失误或防不到位者不能扣球。

4. 前扑垫球、鱼跃垫球、滚动垫球的练习方法

（1）徒手练习

①做低蹲，身体前倾，重心前移，低姿向前扑倒，两手撑地缓冲，不做击球动作。

②方法同上,加上单手或双手击球模仿动作。

③助跑一两步做前扑模仿练习。

④两人一组,一人辅助他人手倒立,然后倒立者屈肘,依次以胸、腹着地,微向前滑动。

⑤做原地近距离鱼跃垫球模仿动作。

⑥单肩向后滚动。

⑦向前跨步做滚动为垫球模仿动作。

（2）结合球的练习

①每人一球做单手击球手法练习。

②一人将球固定适宜的高度和远度,做三种垫球击打固定球练习。

③原地起步击教练从对面的抛球。

④助跑2～3步做前扑、鱼跃或滚动垫击教练的抛球。

（二）错误动作及纠正方法

1. 正面垫球

①击球时手臂并不拢,伸不直,表现为球往往打在一个手臂上,控制不住出球方向。

纠正方法:运动员两手手指交叉轻握进行垫抛球、垫固定球练习或多做徒手模仿练习。

②臀部后坐,全身用力不协调,主要用抬臂力量击球,表现为球垫不远、动作不协调。

纠正方法:两手并拢用手捆绑住,臂与胸之间夹一球,然后垫抛球或防扣球、垫固定球。

③垫球不抬臂,身体向上或向前冲,表现为出球角度小,弧度低。

纠正方法:一人坐到凳子上垫抛球,另二人用手置于垫球者头顶上方给其一个高度信号。

④击球时身体后仰或耸肩,表现为击出的球向前旋转。

纠正方法:练习穿过网下垫球。教练讲清击球时手要向球下插的道理。

2. 前扑、鱼跃,滚翻垫球

①跃出前重心太高,表现为跃出高而不远,起球率低。

纠正方法：教练讲清鱼跃、前扑垫球的目的。运动员做原地低姿向前扑倒练习。

②击球后着地不好，手支撑部位偏前或偏后，表现为胸腹同时着地平摔，或下巴擦地。

纠正方法：运动员多做低姿近距离练习，练习自我保护动作，重心偏后，迅速屈腿，脚尖着地，重心偏前，低头团身滚动。

③滚动垫球时滚翻不过去，滚动前第一步跨不出去，表现为展腹，滚动后不能立即站起；远距离救不起来，不该滚动也滚动垫。

纠正方法：徒手练习滚动，一人保护，用慢动作体会要领，一人抬住滚动者的击球手（与跨出脚的同侧手），抬后松手让其滚动。

（三）垫球接发球的指导思想

接发球的指导思想是力争到位，避免失误。

力争到位：即积极争取将对方的发球接到二传所在的位置，并符合本方战术进攻的要求。为此，要求接发球时队员具备"球必找我，我必到位"的自信心，在准确判断、迅速移动、卡准落点的基础上，采用相应的接发球技术动作，利用身体协调力量，将球送出，达到战术目的。

避免失误：即当接发球面临困难局面，无法保证到位时，接发球应力求做不到不直接失误，防止由于接发球失误多而引发的全线崩溃、阵脚混乱。为此，被对方发球得分，本方接发球失常时，自己不能丧失信心，或埋怨别人，要头脑冷静，克服被动的局面，力求将球接起，而不要强求到位。

五、传球的概念及作用

利用手指、手腕的弹力和全身的协调用力将球传至一定目标的击球动作称为传球。传球是排球运动的基本技术之一，是组织战术的基础。

传球多应用于二传，主要用于衔接防守和进攻。其基本动作分为正面传球、背传球、侧传球和跳传球四种，主要运用于顺网二传、调整二传、背二传、侧二传、跳二传、传快球、传平快球等，也可用于接发球、吊球和第三次击球等。

六、传球的技术动作

（一）正面双手传球

1. 准备姿势

采用稍蹲姿势，待看清来球后，迅速移动到球的落点上，对正来球。上体适当挺起，两眼看球，双手自然抬起。

2. 迎球

当来球接近额前时，开始蹬地、伸膝、伸臂，两手微张从脸前向前上方迎球。

3. 击球

击球点在前额上方约一球距离处，便于观察来球和传球的目标，利于对准球和控制传球方向。

4. 击球手型

当手触球时，两手应自然张开呈半球形，使手指与球吻合，提高控球能力。手腕稍后仰，以拇指、食指和中指托住球的后下部，手指腕保持适当的紧张，以承担球的压力。拇指相对，接近"一"字形，两手间要有一定距离，以便扩大控制球的面积，但又不能过大而漏球。用拇指内侧、食指全部、中指的二、三指节触球，无名指和小指在球两侧辅助控制传球方向。两肘适当分开，两前臂之间约成90°角。

5. 用力

传球动作的用力是多种力量的合力，如伸臂力量、手指和手腕的反弹力、伸腿蹬地的力量、主动屈指屈腕的力量以及球的弹力等。正面传球主要靠伸臂的力量，配合蹬地的力量，通过球压在手上使手指、手腕所产生的反弹力将球传出，用力要协调一致。传球距离较近时，用手指、手腕的弹力及伸臂的力量较多，传球距离较远时，必须更多地运用蹬地展体力量，方能将球传到位。

（二）背传球

向后上方传球，称为背传。

背传的准备姿势如下：上体比正传时稍直立，身体重心稳定在两脚之间，不要前倾，双手自然抬起，放松于脸前。迎球时，运动员靠抬上臂、挺胸和上体后屈的动作进行接球。击球点保持在额上方，以便于观察和向后用力。

触球时，手腕适当后仰，掌心向上，击球的下部。手指、手腕要适当放松，以便缓冲来球及控制向后传出的角度。手形与正传相同，拇指托球的后下部。

背传球的用力靠蹬腿、展腹、抬臂、伸肘，通过手指、手腕的弹力把球向后上方传出，其中拇指用力更多些。手腕也要始终保持后仰，不能用主动屈指、屈腿的动作传球。

（三）侧传球

身体不转动，靠双臂向侧方的传球动作，称为侧传。

侧传球的准备姿势、传球动作与正传相同，但击球点应稍偏向传出方向一侧。手形与正面传球相同。双臂要向传球方向一侧伸展，异侧手臂的动作幅度应大些，伸展的速度也应快些，同时伴随上体向侧屈的动作将球传出。

（四）跳传球

跳起在空中用双手传球，称为跳传。

跳传的起跳动作应原地或助跑垂直向上起跳，并掌握好起跳时机，起跳过早、过晚都会影响传球质量。

根据一传球的高低，双臂向上摆动帮助起跳后，顺势举在脸前，并保持身体在空中的平衡，当身体上升至最高点时，靠伸臂及手腕、手指的弹力将球传出，然后双脚缓冲落地。

七、传球技术的运用

在组织进攻中第二次击球称二传。二传是从防守转入进攻的桥梁和纽带，二传的优劣直接影响着进攻的质量和进攻技战术的发挥。

（一）顺网正面二传技术

顺网正面二传是二传中最简单、最常用的技术。由于一传多来自后场，二传队员需要改变来球方向，转一个角度传球。当一传来球时，二传队员身体应正对来球方向，而要适当转向传出方向，尽量保持正面传球。传球动作和正面上手传球相同。球出手后顺网飞行，根据扣球人的需要可以传高一点儿或低一点儿，集中一点或拉开一点。

（二）调整二传技术

将一传不到位、离网较远的球调整成为便于扣球队员进攻的近网球，称为调整二传。在比赛中，接发球及防守后球不到位的情况很多，因而场上每个队员都有调整二传的任务。

调整传球首先要注意传球方向，传球路线与网形成的夹角越小，扣球越方便，不宜垂直向网原方向传球；其次要注意传球弧度、传球路线。网的夹角越大或传球人离扣球人越近，传球的弧度应越高，要充分利用蹬地、展体、伸臂及屈腕的全身协调力量。传球前要根据传球点和扣球人的位置来确定传球方向，一般要求调整传球不要太拉开，以便于扣球队员上步扣球。

（三）背向二传技术

背向二传可以利用网的全长，增加进攻机会和进攻点，并具有一定的隐蔽性和突然性。运用得好，可以丰富进攻战术。

传球前运动员要移动到球下，背对传球方向。因为背向二传时无法观察传出的目标，所以运动员要善于利用球网等参照物确定自己的位置和传球方向，同时靠"手感"控制传球的角度、速度和落点。一般背传拉开高球要充分利用展腹、挺胸和向后上方抬肩伸臂动作推送球。

（四）侧向二传技术

二传队员背对球网向两侧做的传球称为侧向二传。这种传球适用于来球近网或平网的球，可以增加进攻的隐蔽性和突然性，也可用于传吊球；但难度较大，准确性差，不便于控制球。

（五）传快球技术

传出弧度低、进攻节奏快的二传球称传快球，这是一项比较复杂的传球技术。传球时，二传队员必须根据一传的弧度、速度和扣球队的助跑线、上步速度、起跳时间和手臂挥动的快慢以及弹跳高度等，来决定相应的传快球的速度、高度、距离。出手时，二传队员要把球主动"喂"到扣球队员手上，才能获得良好的快攻效果。

传快球一般分为：传近体快球、传背快球、传短平快球、传平拉开球、传各种集体战术攻传球及后排进攻快球等。

八、传球技术的训练

（一）训练方法

1. 正面传球和其他一般传球的训练方法

（1）徒手模仿训练

①示范，讲解。教练正、侧面进行示范，手形与用力要突出讲解。

②队员成横队站立，随着教练的口令做徒手传球动作。

③自然站立摆好手型，反复做手指手腕传的模仿练习。

④两人一组，一人做半蹲传击球前的动作，另一人纠正错误动作。

（2）结合球的练习

①每人一球，自己向头顶上方抛球，然后用传球手形把球接住，自我检查手型。

②连续自传，传球高度不低于1米，尽量把球控制在一定范围，一般50次一组为宜。在基本掌握之后，运动员可观察周围情况，如传球中看教练的手指等。

③距墙50厘米左右对墙连续传球，该训练可以建立正确的手形，增强手指、手腕的弹力。

④两人一组，一人持球，另一人徒手传球，然后交换做。

⑤两人一组，相距3~4米，一人抛球到对方额前，另一人用传球动作把球接住，自我检查手型后，把球抛回，如此反复做。

⑥两人一组用一球，一人轻轻接住球，另一人连续做传球。

⑦两人相距4米左右对传，随着传球技术的提高逐渐加大距离。对传的方法有：一般弧度对传，平传，一平一高传，平传加自传，传球后手摸地、坐下立起，立卧撑等各种附加动作。

⑧两人一组侧移动传球。3~5人横排散开，各自向4米左右传球，其他人依次从一端向另一端连续传球。

⑨四人固定传球，其他人移动传球。

⑩三人纵向跑动传球，传完后到对方排尾。

⑪三人横向跑动传球，一人固定传球，另两人轮流横向移动摸网后返回传球，此法也可用于纵向传球。

⑫两人三角传球（以上练习均适用于侧传）。

⑬距离墙3米左右，自己抛球对墙背传。

⑭两人一组，三人抛球，一人背对墙背传。

2.顺网二传练习方法

（1）一般性二传练习

①教练在6号位或5号位向3号位抛球，队员在3号位抛球，队员在3号位向4号位或3号位传拉开球（或战术球）。

②方法同上，队员在2号位与3号位之间向4号位、3号位、2号位顺网传球。

③教练在6号位抛球，队员从1号位插上（或6号位，5号位插上）向4、3、2号位传不同高度和弧度的球。

④3号位、4号位、6号位3人三角传球。

⑤3号位、2号位、6号位3人三角传球。

（2）与接发球一传的串联练习

①6号位将对区抛来的球垫到3号位，3号位向4号位或向2号位传球。

②6号位将对区抛来的球垫到2号位，2号位向4号位或2号位传球：

③1号位插上将6号位垫来的一传球传到4号位、3号位，或背传到2号位。

④5人接发球，将球垫到2号位（或3号位），2号位向3号位、4号位传球。

⑤方法同上，作插上二传组织各种进攻。

（3）与防守的串联练习

①3号位向5号位扣球，5号位再把球垫回3号位，2号位向4号位传拉开球。

②2号位向1号位或5号位扣球，1号位、5号位把球垫回2号位，2号位向3号位或4号位传球。

③教练在对区4号位高台扣球，2号位队员拦网，5号位队员防守，2号位队员拦网后立即转身作二传。

④方法同上，4号位在限制线后防守，2号位拦网后转身向4号位、3号位传球。

⑤3号位队员将后排抛球传向4号位，4号位扣球，3号位立即保护扣球。

⑥方法同上，2号位队员向3号位传球后立即保护一次。

⑦方法同上，3号位向2号位传球后立即保护一次。

⑧1号位队员插上向4号位传球后，立即后撤1号位，接4号位扣球一次。

⑨5号位队员插到2号位向4号位传球后，立即后撤到1号位，接4号位扣球一次。

⑩6号位队员插上向4号位传球后，立即后撤到1号位接4号位扣球一次。

3.调整二传练习方法

（1）结合球练习

①教练在5号位向场地中区抛球，2号位队员移动向2号位、4号位调传。

②方法同上，6号位队员移动到场地中区将抛来的球向2号位、4号位调传。

③方法同上，1号位队员移动到场地中区将抛来的球向2号位、4号位调传。

④方法同上，3号位队员移动到场地中区将抛来的球向2号位、4号位调传。

⑤教练在1号位向场地中区抛球，其他队员向2号位、4号位调传。

⑥教练在4号位抛球，6号位或5号位队员移动向2号位调传。

⑦教练在4号位抛球，5号位队员移动向2号位、3号位、4号位调传。

⑧教练在4号位抛球，1号位队员移动向2号位调传。

⑨教练在3号位抛球，1，5号位队员移动向2号位、4号位调传。

⑩教练在3号位抛球，6号位队员移动向2号位、4号位调传。

（2）串联练习

①4号位扣球，6号位队员移动向2号位、4号位调传。

②3号位扣球，后排1号位、5号位防守，防守后相互向2号位、4号位调传。

③2号位扣球，后排三人防守，由未接球的1号位或5号位的队员向2号位、4号位调传。

④4号位扣球后，立即后撤，将1号位抛来的球向2号位调传。

⑤2号位扣球后迅速后撤，将5号位抛来的球向4号位调传。

⑥1号位队员向前移动作保护吊球一次，立即再将2号位抛来的球向4号位调传。

⑦6号位队员向前移动作保护吊球一次，立即再将2号位抛来的球向2号位、4号位调传。

（二）错误动作及纠正方法

1. 正面传球

①手型不正确，大拇指朝前，形不成半球状，表现为控制球能力差、传出的球方向不准，容易引起手指受伤。

纠正方法：一抛一接实心球，自抛自接，接住球后自我检查手型；距墙40厘米左右连续传球，并不断检查和纠正手型。

②击球点过前或过高，表现为用力不协调，击球点过前，球传不远且弧度低，击球点过高，传出球的弧度大，球速缓慢。

纠正方法：击球点过前，多作自传；击球点过高，多作平传或平传转自传。

③传球时臀部后坐，用不上蹬地力量，表现为身体不协调，传球无力。

纠正方法：教练讲解身体协调用力的重要性。1人做压球，另1人做球模仿练习。

2. 背传、跳传、侧传

①背传翻腕太大，身体过多后仰，表现为传球弧度低，甚至球从手中溜掉。

纠正方法：练习自传中空插背传，距墙3米自抛自作背传，近距离背传过网。

②起跳过早或过晚，表现为不在最高点击球。

纠正方法：练习跳起接抛球。

③侧传时身体侧倒幅度太大，表现为出球方向不准，弧度不好。

纠正方法：多练3人三角传球，有意练侧传。

3. 传球的指导思想

传球的指导思想是娴熟、准确、善变。

娴熟：即传球技术动作要规格化，合乎规则要求，传球出手的声音清晰，动作要合理，动作要熟练，对不同的来球，都能控制好出手和落点。

准确：即传球时能根据扣手的特点和战术需要，为进攻创造最好的时机，选择最有利的进攻点。

善变：即能随心所欲地改变出球方向和弧度，出手时有突然性、隐蔽性，能在击球瞬间迷惑对方拦网者，不被对方识破战术意图。

第四节 发球、扣球的技术与科学训练

发球是比赛的开始，也是进攻的开始。发球可以直接得分，也可以破坏对方一攻的战术组合，还可以起到先发制人的作用。因此发球既要有攻击性，又要有准确性。

发球技术可分为：正面下手发球、侧面下手发球、正面上手发球、上手飘球、勾手大力发球、勾手飘球、高吊球、跳发球等。

一、发球的技术与科学训练

（一）发球的概念及作用

1. 发球的概念

发球是后排右边队员在发球区内由自己抛球，用一只手或手臂挥球击入对方球区的一种击球方法。击球的一刹那即完成发球。

2. 发球的作用

发球是排球技术中唯一不受别人制约的技术。准确而有攻击性的发球，不仅可以得分，而且还可破坏对方的战术组成，可以起到先发制人，争取主动、摆脱被动的作用。发球攻击性强，可以鼓舞全队士气，振奋精神，扩大战果，从而挫伤对方的锐气，打乱对方的部署，在心理上给对方造成很大威胁。发球攻击性不强将失去直接得分和破坏对方部署的机会；也容易给对方发挥战术的机会，给本方防守造成很大困难。因此，发球既要有攻击性，又要有准确性。

（二）发球技术动作（均以右手为例）

1. 正面下手发球

此种发球动作简单，适用于初学者，但球速慢，攻击性不强。

（1）准备姿势

运动员面对球网两脚前后开立，左脚在前，右脚在后，两膝弯曲，上体前倾，左手持球于腹前。

（2）抛球

运动员左手将球垂直上抛在右肩的前下方，高手离手约20厘米即可，在抛球的同时，右臂伸直后摆，身体重心也适当后移。

（3）击球

运动员以肩为轴，手臂由后经下方向前摆动，身体重心也随之前移，在右肩的前下方腹前高度用全手掌击球的后下方；击球后，随着身体重心前移之势迅速跨步入场。

2. 侧面下手发球

这种发球在转体时借助了腰腹肌的力量，比较省力，一般适用于女生。

（1）准备姿势

运动员左肩对网站立，两脚左右开立与肩同宽，两膝微屈，上体稍前倾，左手持球于腹前。

（2）抛球

运动员左手持球由小腹前将球垂直上抛在身体的正前方，离手高度约30厘米，离身约一臂距离，同时右臂摆至右侧后方。

（3）击球

运动员抛球引臂后，利用右脚蹬地和向左转体的动作，带动右臂迅速向前挥动，在体前腹部高度用全手掌击球后下方；击球后，身体应转成面向球网，并顺势入场。

3. 正面上手发球

正面上手发球运动员面对网站立，便于观察对方。发球的准确性大，易于控制落点，并能充分利用转体、收腹动作带动手臂加速挥动，同时可运用手腕的推压动作，加大击球的力量和速度。

（1）准备姿势

运动员面对球网，两脚自然开立，左脚在前，左手持球于体前。

（2）抛球

运动员用抬臂和手掌的平托上送，将球平稳地垂直抛于右肩的前上方，高度适中。

（3）挥臂击球

运动员在左手抛球的同时，右臂抬起，屈肘后引，肘与肩平，上体稍向右侧转动；击球时，利用蹬地，使上体向左转动，同时收腹，带动手臂挥动；在右肩上方伸直手臂，用全掌击球的中下部；击球时，手指自然张开吻合球，手腕要迅速主动地做推压动作，使击出的球呈上旋飞行；击球后，随着重心前移，迅速进场。

4. 正面上手飘球

正面上手飘球是一种使发出的球不旋转，从而使球的运行轨迹呈不规则状向前飘晃飞行的发球方法。这种发球使一传队员难以判断球的飞行路线和落点。上手发飘球已成为比赛中发球的主要方法，男女运动员均普遍采用。

（1）准备姿势与抛球

正面上手飘球的准备姿势与抛球姿势均与正面上手发球相同，在此不再详述。

（2）挥臂击球

挥臂击球与正面上手发球一样做鞭打动作，但击球前手臂的挥动轨迹不呈弧形，而是从后向前呈直线运动形式。击球时五指并拢，手腕稍后仰，用手掌平面击球体中下部；击球时手指紧张，手型固定，不加推压动作，击球后手臂突停前摆。

5. 勾手发飘球

勾手发飘球和发正面上手飘球一样，发出的球不旋转，而是在空中飘晃不定，给接发球队员造成较大的困难。这种发球技术男女皆宜，但目前更多地被女运动员采用。

（1）准备姿势

运动员体侧对网，两脚自然开立，左手持球于胸前。

（2）抛球

运动员左手采用托送动作将球平稳地抛在左肩前上方。不宜太高，比一臂稍高。

（3）挥臂击球

运动员在抛球的同时，右臂向右侧下方摆动，上体顺势向右倾斜和转动，身体重心落在右脚上；击球时，右脚蹬地，上体向左转动发力，带动手臂挥动；挥臂时，手臂伸直，手腕保持紧张，以掌根的坚硬平面，或以半握拳、拇指根等部位击球的中下部；触球后，手臂突然停止摆动，运动员迅速进场。

6. 跳发球

跳发球可提高发球的击球点，且身体能充分伸展和发力，加大了发球力量，增加了发球的攻击性。

跳发球分为跳发上旋球和跳发飘球两种。

动作方法：运动员面对球网，站在距离端线3～4米处，用单手或双手将球抛向前上方，离地高度3.5～4米，落点在端线附近，随着抛球离手向前跑动（两步或三步）跳起；起跳时，两臂要协调摆动，摆幅要大；击球时，利用收腹和转体动作带动手臂挥动，击球点保持在右肩前上方；手臂伸直，利用全手掌击球的中下部，手有推压动作，把球打成上旋飞行，击球后双膝缓冲，双脚落地，迅速入场比赛。

跳发飘球助跑距离较近，一般距端线1.5～2.5米。空中动作基本相同，只是挥臂击球动作同上手发飘球。

（三）发球技术的运用

运动员发球时应根据具体情况，灵活地运用各种发球技术，采用相应动作发出不同球。具体如下：

1. 不同性能的球

运动员利用发球性能的变化，使对方在接球时感到不适应，从而打乱对方的阵脚，如平冲球、大力球。

2. 不同落点的点球

运动员根据对方的站位情况，将球发到对方的三角地带、两人中间等场区空当，给对方接球造成困难。

3. 不同节奏的发球

运动员利用快发球或慢发球，打破常规，使对方接发球不适应，使局面向有利于自己的方向发展。

4. 不同线路的发球

运动员利用长、短结合的发球，空袭对方，调动对方，掌握主动权；在本方得分困难，或遇到对方强轮次等情况时，可采取先发制人的攻击性发球；在对方出现一传失误、换人等情况时，可以对失误或刚换上的队员发球。

（四）发球的训练

1. 训练方法

（1）徒手模仿练习

①徒手做抛球练习，或上抛护膝等轻物。

②对击球点位置和固定目标做挥臂击球练习。固定目标可以是手、球或悬挂物等。

③根据教学内容做发球的挥臂练习。

（2）结合球练习

①自抛练习，抛球高度应符合发球方法的要求。

②向悬挂物或篮板抛球，巩固平托上送动作，建立抛球的位置、高度等空间概念。

③对墙近距离发球，把抛球、挥臂、击球、用力等环节有节奏地衔接起来。

④对墙或篮板上的某一目标发球，目标的大小根据队员的水平而定，逐步加大难度。

⑤两人一组相距9米左右相对发球。

⑥3人一组，发球与接球者相距9～12米，另一人作二传，指定次数、组数，相互交换做。

⑦两人一组相距9米左右，一人发球，另一人接发球，球垫到两人中间，发球者向前移动把球传回，然后原垫球者接住再发，如此轮流做。

（3）结合网的练习

①练习者分成两队分别立于场地两侧的进攻线后，两人一组相对发球。

②站在端线向对区发球。

③在发球区发球，可以是轮流发球，一人连续发若干次后交换发球。

（4）结合战术的发球

①把场地分成若干区，按球的攻击性和落点规定分值，或指定完成总分数，或在限定时间内计算总分数。

②向接发球站位的空当发球。

③向场地的边、角处发球。

2. 错误动作及纠正方法

（1）正面上手发球

①击球点偏前或偏后，表现为击球点偏前、用力不协调，球的弧度低，容易落网；击球点偏后，击球用不上力，球的弧度过大。

纠正方法：运动员可找一高度、位置合适的悬挂物，反复垂直向上抛球，或用一圆圈使垂直上抛的球落入圈内。

②向左转体过大（右手发球）。表现为球向转体方向飞出。

纠正方法：击固定球或徒手练习挥臂动作。

③没有推压带腕，表现为发出的球不转。

纠正方法：对墙近距离发球，要求手包住球，使球旋转。

④全身协调用力不好，表现为球不易过网，击球无力。

纠正方法：上手抛羽毛球或实心球。

（2）上手发飘球

①击球点偏前或偏后，表现为击球点偏前、用力不协调，球的弧度低，容易落网；击球点偏后，击球用不上力，球的弧度过大。

纠正方法：运动员可找一高度、位置合适的悬挂物，反复垂直向上抛球，或用一圆圈使垂直上抛的球落入圈内。

②向左转体过大（右手发球），表现为球向转体方向飞出。

纠正方法：击固定球，徒手练习挥臂动作。

③没有推压带腕。表现为发出的球不转。

纠正方法：对墙近距离发球，要求手包住球，使球旋转。

④全身协调用力不好，表现为球不易过网，击球无力。

纠正方法：上手抛羽毛球或实心球。

⑤击球不准，表现为球旋转，手有明显推压动作。

纠正方法：距墙 5~6 米，用掌根轻击球。

⑥挥臂动作不固定，表现在发出的球方向不准。

纠正方法：徒手练习挥臂。

⑦重心偏右，身体不协调，表现为球速慢，或发不过网。

纠正方法：击球前轻推发球者，使其体会向前跟重心；徒手做挥臂向前跟重心练习。

(3)跳发球

①抛球高低不固定,表现为击球后下网或出界。

纠正方法:在墙上划一标志,运动员对墙徒手练习抛球。

②击球点靠前或靠后,表现为击球力量不大,容易下网或出界。

纠正方法:设一目标反复练习抛球后的落击点。

③球的旋转不强或没有,表现为飞行时间长,没有明显下落现象。

纠正方法:对墙扣打球、反复练习、体会手掌包满球做推压动作。

3. 发球的指导思想

发球的指导思想是先发制人,狠准结合。先发制人,即把发球作为攻击性技术,作为克敌制胜的重要环节。它要求把发球矛头指向对方薄弱点,把直接得分作为发球的第一目标,在比赛时把优秀的发球手安排在先发球位置上,有利于达到先发制人的目的。狠准结合,即把发球攻击性与准确性相结合,只有攻击性强才能得分或破坏对方的战术,只有准确性高,不失误,才能做到找点、找人、找区,实现发球的攻击性。攻击性与准确性是统一的,不能片面强调攻击性而造成发球失误,将发球权送给对手或在第五局发球失误中直接失分;也不能一味强调准确性而发"菜"球给对方,造成本方防守的困难。要做到狠准结合,运动员就必须掌握合理的发球技术,严格反复地进行强化训练。

二、扣球的技术与科学训练

(一)扣球的概念及作用

排球比赛双方的队员利用起跳,将高于球网上沿的球用力击入对方场区的一种击球方法。

扣球是排球的基本技术,在比赛中占有重要地位。扣球是得分的主要手段,是进攻中最积极有效的武器,是战术配合中最后一个动作,是一个队争取主动的途径,是夺取胜利的关键。

扣球技术一般可分为:正面扣球、扣调整球、扣快球、自我掩护扣球及吊球等。

（二）扣球技术动作

1. 正面扣球

正面扣球是扣球中的一种基本方法。扣球时运动员面对球网，便于观察，准确性较高。扣球时运动员挥臂动作灵活，能根据对方防守情况，随时改变扣球路线和力量，便于控制球的落点，因而进攻效果较好。

正面扣压球动作结构包括准备姿势、助跑、起跳、空中击球和落地几个互相衔接的部分。

（1）准备姿势

运动员扣球助跑前采用稍蹲姿势，两臂自然下垂，站在离球网 3 米左右处观察来球，做好向各个方向助跑、起跳的准备。

（2）助跑

助跑的作用是为了接近来球，选择适宜的起跳地点，增加弹跳高度。助跑的步数要根据球的远近、高低、方向、速度等因素和个人的习惯采用一步、二步、三步及跑步等方法。

以两步助跑为例：助跑时，左脚先向前迈出一步，此步称为"导向步"，主要是调节人与球之间的方向；接着右脚迅速跨出一步，左脚立即并上，踏在右脚之前；两脚尖稍向内转，并以脚后跟过渡到全脚掌着地制动；两臂由体前经体侧摆至体后上方，上体前倾，接着重心前移前降低，两膝弯曲准备起跳。第二步称为"并步"，主要调节人与球之间的距离，以保持正确的击球位置。

（3）起跳

起跳的目的不仅在于获得高度，还在于掌握扣球时机和选择适当的击球位置。运动员在助跑跨出最后一步的同时，两臂绕体侧向后引，左脚在并上踏地制动的过程中，两臂自后积极向前摆动，随着双腿蹬地向上起跳，两臂也配合起跳，有力地向上摆动，使整个身体腾空。

（4）空中击球

击球是扣球的关键，空中击球动作的好坏影响着扣球的质量。运动员起跳后，挺胸展腹，上体稍向右转，右臂向后上方抬起，身体呈反弓形；挥臂时，以迅速转体、收腹动作发力，依次带动肩、肘、腕各部关节成甩鞭动作向前上方挥动；击球时，五指微张呈勺形，并保持紧张，以全手掌包满球，掌心为击球中心；击球的后中部，同时主动用力屈腕屈指向前推压，使扣出的球加速上旋。

（5）落地缓冲

落地时尽量使双脚同时着地。落地时，前脚掌先着地缓冲，再过渡到全脚掌着地，同时顺势屈膝、收腹，以缓冲下落时的冲击力，并立即做好下一个动作的准备。

2. 调整扣球

调整扣球是在一传或防守不到位的情况下，通过从后场的二传把球传到网前所进行的扣球。其扣球技术动作和正面扣球相同，但难度较大，要求扣球队员能适应来自后场不同方向、角度、弧度、速度和落点的来球，以灵活的步伐和起跳后的空中动作，及时调整好人与球的关系，并根据球与网的距离，灵活地运用不同手法，控制扣球的力量、旋转、弧线、路线和落点。后排队员也可以从进攻线后起跳进行调整扣球。

3. 快球

快球是我国的传统打法，是扣球队员在二传队员传球前或传球的同时起跳，并迅速把二传队员传来的球击入对方场区的一种操球方法。

快球的种类繁多，在此只介绍近体快球、短平快球、平拉开球、半快球及背快球等。

（1）近体快球

在二传队员体前或体侧约 50 厘米处扣的快球，统称为近体快球。这种快球的二传距离最近，因而速度快、节奏快，有实扣效果和掩护作用。

近体快球要随一传的球同时助跑到网前，助跑的角度一般与网呈 45°角左右。当二传队员传球时，扣球队员应在二传队员体前近网处迅速起跳。紧接着快速挥臂，将刚刚传出网口的球立即扣过网去。击球时，利用含胸收腹动作带动前臂和手腕迅速挥甩，以全手掌击球的后上部。

（2）短平快球

在队员体前 2 米处左右，扣二传队员传过来的高速快球，为短平快球。这种扣球由于二传速度快，因而进攻的节奏快；二传的弧度平，因而进攻区域宽，有利于避开拦网。

扣短平快球，一般采用正对网的直线助跑，与二传传球的同时起跳并挥臂截击平飞过来的球。运动员击球时利用迅速的含胸动作，带动前臂和手腕加速挥动，以全手掌击球的后上方。根据拦网的位置可以提前或错后击球。

（3）平拉开球

在4号位标志竿附近，扣二传约5米远处传来的高速平快球，为平拉开扣球。这种扣球的速度快，进攻区域较宽，但二传难度较大。

在二传队员传球前，4号位队员就要开始进行外绕助跑。待二传传球出手后，扣球队员在标志竿附近起跳，截击来球。扣球动作与短平快球相同，但不能提前挥臂，要看准球后，再挥臂击球。这样不仅来得及扣，而且还可以选择突破口，万一球传不好，也便于处理。

（4）半快球

在二传队员附近起跳，扣超出网口两个半球高度的球，称半快球或半高球。这种扣球比一般快球速度慢，但可以利用高点看清拦网队员的手，有利于变换运用各种避开拦网的打法。半快球要在二传出手后再起跳，击球动作与一般扣球动作相同。

（5）背快球

背快球的打法与近体快球的打法相同。但扣球人需要扣球手主动配合，去适应二传。

4. 吊球

吊球也是扣球的一种打法，多在球近网时运用。在比赛中与大力扣球结合使用，可收到较好的结果。吊球时应先做扣球动作，再突然改为吊球，决不能过早暴露吊球意图。吊球时手臂伸直至头部前上方最高点，以灵活的手指和手腕动作，用指尖快速击球的后部（高压吊球打击的后上部），使球越过拦网，手落到对方空当。切忌触球后携带、触球后改变方向或触球点低于网口。

5. 自我掩护扣球

用自己扣各种快球的假动作来掩护自己第二个实扣的半高球进攻，叫自我掩护扣球，可分为"时间差""位置差""空间差"三类。目前，最常用的空间差扣球有前飞、背飞、拉三及拉四等。

（三）扣球技术的运用

根据二传和进攻队员的信号联系或具体情况，运动员可以采用各种扣球方法。

1. 扣近网球

扣近网球是指击球点距离网 50 厘米左右的起球，这种扣球点高，线路变化多，但要防止前冲过大触网犯规。

2. 扣远网球

扣远网球是指击球点距网 1.5 米以外的扣球，这种扣球力量大，对方不易拦网，击球瞬间手腕有明显推压动作。

3. 扣调整球

扣调整球是指由后场调整至网前的球，这种球扣球度大，扣球队员要充分判断球的方向、角度、速度等因素，这种球要在训练中多练习。

4. 扣快球

这种球速度快、时间短、突然性强，容易争取主动。

5. 自我掩护扣球

自我掩护扣球是指进攻队员利用假动作来掩护自己的实扣球，可分为时间差、位置差和空间差。

（四）扣球的训练

1. 训练方法

（1）4 号位扣球练习方法

①挥臂击球与助跑起跳练习

A. 一步助跑起跳练习。队员呈横队散开，按照教练的口令做一步助跑起跳，可以轻微腾空，注意动作的协调性。

B. 两步助跑起跳练习。方法同上。

C. 折线助跑起跳练习。队员在端线面向场内呈二列纵队，鱼贯连续折线做两步助跑起跳。

D. 网前助跑起跳练习。队员横排立于限制线后，听到口令一起做两步助跑起跳。

E. 徒手练习挥臂击球动作。该项可以集体练习，也可以单独练习。

F. 手握一网球做正面扣压球挥臂，将球甩到 3 米左右处。

G. 选择一高度适中的树叶，反复挥臂击树叶。

H. 距墙 3～4 米，连续对墙扣反弹球。

I. 两人在两边线相对扣反弹球。

J. 跳起扣球。

K. 将球固定于墙上，或另一人双手举球，连续扣固定球；面对墙，助跑起跳扣侧面来的抛球。

L. 自抛自扣。自抛自扣有两种：一种是原地自抛自扣，另一种是自抛跳起扣球。原地自抛自扣适合初学者练习挥臂和击球手法，扣球时对墙或利用低网进行。跳起自抛自扣难度较大，待挥臂击球动作有了一定基础后练习，效果更好。

②扣定点球

教练站立于网前高台上，一手托球，队员在4号位助跑起跳扣固定球，击球的瞬间教练手脱离球。托球原高度与距离网的远近，根据扣球者的动作弹跳而定。

③扣抛球

A. 扣球者在4号位助跑起跳，将3号位抛来的球在高点单手抓住或者轻拍过网。

B. 扣球在4号位助跑跳扣3号顺网抛来的球。3号位把球顺网传到4号位。

④串联练习

A. 扣球者将球传到3号位，扣球者上步扣球。3号位把球顺网传到4号位。

B. 5号位抛球，3号位二传，4号位扣球（或2号位扣球）。

C. 队员在4号位防扣一次，立即扣一般弧度球一次。

D. 队员在4号位拦网一次之后，迅速后撤再扣球一次。

E. 队员在4号位接发球一次，将球垫给二传队员，再扣球一次。

F. 队员在4号位向中场移动保护接吊球一次，4号位扣球一次。

（2）3号位扣球练习方法

①扣抛球

A. 队员在3号位以击掌为号起跳徒手扣近体快球，然后扣抛球。

B. 方法同上，教练抛球，队员在3号位扣背快、短平快、半高球等。

②串联练习

A. 6号位（5号位）快球（背快、短平快）。抛球，2号位传球，3号位扣近体快球（背快、短平快）。

B. 6号位抛球，2号位传球，3号位队员扣半高球。

C.3号位队员配合4号位拦网一次,然后后撤扣短手快或近体快球一次。

D.3号位队员配合2号位拦网一次,然后后撤扣背快(近体快、短平快)一次。

E.4号位队员拦网一次,然后撤扣短平快球一次。

F.3号位队员防守一次,然后强攻一次。

G.3号位队员接对区1号位抛球一次,然后扣近体快球(背快、短平快)一次。

(3)2号位扣球练习方法

①扣抛球

A.3号位抛球,2号位队员扣一般弧度球。

B.在2号位和3号位之间抛球,2号位队员扣低弧度球。

②串联练习

A.2号位队防扣球一次,然后再扣球一次。

B.2号位队员拦网一次,然后迅速后撤再扣球一次。

C.队员把对区抛来的球垫给二传,然后再在2号位扣球数次。

(4)调整扣球练习方法

①扣抛球,队员在4号位扣球

A.6号位抛球,队员在4号位扣球。

B.2号位抛球,队员在4号位扣球。

C.1号位抛球,队员在4号位扣球。

D.6号位抛球,队员在2号位扣球。

E.4号位抛球,队员在2号位扣球。

F.5号位抛球,队员在2号位扣球。

②串联练习

A.5号位抛球,1号位队员移动到中场向4号位调传,4号位队员扣球。

B.6号位抛球,2号位队员移动到进攻线附近调传,4号位队员扣球。

C.1号位抛球,5号位队员移动到中场向上2号位调传,2号位队员扣球。

D.6号位抛球,4号位队员移动到进攻线附近调传,2号位队员扣球。

2.错误动作及纠正方法

(1)正面扣球

①助跑起步时间不准,表现为击球时机偏早或偏晚。

纠正方法：开始助跑时轻拍扣球者的背或给予声响信号。

②起跳前冲，表现为击球动作不正确，球的弧度高，扣不下去；扣球易触网。

纠正方法：运动员练习一步助跑或2~3步助跑，最后一步跨大；在网前起跳接抛球或扣固定球。

③击球时直臂下压，表现为击球无力，控制不住球的方向。

纠正方法：徒手甩臂，体会手臂放松动作；手握轻物甩臂；距墙2米，用中等力量连击反弹球。

④屈肘击球，击球点偏低，表现为球往往击不过网，常出现平推球。

纠正方法：降低网高，原地隔网甩小球（网球），连续甩臂击高度适中的树叶。

⑤手包不住球，表现为球不旋转或线路长。

纠正方法：把球固定在击球高度处反复挥臂击球，练习击球；原地对墙自抛自射。

⑥2号位扣球击球点偏左或偏右，表现为击球无力，控制不住球。

纠正方法：改变助跑路线，平行边线助跑。

（2）快球

①起跳停顿或上步晚，表现为近体快球节奏慢，成半快球或错过击球时机，短平快球往往是球飞过去再起跳。

纠正方法：徒手练习助跑起跳节奏以击球或用语言给予起跳信号，扣抛球。

②起跳点离网过近，表现为扑网或击球后触网。

纠正方法：划定起跳点，用两步助跑起跳扣球，或徒手练习。

③起跳后就抓球，手臂不后引，表现为击球无力，近似抹球。

纠正方法：徒手反复练习扣近体快球，练习中偶尔给送抛球，体会击球动作。

④平拉开快球起跳时机不准，表现为击球不合适，控制不住球。

纠正方法：徒手练习助跑路线，确定助跑点，给信号启动。

（3）调整扣球

①击球点不准，表现为轻拍球，扣出的球方向不定，失误多。

纠正方法：助跑起跳扣不定点的高弧度抛球，连续扣调整抛球。

②人与球的距离关系不准，表现为击球点不准，钻到球下击球或直臂推球。

纠正方法：结合抛球练习起跳，抛球可高些，给充分时间判断球的落点。

3. 扣球的指导思想

扣球的指导思想和要求是高、快、狠、变。

高：即发展高度。扣球的高是指跳得高，击球点高，过网点高。高可以扩大进攻面，增大过网的可能性。

快：即指在配合上运用近体快球、短平快球、平拉开快球等技术，在动作上做到反应快、判断快、跑动快、起跳快、挥臂快、下手快。快速是突破对方拦防的最好手段。

狠：即扣球时要具有排山倒海、不可阻挡的气势，扣球狠才会给对方极大的压力，才能给对方致命的打击，争取主动权。

变：即使用个人扣球技巧，在双方激烈的抗争中，强攻与快攻相结合、直线与斜线相结合、转体与转腕相结合、重扣与轻吊相结合、长线与短线相结合，灵活运用个人技巧。

第五节　拦网、"自由人"的技术与科学训练

一、拦网的技术与科学训练

（一）拦网的概念及作用

运动员用腰部以上身体任何部位，在球网附近高于球网上沿的位置，试图阻拦击过网的球，并触及球，称为拦网。

拦网是排球运动的基本技术，具有强烈的攻击性。拦网可以直接拦死、拦回对方的扣球，削弱对方的锐气，动摇对方的信心，给对方造成心理上的压力。

（二）拦网的技术动作

拦网分为单人拦网和集体拦网两种形式，它们的个人技术动作基本相同，只是集体拦网更注重相互之间的配合与协作。

1. 单人拦网

（1）准备姿势

运动员两脚左右开立约与肩同宽，两膝弯曲，上体稍前倾，重心落在两脚之间和两前脚掌上，两臂自然放松屈于胸前。

（2）站位

4号位拦网队员应站在距边线1.5米处，3号位拦网队员站在距中线20—30厘米处，2号位队员应站在距边线1.5米处。

（3）移动

为了及时对正来球，运动员可采用并步移动、交叉步移动、滑步移动及跑步等多种步法，迅速移动到位，准备起跳。

（4）起跳

起跳时，运动员两腿屈膝，重心降低，随即两脚用力蹬地；两臂以肩发力，以大臂为半径，在体侧做屈臂小弧形摆动，两臂随上举；身体充分伸展向上腾起。

（5）空中击球

手臂动作：随着身体向上腾起，两手经由脸前向上伸直，两臂之间的距离应以不漏球为宜。

击球手型：两手掌伸展，五指自然张开稍紧张。

拦击动作：在拦击球时，向上提肩，手臂尽量上伸，两手指紧张，拇指、小指尽量外伸，并且尽可能地包住球，手腕下压，把球拦到对方场区。在2号位、4号位拦网时，外侧手应稍转向场内，以防对方打手出界，造成拦网失误。

（6）落地

如已将球拦回，则可面对对方，屈膝缓冲，双脚落地；如未能拦到球，则在下落时就要随球转头方向相反的一只脚先横过来落地，随即转身面向后场，准备接应来球或做下一个动作的准备。

2. 集体拦网

集体拦网除上述个人拦网技术的要求外，还应着重注意队友间互相协作配合。集体拦网可分为双人拦网和三人拦网两种。

（1）双人拦网

双人拦网是集体拦网的主要形式。双人拦网，主要由2号位、3号位或3号位、

4号位队员组成。根据对方不同的进攻位置，其具体分工也不同。当对方从4号位拉开进攻时，应以本方2号位为主，3号位队员移动并拢协同配合组成双人拦网；如果球较集中，则以3号位队员为主，2号位队员进行配合拦网。当对方从3号位进攻时，一般应以本方3号位为主，4号位队员协同配合；若对方从2号位进攻，则以本方4号位队员为主，3号位队员进行协同配合拦网。

（2）三人拦网

三人拦网，多在对方进行高点强攻的情况下运用。在组成三人拦网时，不论对方从哪个位置进攻，都应以本方3号位队员为主拦者，两边运动员主动配合，集体起跳拦网。

（三）拦网技术在比赛中的运用

1. 拦一般高球

一般高球多在强攻时运用，其特点是击球点高、力量大、扣球线路变化多，可扣集中球和拉开球。从线路变化上看，可以扣出直线球、斜线球和小斜线球。扣拉开球还可以采用打手出界技术。拦强攻要组成双人（或三人）拦网，并要全力高跳，尽量扩大网上的拦网面积。

（1）拦集中球

集中球的落点集中在距边线以内的一段区域，比较容易扣出各种线路的球，但斜线球是其主要的扣球路线，且比较容易防守。因此，拦集中球要以拦斜线为主。在对方改扣直线时，拦网队员可以变换手法拦击。

（2）拦拉开球

拦拉开球的落点多在边线附近，拦网时要加强预判。如球在标志杆外，就要拦斜线和小斜线；如球在标志杆内，不仅可以扣斜线和小斜线，而且可以扣直线球和打手出界球。拦这种球，外侧拦网人要拦直线，在拦击球的刹那，外侧手拦网手型应转向场内拦击，以防打手出界。

2. 拦快球

快球的特点是速度快、弧度低、不易变线，且多在2号位、3号位进行。因离网近而速度快，为此拦网时较难组成集体拦网，多采用单人拦网。

运动员拦网时，根据扣球的特点，起跳、伸臂要快，正对扣球队员，手伸过网去接近球，将球罩住，拦网较易成功。

3. 拦短平快球

短平快球与快球一样，具有速度快、弧度低的特点；同样不易组成集体拦网。

运动员拦网时，由于球是顺网低弧度飞行，所以给判断增加了困难，为此在拦网时要人球兼顾，重点要判明扣球人的助跑路线和起跳点。

运动员拦击时要与扣球人同时或稍早于扣球人起跳，根据扣球人的助跑方向扣球线路，将手伸过网拦堵住其主要线路。

（四）拦网的训练

1. 训练方法

（1）单人拦网练习方法

①徒手练习

A. 两队员隔网向同方向连续移动起跳拦网，空中两手相击。

B. 2号位队员向4号位远距离顺网跑动拦网一次，然后再折回2号位拦网一次。

C. 队员从4号位向2号位顺网做并步（交叉步、跑步）移动起跳拦网。

D. 队员从2号位向4号位顺网做并步（交叉步、跑步）移动起跳拦网。

E. 3号位队员向左（右）顺网交叉步、并步起跳拦网。

F. 4号位队员向右，2号位队员向左隔网相对做交叉步拦网，之后互换位置。

②结合球的练习

A. 原地拦固定球。一人将球举固定到一定位置，另一人原地拦网。

B. 原地跳起拦网上固定球。

C. 两人一组，一人抛低弧度球，另一人原地拦网。

D. 两人一组，一人原地平扣球，另一人拦网。

E. 把网降至略低于手举起的高度，一人在对区近网原地扣球，另一人原地拦网。

F. 标准网高，一人原地向上扣球，其他人依次原地跳起拦网。

G. 队员在2号位和4号位依次单人拦高台扣球，然后交换位置。

H. 3号位队员移动向2号位，4号位拦高台扣球。

I. 对方4号位扣球，本方2号位单人拦网。

J. 对方3号位扣球，本方3号位单人拦网。

K. 队员在 3 号位向左移动 1~2 步，然后立即向右移动拦高台扣球一次。

L. 队员在 4 号位向右移动 1~2 步，然后立即返回拦高台扣球一次。

M. 队员在 2 号位向左移动 1~2 步，然后立即返回拦高台扣球一次。

N. 对方组织中 1，2 号进攻，队员在 3 号位判断拦网。

（2）集体拦网练习方法

①徒手练习

A. 两名队员在 3 号位同时起跳双人拦网一次，然后分别向两侧移动与 2 号位、4 号位队员组成双人拦网一次。

B. 3 号位、4 号位队员同时向左移动拦网，或 2 号位、3 号位队员同时向右移动拦网。

C. 队员从 4 号位开始，在 4 号位拦网一次，移动到 3 号位拦网一次，返回 4 号位拦网一次，再去 2 号位拦网一次。

D. 2 号位、4 号位队员向 3 号位移动，组成三人拦网一次。

E. 3 号位、4 号位队员同时向右侧移动与 2 号位队员组成三人拦网。

②结合球练习

A. 3 号位队员单人拦高台扣球一次，然后向 2 号位或 4 号位组成双人拦网一次。

B. 4 号位队员拦高台扣球一次，向 2 号位移动组成双人拦高台扣球一次。

C. 对方 4 号位扣球，本方 3 号位队员向 2 号位移动组成双人拦网。

D. 对方 2 号位扣球，双方拦网。

E. 对方 3 号位强攻，本方 2 号位、3 号位、4 号位队员三人原地起跳拦网。

F. 对方 3 号位强攻，本方 2 号位、4 号位队员移动与 3 号位队员组成三人拦网。

2. 错误动作及纠正方法

（1）单人拦网

①起跳过早，表现为身体下落后对方才扣球，拦不住球。

纠正方法：教练按照拦网节奏给予运动员起跳信号，运动员起跳前深蹲慢跳。

②手下压触网，表现为手臂明显下压主动打球造成触网。

纠正方法：一对一原地扣拦练习。结合矮网，原地提肩屈腕把球拦下。

③拦网时低头闭眼，表现为盲目阻拦，往往拦不住球，甚至改变上体动作。

纠正方法：隔网拦对方抛来的球，逐步过渡到轻扣。

④身体前扑触网，表现为拦网后身体触网或过中线。

纠正方法：多练顺网移动起跳。

（2）集体拦网

①相互踩脚影响起跳，表现为起跳高度低，配合不好。

纠正方法：正对拦网队员提前取位，多练习移动，加速移动速度，多练原地或低网扣球配合。

②拦球不拦线，身体在空中冲撞，表现为手重叠，一般都封阻直线，造成触网或落地不稳。

纠正方法：徒手练习顺网跑步移动后的最后一步及起跳。

3.拦网的指导思想

拦网的指导思想是把握时机，抓住空间，以凶狠为主，拦起为辅。

把握时机：即"捕捉"到对方扣球路线，不失时机地起跳、伸臂，及时、准确、主动地堵截来球的主要路线。

抓住空间：即不放过对方的每一次扣球，尽可能组成双人拦网，充分利用高空摆手增大空间拦网面积。

凶狠为主：即把消极的防御变为积极的进攻，力争一次拦死、拦回，这不仅对本方有利，同时也给对方造成压力和影响。

拦起为辅：即在来不及充分拦击的情况下，也不能放弃拦网，不能拦死、拦回，也要力争拦起，为本方组攻创造条件。

二、"自由人"的技术与科学训练

（一）"自由人"的运用

合理地选择并使用"自由人"是战术运用的一个方面。"自由人"专接发球后排防守，其上下场之间只需经过一次发球比赛过程；换人不计为正规换人次数，且次数不限。因此，选择接发球和后排防守技术高超的队员作为"自由人"能大大提高全队的防守水平。"自由人"又可在当前进攻拦网队员体力下降需要休息，并轮到后排时替换上场，所以，合理地运用"自由人"能大大提高全队的进攻水平。

（二）"自由人"训练指导思想

判准移快，动作多样，每球必争。

"自由人"训练的指导思想是判准移快：即通过对对方传球人传球路线、扣球人挥臂动作等进行综合的判断，了解对方意图，预测球路，迅速移动卡位，在可能来球的位置上，做好接扣球的准备姿势。

动作多样：即不仅要熟练运用双手、单手垫球技术动作，而且要做到能扑、能跃、能爬、能挡，能用高、中、低三种防守姿势，在上、中、下三个部位做击球动作。

每球必争：即接球要有不让球落地的决心，树立起没有防不起的信念，有冲向来球的勇猛顽强拼搏精神，为扩大防守范围而竭尽全力。

（三）"自由人"训练方法

（1）向前防守后，转身摸底线，再回头防守。

（2）防一重扣，再向前防一吊球。

（3）防一吊球后，再转身去防一个高运球。

（4）往返防两侧球，可用侧势、单手势、倒地、滚翻等方法。

（5）连续防不同来球，如重扣、吊球、高运球、直线球、斜线球等。

（6）向场地各个位置抛球，在全场根据落点速度来做防守，防起15个球为一组。

第六章　排球运动教学与科学训练

本章介绍排球运动教学与科学训练，主要从三个方面进行了阐述，分别是排球运动身体素质的科学训练、排球运动心理素质的科学训练、排球运动智能素质的科学训练。

第一节　排球运动身体素质的科学训练

排球运动身体素质训练是高校排球运动教学与训练的重要基础性内容，教师必须重视对学生基础性身体素质的训练，以提高学生的身体素质水平，使其能更快地掌握排球运动技术并为进一步的排球运动专项身体素质提高奠定良好的素质基础。同时，良好的身体素质训练也有助于学生在具有一定难度的排球运动体能、技能训练中有效预防运动损伤和伤病的发生，提高教学与训练的安全性。

一、排球力量素质训练

力量素质是人体从事生理活动和参与体育运动的基本身体素质，在高校排球运动教学与训练中，力量素质训练是学生参与排球运动的重要基础。

（一）上肢力量训练

1. 手指手腕力量训练

（1）手指用力屈伸练习。

（2）屈腕：坐姿，肘部放于膝盖，双手持杠铃，手腕连续屈伸，以发展前臂前部和屈腕肌群力量。

2. 手臂力量训练

（1）原地拉胶带：将长胶带一端固定，两脚前后开立，以胸带臂拉引胶带。

（2）仰卧起拉胶带：坐在横向的鞍马上，臂手握胶带固定于颈侧，用力拉胶带坐起，反复练习。

（3）颈后伸臂：直立，双手头后反握轻机铃，上举，还原。

（4）屈肘：身体直立，双手体前反握杠铃；屈双臂，上举，还原。

（5）实心球俯卧撑：双手撑实心球，两脚分开，脚尖支撑，躯干平直，在球上做俯卧撑。

（6）瑞士球俯卧撑：双手撑瑞士球，两脚分开，脚尖支撑，躯干平直，在球上做俯卧撑。

（7）仰卧伸臂：瑞士球上仰卧，双手持哑铃，直臂举，屈肘回，以发展上臂后部肌肉群力量。

（8）引体向上：发展肩部和臂部肌群支撑力量。运动员双手握单杠，向上拉引身体。

（9）双杠臂撑起：双杠直臂、屈臂支撑身体。

（10）倒立走：倒立移动走，发展肩部和臂部肌群力量。

（11）爬绳：双手攀绳，引体上爬，以发展肩部和臂部肌群力量。

（二）躯干力量训练

（1）顶墙送髋：前臂靠墙支撑身体，头靠在双手上，身体向墙倾斜。后脚正对墙，脚跟贴在地面，向前送髋，直背、紧张，牵拉10～15秒。双腿轮流练习。

（2）弓箭步压：弓箭步站立，前腿屈膝弓腿90°，后腿膝触地，呼气，下压后面腿和髋部。换腿反复习练。

（3）双手叉腰转体：两脚开立，双手在髋以上叉腰，上体转向一侧，同时，头向后转，目后视，保持动作10秒。换方向练习。

（4）体前屈：两脚开立，徒手俯身以手触脚尖，或肩上负重进行体前屈。

（5）体侧屈：两脚开立，徒手左右屈上体90°，或肩负杠铃或手持哑铃。

（6）背肌转体：俯卧在山羊上，固定腿部，双手头后交叉抱头，上体后屈，再还原至水平位置左右转体。反复练习。

（7）负重转体：两脚开立，屈膝，肩部扛杠铃，两手平伸扶杠铃，向体侧转体90°，还原向前，再向另一侧转体90°。

（8）仰卧起坐：平躺，直腿，双手抱头后，腰腹用力，上半身坐起，再躺下。反复练习。

（9）球上仰卧起坐：仰卧于瑞士球上，双脚开立支撑地面，仰卧起坐。

（10）俯姿平撑：俯卧，屈肘、脚尖撑地，双腿伸直。

（11）俯姿平撑提腿：俯姿平撑，提起一条腿。

（12）俯姿桥撑：俯姿平撑，提起臀部，屈膝，身体呈桥形。

（13）仰姿桥撑：仰卧，双臂体侧支撑，双脚撑地，双腿屈膝、并拢，提髋，身体呈桥形。

（14）两头起：仰卧，腰腹用力，快速屈体，手脚接触。

（三）下肢力量训练

（1）"矮子"步行走，要求双手摸脚后跟。

（2）勾、绷脚：直角坐，两臂体侧撑地，挺胸立腰，并腿，绷脚尖，屈伸足背。

（3）坐伸腿：屈腿提膝坐，两手扶膝，抬头，直腿上举，还原。

（4）仰卧腿绕环：仰卧，上举腿做绕环动作。

（5）侧卧腿绕环：发展大腿内侧肌群力量，斜板上侧卧，举腿绕环。

（6）跳起手触脚：垂直上跳，直腿、收腹、屈髋、身体前倾，双手触脚尖。

（7）挺身展髋：双脚连续起跳挺身展髋。

二、排球速度素质训练

排球运动对运动参与者的速度具有一定的要求，如果不具备一定的速度基础，学生就不能准确掌握排球运动技术技能，也不能在排球比赛中很好地移动、击球、与同伴配合，因此，排球速度素质训练是高校排球运动教学与训练的重要和必要内容。

（一）反应速度训练

（1）两人拍击：拍击对方背部，同时避免被对方击中。

（2）起动追拍：两人一组前后听信号拍击追跑。

（3）反应起跳：围圈向内站立，圈内站1~2人，站立圆心的人手拿长度超过圆圈半径的树枝或竹竿绕过站圈人脚下来划圆，及时起跳躲避竹竿。

（4）贴人跑：两两前后站立，面向内圈，左右间隔2米。两人圈外跑动追逐，被追者站在某两人前时，后面第三者成为逃跑者，追赶者追第三者。

（5）老鹰抓小鸡：以游戏形式训练学生的反应速度。

（二）动作速度训练

1. 上肢动作速度训练

（1）快速提转哑铃：双手持哑铃，快速外展、提拉、收回。

（2）快速引体：快速引体向上。

（3）快速抓住落下的物体（如直尺、小球、笔）。

（4）纵向飞鸟：体侧直臂快速提杠铃至头顶，还原。

（5）横向飞鸟：体侧直臂水平，快速向后移动杠铃，还原。

2. 下肢动作速度训练

（1）原地快速高抬腿。

（2）后踢腿：摆动腿脚跟拍击臀部。

（3）立定跳远：两脚开立，下蹲，两腿用最短时间完成屈伸动作，起跳。

（4）单足跳：起跳腿屈伸，大小腿尽快折叠，以膝领先上摆，两腿交换，积极落地。

（5）跨步跳：以发力，大腿上摆，腾起，在空中形成一个跨步。

（6）连续蛙跳：两脚多次完成起跳动作与落地动作。

（7）负重弓箭步交换腿跳：弓箭步姿势，跳跃交换双腿位置。

（8）跳栏架：两脚起跳依次通过栏架。

（9）跳箱：从跳箱上跳下，再迅速跳上下一个跳箱。

（10）绳梯 180° 转体跳：身体半蹲，双脚开立，每只脚站在一个格子里。身体跳起空中转体 180°，双脚各落在前面格子中。

（三）位移速度习练

1. 上肢和躯干位移速度训练

（1）前后摆臂练习。

（2）跑步动作平衡练习。

（3）持球大幅度转身摆臂。

2. 下肢位移速度训练

（1）直腿跑。

（2）脚回环：单腿支撑，手扶固定物，一只脚以短跑动作回环。

（3）高抬腿跑绳梯。

（4）单腿（双腿）过栏架跑。

（5）拖轮胎（拖人）跑。

三、排球耐力素质训练

正规的排球运动比赛赛制为五局三胜制，运动员要坚持完成五场的排球比赛需要一定的耐力。日常排球运动健身中，丰富的排球技术应用、战术配合也需要运动参与者具备一定的耐力素质。良好的耐力素质可以确保运动者能高效率、高质量完成排球技术动作，并且可以有效避免过早疲劳而引发的损伤。

（一）有氧耐力训练

（1）持续走：以 80%~85% 的运动强度走 3000~6000 米。

（2）重复走：在规定时间内完成一定距离（如 400 米）的竞走练习。

（3）间歇跑：在 30 秒完成 200 米跑，练习 6 组，以 200 米慢跑作为间歇。

（4）定时跑：15 分钟定时跑练习，保持 50%~55% 的练习强度。

（5）定时定距跑：18 分钟左右，跑 3600~4600 米。

（6）重复爬坡跑：在斜坡道（15°）进行反复上坡跑练习。

（7）法特莱克跑：自由变速，约 30 分钟左右。

（8）越野跑：距离在 4000 米以上。

（二）无氧耐力训练

（1）间歇行进间跑：进行 30 米、60 米、80 米、100 米等短距离的间歇跑练习。

（2）沙滩跑：在沙滩上进行快慢交替跑练习，每组 500~1000 米。

（3）反复变向跑：听口令或看信号做不同方向的变向跑，每次 2 分钟，共 3~5 次，间歇 3~5 分钟，练习强度 65%~70%。

（4）迎面拉力反复跑：分为两队，每队 4~5 人，两队相距 100 米站在跑道上迎面接力跑，每人重复 5~7 次，练习强度 70%~80%。

（5）法特莱克跑：阶梯式加速变速跑 3000~4000 米，强度为 60%~70%。

四、排球柔韧素质训练

排球运动竞争激烈,在紧急情况下常常需要运动员增加身体移动幅度去救球,需要运动者完成有很大幅度的跨、展、拉、弯等动作,如跨步抢救低而远的球、展腹和拉臂扣位置偏后的球等,这些动作都需要排球运动参与者具备良好的柔韧素质。因此,柔韧素质也是排球运动教学与训练的重要内容之一。

(一) 上肢柔韧训练

(1) 压腕练习:跪撑正压腕、跪撑反压腕、跪撑侧压腕。

(2) 颈后拉臂:头后拉对侧手肘。

(3) 背后拉毛巾:一只臂肘关节在头侧,另一只臂肘在腰背部,双手握一条毛巾逐渐互相靠近。

(4) 向内拉肩:两臂抬起至肩部高度,交叉,一只臂抓住对侧肘关节水平拉近。

(5) 背向压肩:背对墙站立,双臂后抬,直臂扶墙,屈膝,直臂。

(6) 握棍直臂绕肩:从体前直臂握棍向上向后举,再还原。反复练习。

(二) 躯干柔韧训练

(1) 助力侧屈体:两人一组,练习者双脚并拢,协助者站在练习者身体一侧,帮助和保护练习者侧屈。

(2) 站立伸背:双脚并拢站立,双手扶栏杆,上体前倾至与地面平行,背部下凹形成背弓。

(3) 直臂开门拉胸:在一扇打开的门框内,掌心对墙,身体前倾拉伸胸部。

(4) 体前屈蹲起:双脚并拢俯身下蹲,双手手指向前,躯干贴大腿,伸膝。

(5) 俯卧转腰:俯卧于台子上,躯干上部悬空,肩上扛木棍转动躯干。

(6) 弓箭步压髋:弓箭步,下压后面腿髋部。

(7) 仰卧团身:仰卧,屈膝,双脚滑向臀部;双手扶膝,向胸部和肩部牵拉双膝,提髋离开垫子。

(8) 上体俯卧撑起:俯卧,双手在髋两侧撑地,双臂伸直撑起上体,头后仰,背弓。

(9) 倒立屈髋:仰卧,举腿垂直倒立,头、肩、上臂支撑,双手扶腰,双腿并拢，直膝，双脚触地。

（三）腿部柔韧训练

（1）弓箭步拉伸：弓箭步站立，前脚续前移，后面腿的髋部下压。

（2）体侧屈压腿：侧对高台，将一只脚放在台上，双手头上交叉，呼气，向台子方向体侧屈。

（3）站立拉伸：背贴墙站立，直膝抬腿，同伴用双手抓住踝关节上举腿。

（4）仰卧拉伸：仰卧，直膝抬起一条腿，固定骨盆水平，同伴帮助继续提腿。

（5）跪撑侧分腿：双腿跪立，直臂撑地，一条腿侧伸，屈肘，降下髋部至地面，外转髋。

（6）青蛙伏地：分腿跪地，前臂向前以肘关节支撑地面，前伸双臂，胸和上臂完全贴地。

（7）坐拉引：坐在地面，直腿，一只手抓一腿脚跟内侧，举腿与地面垂直。

（8）直膝分腿坐压腿：双腿尽量分开坐在地面，转体，上体前倾贴在一条腿上部。

五、排球灵敏素质训练

排球比赛对于网上的争夺异常激烈，受各种因素的影响，常会发生各种突发状况，面对这种情形，运动员必须要具备快速敏捷的反应能力。高校大学生参与排球运动应具有一定的灵敏素质基础，如此才能在运动中灵活、快速、准确处理球、人之间的关系，并确保排球技战术实施的质量，因此，排球教学与训练中，灵敏素质训练也是必不可少的。

排球灵敏素质训练内容与方法非常丰富，具体如下：

（一）基础灵敏素质训练

（1）听或看信号前、后滑跳移动。

（2）转体练习：正踢腿转体，弓箭步转体，30秒立卧撑跳转体，向前、后快速步转体练习。

（3）左、右连续转髋练习，上体不动，仅下肢转动。

（4）各种综合性地跳的练习，如原地团身跳。

(5)各种跑的练习,如快速移动跑、跨障碍跑。

(6)跳绳练习:双人跳绳、跳波浪绳、跳蛇形绳等。

(二)有侧重的灵敏素质训练

1. 反应能力训练

(1)按有效口令做动作。

(2)做与口令相反动作。

(3)原地、行进间或跑步中听口令做动作。如喊数抱团成纽、运算得数抱团。

(4)一对一追逐模仿。

(5)一对一抢对方后背号码。

(6)听信号或看手势跑、停、转身、变向。

(7)听信号的各种姿势起跑。如站立式、背向、蹲、坐、俯卧撑等姿势。

(8)一对一脚跳动猜拳、手猜拳、打手心手背、摸五官等训练。

(9)各种游戏,如叫号追人、追逃游戏、抢占空位、打野鸭、抢断篮球等。

2. 平衡能力训练

(1)一对一面向站立,双手直臂相触,虚实结合相互推,使对方失去平衡。

(2)一对一弓箭步牵手面向站立,虚实结合互推互拉使对方失去平衡。

(3)各种站立平衡,如俯平衡、搬腿平衡、侧平衡等。

(4)头手倒立,如肩肘倒立、手倒立维持一定时间。

(5)在肋木上横跳、上下跳训练。

(6)急跑中听信号完成急停动作。

(7)在平衡木上做一些简单动作。

(8)发展旋转的平衡能力训练。

①用手扶住体操棒,松手转身击掌再扶体操棒使其不倒。

②向上抛球转体2~3周再接球。

③跳转360°后直行。

④闭目原地转5~8周,闭目直线走10米。

⑤绕障碍曲线转体跑。

⑥原地跳转180°、360°、720°落地站稳。

3. 协调能力训练

（1）一对一背向互挽臂蹲跳进，跳转。

（2）模仿动作训练。

（3）多种徒手操训练。

（4）双人头上拉手向同方向连续转。

（5）脚步移动训练。例如，前后、左右、交叉的快速移动，单脚为轴的前后、转体移动。左右侧滑步、跨跳步的移动。

（6）跳起体前屈摸脚。

（7）双人跳绳。

（8）做不习惯方向的动作。

（9）改变动作的连接方式。

（10）动作组合训练。如原地跳转 360° 接跳远、前滚翻交叉转体接后滚翻跪跳起接挺身跳等。

第二节 排球运动心理素质的科学训练

在排球运动中，心理素质是影响运动参与者场上表现（无论是学生还是专业运动员）的一个重要运动因素，排球运动训练可以促进运动者的心理素质的发展，同时，良好的心理素质也可以促使运动者更积极、主动地参与排球运动训练，并努力克服排球运动体能、技能学练中的一切困难，不断巩固提高自身运动能力，良好的排球运动专项心理素质基础可以让学生或运动员更好地在排球运动中应对不同学、训、赛况，及时正确调节心理，发挥良好的运动能力水平。

一、排球一般健身心理素质训练

高校大学生参与排球运动健身，需要不断强化运动健身意识、树立终身体育意识，并在日常运动训练过程中坚定信心、注意运动安全。这些思想都是需要教师在高校排球运动教学中不断强调和传输给学生的。

排球一般健身心理素质训练重在科学体育观和运动健身意识的培养，具体如下：

（一）树立正确运动观，坚定意志品质

排球运动健身需要不断进行排球运动体能、技能的学练，这个过程是艰辛的，需要学生克服来自主观和客观各个方面的不同困难。要想具有良好的排球运动体能、技能水平，学生就必须要加强日常的训练，心理训练也是日常训练的重要内容。

对于高校大学生来说，即使排球运动天赋较高、运动能力天生较强，也需要不断练习才能巩固提高。长期坚持排球运动健身是一件可以受益终身的事情，高校大学生应树立正确的排球运动价值观，努力克服各种困难坚持学习排球知识，坚持终身参与排球运动，不要轻言放弃。

（二）培养自信，端正运动训练态度

不论是在生活、学习、工作中，还是在运动训练中，自信心都是非常重要的。高校大学生参与排球运动能从排球运动中获得运动快乐，并获得心理满足、认同与成就感。但是排球运动训练并非一帆风顺，排球运动参与过程中，大学生应坚定自信，不要有"学不会""练不好"的压力，不能在体能、技能训练中缩手缩脚，显得极不自信，否则就无法发挥出正常水平，难以取得良好的运动效果。

建立良好自信心是高校大学生学好排球运动技能、展现个人体育运动风采的重要基础。

此外，排球运动训练必须要务实，踏实训练每一个技术动作，不能投机取巧。排球运动训练没有捷径，只有不断地练习才能具备扎实的体能与技能基础，踏实训练是参与排球运动健身锻炼的一个重要态度问题。

（三）注重专门化知觉训练，注意安全

参与排球运动健身锻炼需要具备一定的专门化知觉，高校大学生在日常排球运动参与过程中，要注重培养和提高自己的专门化知觉。排球运动的专门化知觉包括球感和时空感两部分内容。具体如下：

首先，良好的球感是所有球类运动员都必须具备的，排球运动员也是如此。在排球比赛中，双方对球的争夺贯穿比赛的整个过程，为提高击球技术动作的效果，运动员必须要拥有良好的球感，这样才能准确感知球的运行路线、力量、速度等，为接球、扣球、拦网等战术的发挥打下良好的基础。

其次，就排球运动特点来说，运动员触球时间短，球长时间在空中运动飞行，因此排球运动比赛对时空的争夺尤为重要，时间和空间是影响排球比赛结果的重要因素。因此，掌握良好的时空感是至关重要的。时空感决定着运动员球感的精确度，决定着运动员对球的运行速度和落位的判断能力。在排球运动训练中，要重视对自我时空感的训练，这需要高校大学生在排球运动实践中不断练习和体会。

最后，相较于足球、篮球运动来说，排球运动隔网对抗，是安全、儒雅的运动，但在运动过程中仍然可能因为各种各样的因素而导致运动损伤的发生，高校大学生参与排球运动健身，不强调像专业的运动员那样进行高强度、长时间的训练，发生运动伤病的可能性大大降低，但教师仍应在运动过程中时刻关注运动安全问题，不能掉以轻心。

二、排球竞技比赛心理素质训练

对于专业的大学生排球运动员来说，要参加各种排球运动比赛，因此在心理素质训练上要充分考虑到比赛期间的心理调整，对此就要加强比赛心理素质训练。对学生要求较高的教师和自身要求较高的学生在日常排球运动训练中也可参考排球专项比赛心理训练提高自身的心理素质水平。

（一）赛前心理训练

1. 自我认知训练

自我认知训练，简单来理解，就是赛前运动员的一种心理自我肯定与安慰，是提高比赛自信心的一种心理训练方法。这一训练方法在排球运动训练中得到了广泛的应用，在具体的操作过程中，运动员可以暗示自己有足够的实力参赛，能取得良好的比赛成绩；也可思考结合对手的技战术特点自己采取何种手段战胜对手来增强自信心等。

2. 心理适应与准备训练

心理适应与准备训练，旨在让运动员提前适应比赛气氛、节奏，顺利过渡和进入比赛心理环境中，帮助排球运动员尽快进入比赛状态。教师可利用以下方法提高排球运动员的比赛心理适应力，为参与比赛做好心理准备：

（1）一般准备。一般准备的内容主要包括：事先了解对手的基本情况、了解本方的心理情况、根据比赛规程合理调整心理状态等。

（2）模拟训练。模拟比赛环境，熟悉比赛过程与情境。排球日常教学中，学生难免会产生各种各样的情绪，从而影响教学、训练效果，教师可以尽量真实地还原比赛场景，合理创设符合教学内容的心理训练情境，帮助学生消除不良情绪巩固和强化学生的心理素质。[①]

3. 心理调节训练

教师应对比赛中可能出现的各种影响运动员心理的状况做好抗干扰准备，提高排球运动员的心理调节能力，以便于运动员在面对各种情况时，都能始终以积极的心态去面对比赛。常用训练方法如下：

（1）赛前谈话。激发运动员参赛热情。

（2）复述比赛程序。让运动员熟悉比赛，消除比赛紧张与恐惧感。

（3）信息回避。回避外界干扰信息，平衡情绪。

（4）心理自我调节。比赛前，预想比赛中成功击球、攻防场景，体会获胜体验。

（5）闭目静坐帮助运动员放松、增强比赛自信。

（6）催眠放松训练。帮助运动员缓解心理不安状况。

（7）主动疗法训练。主动放松参与运动的肌群，同时利用自我暗示法激活积极的心理状态，激发运动员积极的竞赛情绪状态。

（二）赛中心理调控

排球比赛中，教练员的场上指导是有限的，更多时候运动员需要自己调整心理，始终保持良好心理状态应对比赛，优秀的排球运动员应学会在比赛中控制自己的心理状态。对于处理比赛中的各种问题，排球运动员赛中心理调控方法如下：

1. 自我暗示

如果在比赛中出现不良情绪，可采用自我暗示的方法来暗示自己，使自己尽早进入比赛状态，稳定情绪，消除周围环境的不良刺激，从而以更加积极的心态参与比赛。

---

① 都燕琴，杨平世. 心理训练在高校排球教学中的意义及应用探究[J]. 体育科技文献通报，2018（3）.

2. 呼吸调整

排球比赛中，如果节奏非常快，比赛异常激烈，运动员常常会出现一定的心理紧张情绪，在这样的状态下参加比赛是难以获得比赛胜利的，对此，排球运动员应及时缓解紧张的心理情绪，调整不良心理状态，可通过深呼吸来调整身心紧张状态，同时可为运动提供更多氧供应。

3. 注意力转移与集中

排球比赛中，当受到不良因素刺激时，运动员应适当调整注意力，使自己的注意力从不良因素和不受控制的因素（如观众干扰、教练误判等）中转移开，集中注意力到比赛上来，全身心投入当前比赛中。

4. 思维阻断

排球比赛变化莫测，在比赛中常会发生一些意外情况，如现场观众不良言语的干扰、大比分落后等，这就会导致运动员出现情绪低落的状况。针对这种情况，运动员就可以采取积极思维的方式来阻断消极意识，用积极思维来替代消极思维活动，如"观众在为我加油""下个球一定能击好""稳住，对手马上坚持不住了"。

5. 自我宣泄

针对本方不利的赛况，运动员可通过擦汗、握拳、呐喊等动作进行自我宣泄，将不良情绪宣泄出来，再调整好心态继续投入比赛。

（三）赛后心理恢复

一场排球运动比赛需要消耗运动员大量的身心能量，赛后，运动员也需要一定的方法促进心理恢复，以调整状态，投入日后的训练。

1. 通过认知调整比赛所带来的消极心理反应

运动员应端正比赛心理，做到"胜不骄败不馁"，正确看待比赛的胜负。在日常排球运动训练中，运动员要采取必要的手段和措施提高自我认识，正确地看待比赛的胜负，无论在何种比赛条件下都要保持良好的心态。

2. 运用语言暗示及时消除赛后疲劳

排球比赛对运动员的心理消耗非常大，赛后，一些运动员会出现心理疲劳现象，随之就可能出现不良情绪，训练和比赛的兴趣减退。这时就需要调整自己的心理状态，促使心理疲劳得到尽快恢复。具体来说，运动员可采用自我暗示诱导放松、他人暗示诱导放松的方法来放松身心。

3. 赛后放松

赛后的身心放松可以通过以下几种方法进行：

（1）运用生物反馈训练法进行心理康复训练。

（2）利用催眠术进行心理康复训练。

（3）通过想象放松训练，解除心理疲劳。

（4）参加娱乐、休闲活动进行放松。[①]

第三节　排球运动智能素质的科学训练

随着现代排球运动的发展，排球运动场上已经不再只是体力、技能的较量，智力因素在排球运动比赛中发挥着越来越重要的作用。运动员日常参与排球运动健身也需要充分了解排球运动各方面的知识，科学合理安排运动训练。排球运动参与过程中教练员不能一味强调运动量不断增大、运动时间不断加长，这显然是不科学和不明智的安排。智能因素在排球运动中越来越重要的作用使得现代高校排球运动教学与训练中增加了对运动者的智力素质训练。这是排球运动教学与训练科学发展的结果。

一、排球运动智能训练基础

（一）排球运动智能训练的任务

（1）增强运动员独立参与排球训练和排球赛事的能力。

（2）使运动员具备准确且全面的观察和分析问题的能力。

（3）帮助和指导运动员对自身进行有效监督。

（4）运动员对排球训练和比赛的目的及任务有清晰认识和深度理解。

（5）使运动员对排球比赛规则熟记于心，充分发挥运动员积累比赛经验的主观能动性。

（6）要求运动员熟练掌握切实高效的训练方法和手段。

（7）推动运动员的运动感知觉、运动表象力、动作概念能力和战术思维能

---

① 王薇. 高校排球运动教学与训练发展研究 [M]. 长春：吉林出版集团股份有限公司，2022.

（8）培养和增强排球运动员实际操作能力，促使运动员更好地适应训练和比赛。

（9）促使排球运动员全面掌握排球运动特点、规律，提高运动员结合自身状况制订和完善个人训练计划的能力。

（10）指导运动员熟练掌握运动生理学、运动心理学、运动生物力学等方面的基本知识，保证排球运动员能熟练掌握客观评价训练效果的方式方法。

（11）保证排球运动员充分掌握运动医学和运动心理学等方面的知识要点，同时指导他们熟练掌握并运用集简便性和易操作性于一体的测试方法。

（12）提升运动员技能、战术、体能、心理、智能等综合素质的提高。

（二）排球运动智能训练的要求

（1）教练员应深刻领会排球运动员智能训练的多重作用，带动排球运动员自觉参与相关的训练活动，有效激发运动员独立完成训练任务的积极性。

（2）教练员要制订出科学可行的排球运动训练计划，保证智能训练贯穿在不同时间长度的训练计划中，从而使运动员智能水平得到大幅度提升。

（3）教练员应促使训练人员与科研人员高效协作、紧密配合，共同研究和解决智能训练过程中出现的问题。

（4）制定评定排球运动员的可行性智能评价制度和方法。

（三）排球运动智能训练的内容

排球运动员具备较高运动智能能提高其排球知识、技能学习效率，有助于其准确理解相关技术。结合运动训练和智能发展的研究，一般认为，排球运动智能训练包括以下几方面的内容：

1. 观察力

观察力是指运动员认识专项运动本质规律的具体程度，具体反映为参赛运动员能以最快速度察觉并推断出对方内心活动、技战术实施等，运动员准确而深刻地观察和认识这些情况，有助于排球运动员及时、迅速、正确地作出应对。

排球运动智能训练应注重提高排球运动员收集对方运动员各项信息的准确程度，为运动员进攻动作或者反击动作的准确性和实效性提供保障。

2.记忆力

记忆是个体大脑对过去经历事物的体现，而排球运动员的记忆力则是其已经具备的技战术水平在参赛时可以体现出来的程度。

具有良好的记忆力有助于高校大学生更好地掌握排球运动知识与技能，对于提高高校大学生的排球运动能力具有重要的促进作用。

大学生排球运动员要不断提高记忆力，加强记忆力训练。具体来说，参赛运动员技战术水平的发挥和其记忆动作的实际情况存在很大联系，在日常训练中已经熟练掌握的技战术往往会在比赛中经常反映出来，记忆力对于比赛的重要影响在于运动员参赛过程中需要完成这个动作时能否"自动化"地再现出来。具备良好的记忆力可避免排球运动比赛中以下不良现象的出现：

（1）在比赛场地内紧张氛围的影响下，运动员的记忆力出现凝固，日常运动训练中反复使用的技战术动作往往无法发挥出来。

（2）在想赢怕输思想的作用下，运动员行为和动作严谨过度会使记忆进攻动作或者反击动作的反应速度变慢。

（3）比赛中对方有出其不意的动作和战术时，会使运动员紧张，不能从已有经验中搜索、整理出正确的应对方案。

3.想象力

排球运动员的想象力具体是指运动员对技术动作、赛况、战术的再现、发展、创新的能力。

排球运动员想象力的运用范围很广，运动员在训练场上完成所有训练内容都离不开想象力发挥支撑作用。想象力能对技术创新产生显著作用，良好的想象力有助于排球运动员准确判断对方意图，在比赛中出其不意，攻其不备。

二、排球运动智能训练方法

（一）丰富理论知识体系

指导运动员学习有关体育教学和运动训练的基本原理知识，能从根本上提高运动员掌握和运用技术动作、战术意义的实际效率。

1. 在基础知识的传授中发展智能

（1）教练员要向运动员讲解排球运动的基本概念和基本原理，保证运动员准确掌握和运用训练的有关规律，改善排球运动员思维能力发展效果，为排球运动员实现知识技能迁移创造有利条件。

（2）教练员应利用多媒体教学在内的多元化教学手段，指导运动员逐步运用多种思维模式看待问题和处理问题，由此使运动员思维能力得到有效发展。

（3）教练员应将学习理论知识和参与排球训练活动有机结合起来，促使排球运动员在运用知识实践中的实际操作能力有所增强。

2. 在排球专项理论知识的传授中发展智能

（1）教练员应用生物力学知识剖析各项技术动作时，要有意识、有目的地增强排球运动员的观察力和思维力。

（2）教练员应在日常教学训练中不断激励排球运动员积极学习和掌握有关排球运动的赛事规则和裁判方法，促使运动员的思维能力、观察能力以及适应能力不断增强。

（3）教练员应不断丰富排球运动员的知识结构，包括科学安排训练计划、自我监控能力、健康保健知识等。

（二）观摩高水平排球赛事

安排排球运动员观摩高水平排球运动比赛中运动员的表现，能够使运动员在观察的过程中充分调动思维，促使运动员的分析能力和智力水平得到大幅度提升，同时让运动员意识到自身的缺点，逐步达到取长补短的目的，提高掌握动作技能的效率。

（三）注重运动训练实践操作

在运动训练过程中指导运动员深入探讨技术动作和战术配合，能将运动员的灵感和智能充分激发出来，高效解决训练过程中的技战术问题。

教练员应针对竞赛和训练过程中相关问题进行集中归纳，制订具备系统性特征的训练计划，使排球运动训练过程有序开展；同时结合排球运动心理训练，提高运动员在特殊比赛情境中产生特殊心理状态的状况下对已有知识、技能、经验、现场信息的运用和处理能力。

需要特别指出的是，在排球运动员运动训练过程中，教练员加大运动员技战术能力培养力度的同时，也要重视技战术能力培养，积极开展一般智力水平测试，把运动员心智技能培养摆在重要位置，重视运动员的智力测评与智力提升。

第七章 排球运动技术、战术教学与科学训练

本章主要介绍排球运动技术、战术教学与科学训练指导，从五个方面进行了阐述，分别是排球运动无球技术的科学训练、排球运动有球技术的科学训练、排球运动的战术、排球运动进攻战术的科学训练、排球运动防守战术的科学训练。

第一节 排球运动无球技术的科学训练

一、准备姿势

（一）技术分析

发展到现在，排球运动场上技术运用的准备动作姿势主要有三种，运动员可结合来球情况和所要实施的技术选择最合理的一种准备姿势，这三种姿势都是高校排球运动教学与训练中大学生应该掌握的。这三种准备姿势具体如下：

1. 稍蹲准备姿势

稍蹲准备姿势是一种身体重心较高的提前身体准备姿势，是一种在排球运动场上不需要快速移动的技术准备姿势。

稍蹲姿势要求运动员两脚左右分开，脚间距略大于肩宽，双屈膝，脚尖内收，脚跟稍提，两臂自然屈肘，目视来球。

2. 半蹲准备姿势

在排球运动中，半蹲准备姿势多用于接发球、拦网和各种传球。

半蹲姿势做击球准备时，运动员应两脚左右开立，也可一脚稍前一脚稍后，脚间距略大于肩宽，脚尖内收，脚跟稍提，屈膝 $100°\sim110°$，以便随时蹬地起动；上体稍前倾，两臂自然屈肘，目视来球。

3. 低蹲准备姿势

低蹲准备姿势是排球运动中一种较为被动的准备姿势，多用于防守和各种保护动作。

低蹲准备时，运动员应注意对于身体重心的把控，应做到重心要低，两脚左右开立，也可一脚稍前一脚稍后，脚间距大于肩宽，脚尖内收，脚跟稍提，身体前倾，肩肘的垂直线过膝，膝部的垂直线过脚尖，目视来球。

（二）教学程序

（1）教学讲解：明确运用目的、作用、动作方法等。

（2）教学示范：结合教学讲解，正确、形象、生动示范技术动作姿势。

（3）组织练习：由原地做准备姿势过渡到移动中做准备姿势。

（4）纠错、总结：根据学生所呈现的动作指导学生改正错误认知与习惯，并总结课堂重点。

（三）训练方法

（1）徒手模仿。

（2）慢跑中根据信号迅速转身180°做准备姿势。

（3）两人一组，一人做上举、平举、放下的手势，另一人根据既定手势做相应的直立、半蹲、摸地动作。

二、移动技术

（一）技术分析

移动技术是排球运动的各种击球技术动作实施的重要基础，没有移动，排球运动参与者就只能原地击球，那么整个排球运动就不复存在了。

高校排球移动技术教学与训练内容如下：

1. 起动

起动是移动的开始，起动时，学生先降低重心，收腹，上体前（侧）倾，两脚瞬间迅速、有力蹬地，提重心、身体前倾，快速向前位移，双手配合身体摆动。

2. 移动

（1）并步

并步是短距离内脚步的并列移动，移动前，两脚应前后站立，与肩同宽，两膝微屈，上体稍前倾，两手自然放松置于腰腹；并步时，前脚向来球方向跨出一步，后脚随后迅速蹬地跟上，并做好击球前的姿势。

（2）滑步

滑步是连续的并步移动，排球运动中，如果来球较远，需要依靠滑步接近球。

侧横滑步：两脚并立或开立，根据对手或球的移动方向，连续向一侧进行快速的、连续的跨步移动，接近来球。

前滑步：上体前倾，快速向前、连续开立跨步移动。

后滑步：与前滑步动作相同，方向相反。

（3）滑跳步

滑跳步，又称碎步，步幅小、频率快、防守面大。

滑跳时，学生屈膝，使重心下降，上体前倾，一脚连续蹬地，两脚小步幅、快频率地向移动方向滑动。

（4）跨步

跨步是排球运动的一种简单移动技术方法。移动时一脚为中枢脚，另一脚跨出。

同侧跨步：屈膝，一脚做中枢脚蹬地，另一脚向移动方向跨出，跨出后重心移至跨出的脚。

异侧跨步：屈膝，一脚做中枢脚蹬地，另一脚向与脚相反的方向跨出，跨出后，重心移至中枢脚。

（5）跨跳步

跨跳步是在跨步基础上的更远距离的移动技术方法。

在排球运动中，如果来球较远，跨步仍不能接近，学生应先用后脚向来球方向蹬离地面，腾空，前脚落地，迅速屈膝，后脚及时跟上，降低重心，近球击出。

（6）交叉步

交叉步是运动员上体稍倾向来球方向，远侧脚从近侧脚前面沿来球方向交叉迈出一步的移动步法。其特点是步子大、动作快、制动强。当来球在体侧3米左右时采用。

（7）转身

屈膝，上体稍前倾。重心在两脚间，前脚碾地，移动脚用力蹬地，上体随移动脚的蹬转改变身体方向，碾地脚向移动方向跨出，并支撑身体，另一脚随即跟上或继续向移动方向迈出。

（8）跑

跑是一种快速移动，当来球距身体较远时可采用跑步移动接近球。

变速跑：利用速度变化快速移动脚步。

变向跑：跑进中，突然用与移动方向相反方向的脚用力蹬地，屈膝。

扣脚尖：腰部向移动方向转动，另一脚大步向移动方向跨出。

侧身跑：脚尖对准跑动方向，身体向移动方向倾斜，双脚迅速向移动方向迈进。

3. 制动

制动是移动技术的结束，是由移动转为静止的过程。排球运动中运动者从移动状态过渡到静止状态可采用以下两种制动方法：

（1）一步制动

移动的最后阶段，跨出一大步，降低重心，膝和脚尖适当内转，用全脚掌横向蹬地，以抵住身体重心继续向前移动的惯性力，同时以腰腹力量带动上体，使身体重心的垂直线停落在脚的支撑面以内。

（2）两步制动

移动的倒数第二步做第一次制动，紧接着跨出最后一步做第二次制动，同时身体后倾，两膝弯曲，重心下降，双脚用力蹬地制动。

（二）教学程序

（1）教学讲解：教师讲解移动的目的、作用、种类、动作方法与准备姿势的关系等。

（2）教学示范：教师边教学讲解边教学示范，正确、形象、生动地示范技术动作姿势。

（3）组织练习：教师制订练习计划。由徒手练习到结合球练习，再结合其他基本技术练习。

（4）纠错、总结：教师针对课堂内容和学生的训练情况帮助学生改正错误，总结经验。

(三）训练方法

（1）看或听信号后做变向移动。

（2）看或听信号做前进和后退的练习。

（3）采用滑步从排球场地一边移动到另一边。

（4）向上抛球，在球没有落地之前从球下钻过。

（5）从场地一端的端线，跑向另一端的端线，在中途的几个标志点进行转身跑。

（6）两人一组，面对面半蹲站立，双手互拉，一人向各个方向移动，另一人跟着做。

（7）两人一组，一人不同向抛两球，另一人移动接球并抛回。

（8）三人一组，绕三角障碍物任意跑动，一人追，两人跑。

（9）六人一组，平行站在端线处原地跑，看或听信号冲刺跑。

第二节　排球运动有球技术的科学训练

一、发球技术

发球技术的实施是排球运动对抗的开始，发球技术不受对方因素的干扰，运动者可结合自身的排球运动技战术意图来选择相应的发球技术。在发球技术实施过程中，排球运动员享有最大的自由权。

（一）技术分析

高校排球运动技术教学与训练中，大学生应掌握如下几种排球发球技术方法：

1. 正面上手发球

（1）技术特点

正面上手击球力量大、速度快、弧线平、击球快、落点准确，是排球运动参与者最常用的排球发球技术。

（2）技术动作

发球前，学生两脚前后开立，以左脚在前、左手持球为例，左手腹前持球，准备抛球发力。

发球时，学生左手（或双手）平稳抛球至右肩前上方，右臂屈肘后引，肘与肩平，手掌呈勺，上体右转，抬头，挺胸，展腹，重心移至后脚。

击球时，学生两脚蹬地，上体快速左转，含胸、收腹、上挥右臂，全手掌击球的后中下部。

击球后，学生迅速入场，投入下次击球准备。

2. 正面下手发球

（1）技术特点

正面下手击球失误少，准确率高，但球速慢，力量小，攻击性差，适用于初学者。

（2）技术动作

发球前，学生面对球网，两脚前后开立，左脚在前，两膝稍弯，上体前倾，左手持球于腹前下方。

发球时，学生体前右侧腹前抛球，离左手高度30厘米左右，右臂伸直右下摆。

击球时，学生右脚蹬地，右直臂，以肩为轴，由后下方向前上挥摆，体前右侧以全掌或掌根击球的后下方。

击球后，学生重心跟进前移，迅速入场。

3. 侧面下手发球

（1）技术特点

动作简单，借助腰腹转动发力，发球稳定性较大，攻击性小，适用于排球初学者。

（2）技术动作

发球前，学生左肩对球网，屈膝，上体前倾，重心居中，左手腹前持球。

发球时，学生腹前低抛球，球至腹前离身体约一臂之距，离左手高度30厘米左右，右臂伸直右后下摆，右转体。

击球时，学生右脚蹬地发力，左转体，重心移至左腿，右臂上摆，在腹前用全掌或掌根击球的后下方。

击球后，学生迅速入场。

4. 发飘球

（1）技术特点

发飘球，球在空中不旋转，但不规则晃动，威力大，难以判断飞行路线和落点。

（2）技术动作

①正面上手发飘球

学生面对球网，前后开立，左脚在前，左手持球；抛球比正面上手发球高度稍低、稍朝前，上体左转、后仰，挺胸、展腹、举臂后振蓄力；下甩臂、收腹、含胸，五指并拢，用掌下 1/3 部位击球中下部，作用力通过球的重心。

②勾手发飘球

学生左侧对球网，自然开立，左手头前上平稳抛球，右手随上体右转右下摆，蹬地转体，挺胸、展腹，手臂从后下方经上前挥，用掌根、虎口击球中下部，不屈腕。

5.跳发球

（1）技术特点

跳发球，利用弹跳高击球，击球点高，攻击性强，难度大、体力消耗大。

（2）技术动作

发球前，距端线 3~4 米，面对球网，右手或双手持球。

发球时，抛球至右肩前上方 2 米左右，落点在端线附近，抛球后，迅速 2—3 步助跑起跳。

击球时，收腹、转体、起跳、挥臂，两臂积极协调大幅拱动，击球动作与正面扣球动作相似。

击球后，双脚落地，屈膝缓冲，迅速入场。

（二）教学程序

（1）教学讲解：教师要详细讲解各发球技术动作环节、动作要点，解析不同发球技术适用情况、作用，明确发球技术的抛球、击球、手法三要素。

（2）教学示范：教师应结合讲解对各发球技术动作进行完整、分解示范。

（3）组织练习：由徒手练习到结合球练习，由近距离到远距离发球练习，由不结合网到结合网练习，由技术性发球到战术性发球。

（4）教学评价与纠错、改进、总结。

（三）训练方法

（1）徒手模仿发球练习。

（2）不离手的抛球练习。

（3）不实击球做引臂和摆臂击球练习。

（4）自抛高度固定的球的练习。

（5）反复进行目标掷准练习。

（6）对墙发球，逐渐拉大与墙的距离。

（7）两人一组，分别站在边线两侧对发球。

（8）两人一组，各距网 6 米发球，逐渐拉大距离。

（9）两人一组，在固定击球高度击球，体会击球点位置和挥臂动作。

（10）4 对 4 或 6 对 6 集体发球质量竞赛练习。根据发球质量，攻击性强得 2 分，一般得 1 分，失误得 0 分，分数高的队获胜。

二、传球技术

（一）技术分析

排球传球技术旨在将球传给同伴，由同伴再击球进攻或防守。高校排球运动教学中，大学生应掌握以下几种常见的传球技术：

1. 正传球

（1）技术特点

准确性高、稳定性高，动作容易协调配合，变化多端。

（2）技术动作

以正面双手传球为例，技术动作解析如下：

传球前，稍蹲准备，看准来球，快速移动接近来球。

传球时，上体稍挺起，蹬地、伸膝、伸臂迎球，在球近额时，双手张开呈半球形触球，双手拇指相对，呈"一"或"八"字形。

2. 侧传球

（1）技术特点

侧向传出来球，传球面积较大，但方向控制和球的飞行路线控制有一定难度。

（2）技术动作

传球前，迎球动作、手形均与正传球相同。

传球时，出球方向一侧的手臂低一些，另一侧手臂稍高，击球时，蹬地、侧转体，伸臂，从脸前或稍偏位置击球传出。

3. 背传球

（1）技术特点

背传球，即向身体背后方传球，难度大，但可出其不意、迷惑对方。

（2）技术动作

传球前，学生稍蹲姿势准备，背对目标，上体后仰，击球手法与正传相同。

传球时，击球点在额前、稍向头上方；展腹、伸肘、蹬腿，手腕后仰，掌心向上，击球上部，拇指托球后挑；手触球后，手腕后翻。

4. 跳传球

（1）技术特点

跳传球，跳起在空中击球传出，击球点高、方向多变，击球方式灵活，可单手或双手击球、可原地跳、助跑跳、单脚跳、双脚跳。

（2）技术动作

以原地起跳双手跳传为例，学生看准来球，双脚蹬地、双臂上摆，在身体升至空中最高点时快速伸臂，主动屈指、屈腕，以手指、手腕弹力击球传出。

（二）教学程序

（1）教学讲解：教师讲解传球技术的动作方法、技术要领、特点、运用时机及其在比赛中的地位与作用。

（2）教学示范：教师先完整示范，再分解示范各传球技术的动作细节和动作要领，尤其重视击球时的手形动作示范。

（3）组织练习：先徒手练习，再结合球练习。

（4）纠错、总结。

（三）训练方法

1. 原地传球

（1）徒手模仿练习。

（2）对地传球：蹲姿，约 15 厘米高度对地连续传球。

（3）对墙传球：距墙 3 米，连续传球击墙上目标。

（4）自抛自传：由胸前垂直向上抛球，抛球高度约 1 米，准备自传；当球下落时，手指、手腕保持弹性将球弹起，连续向上自传。

（5）抛传球：抛—传或一抛一接，体会手型。

（6）传接球：两人一组，做好传球的手形，接同伴抛来的球，体会传球手形。

（7）传击球：两人一组，相互传击球，不限动作和击球次数。

（8）互抛互接：两人一组，于额前上方抛击球或互接球，相互纠正手型。

（9）传固定球：两人一组，一人持球做额前推送传球的动作，另一人单手压球，体会传球手形和身体协调用力。

（10）固定距离对传球：两人一组，相距3～5米，连续对传球。

2. 移动传球

（1）行进间自传球：从端线出发，自传行进到网前，从边线外返回。

（2）行进间对传球：两人一组，从端线出发，对传并行进到网前，从边线外返回。

（3）移动后传球：两人一组，由同伴抛任意球，练习者移动后传球。

（4）三人三角传球：三人一组，各相距3米呈三角形进行传球练习。

（5）横向移动换位传接球：四人一组，各相距4～5米，呈"口"字形，横向移动换位接球。

（6）多人跑动三角传球：三队人员，站成三角，两人的点先传球，传完球后随传球路线跑到下一点，循环进行。

三、垫球技术

（一）技术分析

垫球是利用身体与球接触时，通过球施加于身体后身体给予球的反弹力将球击出的技术。

垫球是通过手臂或身体其他部位由球的下方向上，将来球垫击反弹出去的击球动作。垫球是排球比赛中防守的基础，多用于接发球、接扣球、接拦回球及处理各种困难球，是运动员争取得分的重要技术，主要有以下几种垫球方式：

1. 正面双手垫球

（1）技术特点

正面双手垫球属于防守技术，可弥补传球不足、辅佐进攻、变被动为主动，准确率高，容易控制落点。

（2）技术动作

击球的手形有三种，即抱拳式、叠掌式和互靠式；击球时，以前臂桡骨内侧平面触球。

根据来球力度，包括以下三种击球方法：

①垫轻球

学生半蹲或稍蹲准备，看准来球，蹬地、跟腰、提肩，当球距腹前约一臂时，两臂夹紧，插入球下、顶肘、抬臂、压腕，击球后下部，抬臂送球。

②垫中等力量球

学生半蹲或稍蹲准备，迎球速度要慢，手臂放松，蹬地、跟腰、提肩、伸臂、压腕，在腹前击球后下部，抬臂送球。

③垫重球

学生半蹲或低蹲准备，看准来球，含胸、收腹，手臂随球屈肘后撤，缓冲击球力量，垫击球的后下部；击球后，重心协调向前，抬臂送球。

2. 正面单手垫球

（1）技术特点

使用正面单手垫球技术时，球员手臂伸得远，击球范围大，动作快，但触球面积小，较难控球。

（2）技术动作

学生看准来球，积极移动，右脚跨一大步，身体向右倾斜，右臂伸直。自后下方向前上方摆动，用前臂内侧、掌根、虎口或手背击球的后下部。

3. 体侧垫球

（1）技术特点

防守范围大是体侧垫球的重要技术特点，但它不易控制方向、弧线和落点。

（2）技术动作

以左侧来球为例，学生看准来球，右脚蹬地，左脚左大步跨出，重心左移，单臂或双臂伸出迎球,挺腰收腹,击球的后下部。

4. 背向垫球

(1) 技术特点

背向垫球击球点高,且不宜观察目标、控球性差。

(2) 技术动作

以两臂背向垫球为例,学生看准来球,球飞过身体时,两臂夹紧伸直,插到球下,蹬地、抬头、挺胸、展腹、上体后仰,两臂向上摆,击球的前下部。

5. 跨步垫球

(1) 技术特点

跨步垫球要求球员动作快、控制范围大、但击球面积小,较难控制击球方向。

(2) 技术动作

学生看准来球,积极移动,大跨步接近球,屈膝深蹲,上体前倾,两前臂伸直,击球的后下部,将球垫起。

6. 低姿垫球

(1) 技术特点

低姿垫球便于控球,适用于应对来球低、速度快、接近身体的球。

(2) 技术动作

①低蹲垫球

以双手垫球为例,学生看准来球,准确判断落地点,快速移动身体迎球,降低重心,前腿屈膝外展,后腿蹬伸,两臂贴近地面插入球下,将球垫起。

②半跪垫球

学生看准来球,准确判断落地点,快速移动身体迎球,在低蹲垫球的基础上继续前移重心,前压上体,塌腰、塌肩,后腿膝内侧和脚弓内侧着地支撑,两臂贴地插入球下,翘腕垫球。

③全跪垫球

学生看准来球,准确判断落地,快速移动身体迎球,在半跪垫球方法的基础上前压上体,两膝垂直投影超过脚尖,膝内侧跪地支撑;两臂插入球下,以小臂、虎口或翘腕动作将球垫起。

7. 前扑垫球

（1）技术特点

前扑垫球防守控制范围大、应用广、易掌握。

（2）技术动作

①较近来球

学生看准来球，半蹲准备，上体前倾，前脚掌蹬地，身体向来球伸展扑出，双臂直伸插入球下，提肩、抬臂，将球垫起。

②较远来球

学生看准来球，如果双手不能触到球，可单臂前扑垫球。手臂前伸，用手背、虎口或小臂击球下方，另一手屈肘撑地，击球后击球手侧胸腹着地滑行。

8. 鱼跃垫球

（1）技术特点

在排球运动中，鱼跃垫球多用于当来球较低、较远、来不及移动到来球落点时。鱼跃垫球的特点是控制范围大，动作难掌握，对运动员的灵敏素质要求较高。

（2）技术动作

学生看准来球，半蹲准备，积极移动，前移动重心，判断好来球的落点，前脚掌用力蹬地，采用一至两步助跑或原地跃出，充分伸展身体、前伸手臂，用手背、虎口或前臂将球垫起；击球后双手在体前着地支撑，屈肘缓冲。

9. 挡球

（1）技术特点

挡球击球力量大，球的可控性强，可应对高度高、速度快、力量大的来球。

（2）技术动作

①单手挡球

学生看准来球，积极移动，主动伸臂，在头部上方或侧上方用力击球。

②双手挡球

学生看准来球，手臂上举，屈肘、肘部朝前，手腕后伸，在脸额或两肩的前上方，以手掌外侧和掌根所组成的平面挡击球的后下部，将球向前上方挡起。

（二）教学程序

（1）教学讲解：教师准确、全面讲解垫球技术动作方法、技术要领及比赛应用。

（2）教学示范：教师先完整、后分解示范，并做好各个角度和侧面的技术动作示范，同时注重垫球手型动作的示范。

（3）组织练习：由徒手练习过渡到结合球的练习，再结合其他技术进行练习。

（4）客观评价学生练习，并指出不足和改进方法，进行教学总结。

（三）训练方法

（1）听或看口令做正面双手垫球模仿练习。

（2）自抛自垫球。

（3）连续对墙垫球，逐渐拉长与墙距离。

（4）垫固定球：两人一组，一人抛球，一人垫球，体会击球动作。

（5）移动垫球：两人一组，在移动中垫回同伴的抛球。

（6）垫抛球：两人一组，一人抛球，一人垫球。

（7）对垫球：两人一组，隔网或不隔网对垫球。

（8）发球和垫球结合练习：两人一组，相距4~6米，一人发球一人垫球。

（9）三人一组，三角连续垫球练习。

（10）三人一组，隔网站立，一发二接。要求每人负责一条线，一个区。

（11）四人一组，一发三接，要求同上。

四、扣球技术

（一）技术分析

1. 正面扣球

（1）技术特点

正面扣球的击球准确性较高，可随时改变扣球路线、力量和落点。

（2）技术动作

①正面扣高球

扣球前，稍蹲准备，助跑，两臂从体侧向后引，积极上摆，双腿蹬地起跳；挺胸、展腹，上体稍向右转，右臂后上扇臂抬起，身体呈反弓形。

扣球时，收腹发力，带动肩、肘、腕各部位呈鞭打动作向前上挥臂，五指微张成为形，以全手掌包满击球的后中部，扣球后，前脚掌先着地，屈膝缓冲。

②单脚起跳扣球

助跑的最后一步以单脚踏地、另一只脚积极前上摆动起跳，比双脚起跳冲得更远，跳得更高。跳起后，扣球动作与正面扣球基本相似。

③双脚冲跳扣球

助跑动作基本同正面扣球。两步助跑，助跑最后一步踏跳时，双脚用力蹬地，身体迅速腾起、抬头、挺胸、展腹、弓背；击球时，快速收腹，挥臂，手腕推压，击球的后中部。

2.勾手扣球

（1）技术特点

勾手扣球可很好地改变球的方向，力量大，可直接过网得分。

（2）技术动作

起跳前，动作基本同正面扣球；跳起后，上体后仰或右转，右肩下沉，挺胸、展腹，手臂伸直，掌心向上，手张呈勺形。

击球时，转体、收腹，直臂由下经体侧向上划弧，头前上方用全手掌击球后中部。

（二）教学程序

（1）教学讲解：教师通过教学讲解让学生明确扣球技术的概念、要领、特点、作用等。

（2）教学示范：教师先完整、后分解教学示范，明确各个动作环节的细节。最后再进行完整技术动作示范，使学生能观察和掌握正确的扣球技术动作定型。

（3）组织练习：学生先进行挥臂击球与起跳练习，再练习扣定点球和扣一般弧度球。

（4）教学评价、纠错、总结。

（三）训练方法

（1）徒手模仿扣球挥臂，体会鞭打动作。

（2）一手持哑铃做负重挥臂，增加手臂扣球力量。

（3）原地快速挥臂，打固定目标物，提高扣球准确性。

（4）原地起跳摆臂、二步起跳摆臂练习，提高弹跳与挥臂的动作协调性。

（5）原地起跑，由站立开始，屈膝下蹲同时两臂由前向后摆动。

（6）向不同方向的跨跳练习。

（7）慢跑，两步助跑起跳，再慢跑，再起跳。反复进行。

（8）原地自抛扣球练习。

（9）连续对墙扣反弹球。

（10）助跑自抛扣球练习。

（11）扣固定球练习：两人一组，一人双手头上持球，另一人扣固定球。

（12）扣反弹球练习：两人一组，对地扣反弹球。

（13）助跑扣球练习：两人一组，一人抛球，另一人助跑扣球。

（14）三对三防、调、扣对抗。

（15）四对四或六对六攻防练习。要求只准扣远网球。

五、拦网技术

（一）技术分析

排球运动中，运动员用腰部以上位置在近网拦截对方击球过网，即为拦网技术。

1. 单人拦网

（1）技术特点

单人拦网起跳灵活、防守快速，但防守面积较小。

（2）技术动作

面对球网，距网30～40厘米；密切观察场上情况，积极移动，屈膝，蹬地起跳；腾空后，两手从额前平行于球网向上伸出，直臂、提肩、两臂平行；两手接近球，自然张开，呈勺形；手腕用力盖球的前上方。

2. 双人拦网

（1）技术特点

双人拦网的拦网范围较大，但容易漏拦网或相互干扰。

（2）技术动作

以一人为主拦队员，另一人为配合队员，一般距扣球点近的队员为主拦队员，拦网技术动作基本同单人拦网。

需要特别指出的是，学生应合理控制与同伴间的距离，避免距离太远出现"空门"，避免距离太近互相干扰起跳，避免打手出界。

3. 三人拦网

（1）技术特点

三人拦网的拦网范围大，可强势反攻，但容易相互干扰。

（2）技术动作

以三人中位于中间的队员为主进行拦网，主拦网队员积极起跳，拦网技术动作同单人拦网，两侧队员迅速移动、及时起跳，积极配合同伴拦网。

（二）教学程序

（1）教学讲解：教师讲解拦网技术的动作方法、技术要领、运用时机、实施作用。

（2）教学示范：教师完整示范与分解示范相结合，可让学生观看图片和影像演示。

（3）组织学生进行单人拦网、双人拦网以及三人拦网练习。

（4）教学评价与总结。

（三）训练方法

（1）徒手原地起跳拦网。

（2）原地或对墙做伸臂，体会拦网手型。

（3）移动起跳拦网。

（4）两人一组，原地起跳配合拦网。

（5）两人一组，移动后起跳配合拦网。

（6）两人一组，一人自抛自扣，另一人拦网。

（7）两人一组，网边移动隔网起跳拍手。

（8）两人隔网一扣一拦。要求扣球准确，拦网不起跳。

（9）两人一组，一人主动，一人被动在网前移动拦网。

第三节 排球运动的战术

一、排球战术的概念与分类

（一）排球战术的概念

运动战术是运动者在运动训练和比赛过程中运用技术和身体之长，遏制对方，夺得胜利的策略和方法。

在排球运动中，运动员的良好运动实战表现建立在熟悉对方情况或临场变化的基础之上。在此基础上，运动员结合场上情况采取符合排球运动规律的技术组合或有预见、有目的、有组织的统一行动，即为排球战术。

（二）排球战术的分类

排球运动历史悠久，发展到今天，已经形成了丰富的战术内容体系。结合不同的分类依据，可以对排球战术进行不同的分类。具体如下：

1. 根据战术的人数分类

根据战术参与人数，排球战术可分为个人战术和集体战术（图 7-3-1）。

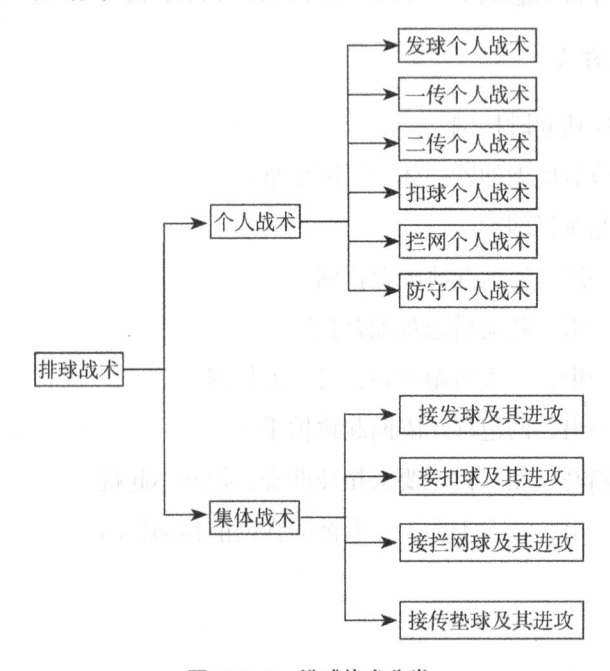

图 7-3-1 排球战术分类

（1）排球个人战术：运动员个人完成战术。

（2）排球集体战术：两个或两个以上运动员配合完成。

2. 根据战术的组织形式分类

根据组织实施形式，排球战术可分为进攻战术和防守战术（图7-3-2）。

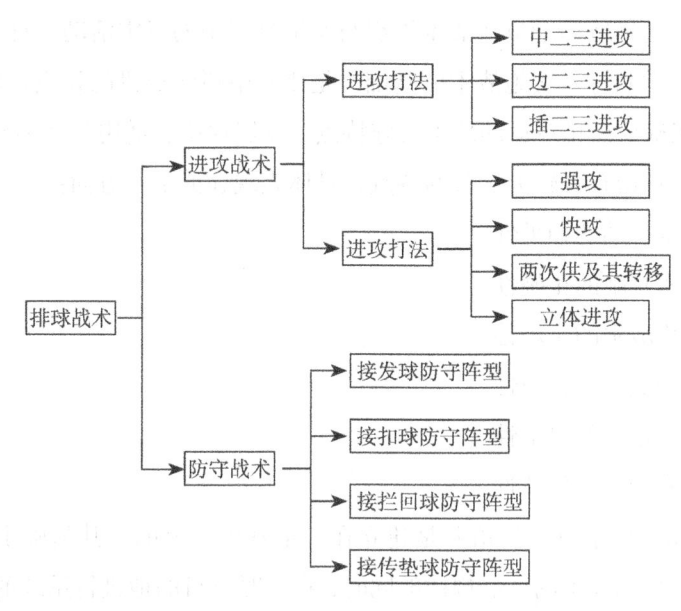

```
排球战术 ┬ 进攻战术 ┬ 进攻打法 ┬ 中二三进攻
        │          │          ├ 边二三进攻
        │          │          └ 插二三进攻
        │          └ 进攻打法 ┬ 强攻
        │                     ├ 快攻
        │                     ├ 两次供及其转移
        │                     └ 立体进攻
        └ 防守战术 ┬ 接发球防守阵型
                   ├ 接扣球防守阵型
                   ├ 接拦回球防守阵型
                   └ 接传垫球防守阵型
```

图7-3-2 排球战术分类

（1）排球进攻战术：主动把控比赛节奏和球权的战术。

（2）排球防守战术：在对方占据比赛优势的情况下，积极、谨慎应对，力避失分的战术。

现代排球比赛中，进攻与防守在赛场上始终存在，并不断转换，二者之间具有非常密切的关系，在比赛过程中相互依存、互为基础、彼此渗透。

3. 根据战术的运用分类

根据战术运用进行分类，排球战术可分为四类，具体如下：

（1）接发球及其进攻（一攻）战术。

（2）接扣球及其进攻（防反）战术。

（3）拦回球及其进攻（保攻）和接传战术。

（4）垫球及其进攻（推攻）战术。

203

二、排球战术的构成与运用

（一）排球战术能力构成

1. 战术意识

战术意识是排球运动员在战术组织与实施过程中的思维活动，良好的战术意识是运动员科学制订、实施战术的基础，是比赛中抓住战机的先决条件，有助于排球运动员正确认识排球运动战术实施特点、发展规律、适用条件和环境。

排球战术意识有着较为显著的特点，具体表现在如下几方面：

（1）战术行动的预见性。

（2）战术判断的正确性。

（3）进攻战术的主动性。

（4）防守战术的积极性。

（5）战术运用的灵活性。

（6）战术配合的集体性。

排球运动员战术意识的培养是建立在一定基础之上的，其基础主要体现在：遵循排球各种技术战术的一般规律的同时，在平时有目的地进行系统的战术练习，并在比赛中不断积累经验，将其应用于实战中，在不断总结、提高的过程中，逐步提高自己对场上情况观察的敏锐性和作出反应的灵敏性。

排球运动实践表明，排球运动员在比赛中越是拥有较强的战术意识，越是能在排球运动比赛中抓住战机，组织行动与对策，与同伴默契配合。

2. 战术指导思想

排球战术指导思想要求在排球运动实践过程中要快、狠、准、活地运用战术，具体分析如下：

（1）快：在排球运动训练和比赛中，运动员应快速判断，迅速反应，起动快，步伐移动快，抢位快，完成击球动作快。

（2）狠：排球战术的实施应做到进攻凌厉，球路多变，以气势和实力击垮对手。

（3）准：排球运动战术实施的"准"要求运动员在快速多变中战术抓得准，掌握技术准确并运用自如，落点准。

（4）活：排球运动场上人员多、人球关系变化快，运动员必须灵活运用战术，只有活用，才能够让对手措手不及，出现失误，此外，战术活用还有助于战术创新，可促进排球运动战术的发展。

3. 战术理论

理论知识对实践具有重要的指导作用。排球运动参与者应掌握丰富的排球运动战术理论相关知识，具体包括以下内容：

（1）战术指导思想、原则。

（2）战术形式、阵型、套路及优缺点。

（3）战术演变、发展。

（4）战术运用对策及范围。

（5）战术运用的前提条件。

（6）规则对排球战术的限制与要求。

（7）排球战术在比赛中的作用。

（8）对于相关情况的理论分析。

4. 战术数量

排球运动发展至今已经形成了庞大的排球战术内容体系，排球运动员应熟悉每一个排球战术的特点效果、适用环境、组织实施。一个优秀的运动员（运动队），必须掌握多种战术，才有可能在复杂多变的排球比赛中灵活运用相应的排球战术来化解比赛危机，这是比赛中提高排球运动员（运动队）应变能力的重要基础。

这里还必须指出的是，在排球运动比赛中，运动员（运动队）对丰富的排球战术的掌握应符合自己特点，能形成绝招，并应重点掌握几个具有良好攻防效果、发展潜力的新的排球战术。

5. 战术质量

高质量的战术指战术熟练、先进、有绝招，不断创新。这是体现运动员战术能力的一个重要标准，也是发挥战术作用的重要前提。排球运动员对于任何战术的实施都应该考虑战术实施的效果和质量问题，不要在比赛中做无谓的身心能量消耗。

（二）排球战术运用

1. 掌握节奏

当代排球比赛对控球权的争夺非常激烈，高水平的排球比赛中，双方都想进攻和阻止对方进攻，但快攻不可能一直存在，排球比赛的节奏总是有快有慢。

在排球战术训练中，运动员必须认识到快攻与快守是掌握节奏的主要方法，是比赛中争夺时间、抢占空间的重要手段，因此，攻守节奏的改变要结合场上情况，该快的时候快，该慢的时候慢，不能一味求快，也不能始终沉浸在较慢的比赛中，要注意比赛节奏快与慢的有机结合，合理转换。

2. 消耗对方

排球运动对运动者的身心能量消耗是非常大的，在排球运动训练和比赛中，当自己觉得疲惫的同时，对手往往也处于相同的状态，这时哪一方能实现自我休息调整并进一步设法消耗对方，则哪一方就能获胜。排球比赛中，通过控制球的落点，最大限度地利用整个场地，把球击到场区的四个角上或离对手最远的地方，这样就能够使对手在每一次回球时体力得到尽可能多的消耗。此外，在争夺一球得失时，也可以通过多拍来调动对手，让对手多跑动、多做无效的杀球。但是，需要注意的是，在消耗对方体力的同时，自己要节省体力和精力，以便于在对手体力不支时，再行进攻。

3. 调动对方

排球运动场地不算大，而且场上各队分别有五名队员，因此，比赛开始时能很好地进行战术分区与保护。对方通常站在场区的中心位置，以便于全面地照顾各个角落。排球比赛中，要使对方击不到球较为困难。但是，可以考虑把对方调离中心位置，然后攻击对方空当，这是排球战术应用的一个不错的选择。

排球运动训练和比赛中，运动员还可以通过重复球或假球动作来将对方的步法打乱，从而让对方身体重心失去控制，来不及还击或延误击球时间进而回球质量差，造成被动局面，自己则抓住有利时机，由被动转为主动。

4. 攻守结合

排球比赛中，进攻与防守不是截然分开的，运动员应在进攻时既要加强渗透和提高传球的威胁性，也要时刻做好应对对方战术的准备，真正做到攻中有守，守中有攻。

第四节　排球运动进攻战术的科学训练

一、排球运动进攻战术教学内容

（一）快攻战术

排球快攻战术是在各种快球及以快攻掩护下，由同伴或本人实施进攻的战术方式。排球快攻战术是高校排球运动战术教学的重要和基础教学内容之一。

1. 快球进攻

二传队员将球传给扣球队员，扣球队员快速挥臂，击球进攻。快球有近体快（A）、短平快（B）、背快（C）、背短平快（D）、背溜（E）等（图7-4-1）。

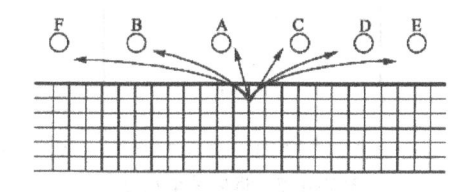

图 7-4-1　快球进攻图示

2. 自我掩护进攻

排球自我掩护进攻战术是指进攻队员运用打各种快球的假动作来掩护自己的第二个实扣进攻的战术，具体包括三种战术方法。通过高校排球运动教学，学生应该熟悉掌握以下三种战术方法的实施技巧与适用情况：

（1）"时间差"进攻。

（2）"位置差"进攻。如短平快前错位（图7-4-2）、近体快前错位（图7-4-3）、近体快后错位（图7-4-4）。

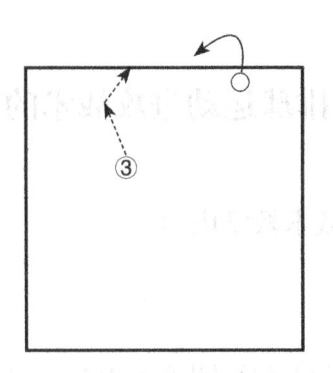

图 7-4-2　短平快前错位

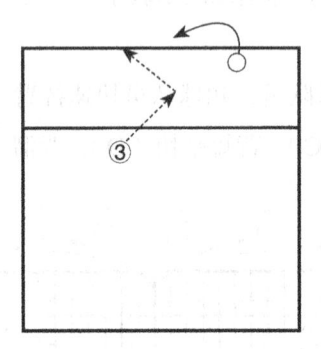

图 7-4-3　近体快前错位

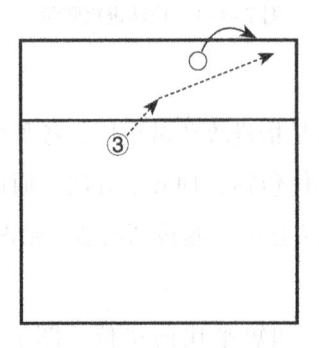

图 7-4-4　近体快后错位

（3）"空间差"进攻，也称空中移位进攻，利用身体在空中的移动，如前飞（图 7-4-5）、背飞（图 7-4-6）、后飞（图 7-4-7）等来迷惑和避开对方。值得一提的是"空间差"是中国排球运动员的创新动作。

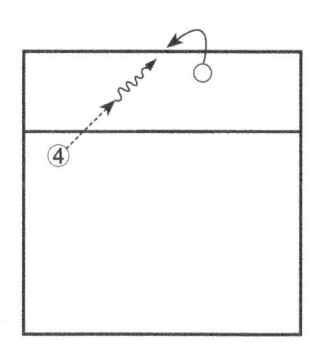

图 7-4-5 前飞

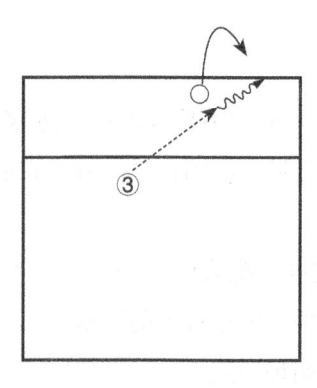

图 7-4-6 背飞

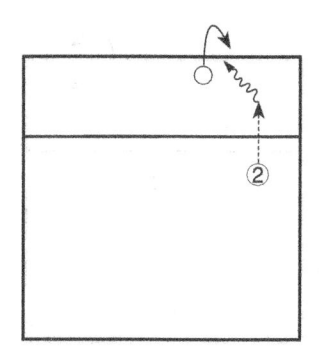

图 7-4-7 后飞

3. 快球掩护进攻

快球掩护进攻是指快攻队员利用各种快球或横向跑动吸引对方拦网，然后给其他队员创造一打一或空网扣球的进攻机会的打法。

排球运动的快球掩护进攻包括以下几种战术打法：

（1）交叉进攻。

（2）夹塞进攻。

（3）梯次进攻。

（4）双快或三快进攻等。

（二）强攻战术

排球强攻战术是指排球运动员直接、果断、直观地猛烈连续进攻，丝毫不掩饰进攻意图，直接强逼对方。该战术适用于实力强劲的运动员（运动队）。

强攻战术方法有如下几种：

1. 集中进攻

在4号位或2号位组织集中的不拉开的高球进攻，或在3号位扣一般高球。集中进攻在排球比赛中比较常见，原因在于该战术简单易操作，但易被反攻。

2. 围绕进攻

围绕进攻是需要与队友进行配合的一种进攻战术方法，在战术实施过程中，队友之间跑动换位，相互掩护，推动战术的实施。

排球围绕进攻包括以下两种形式。

"后围绕"进攻：从二传队员前面绕到后面去扣球（图7-4-8）。

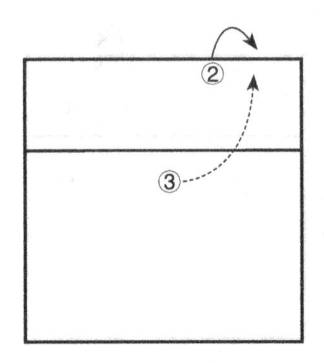

图7-4-8 "后围绕"进攻

"前围绕"进攻：从二传队员后面绕到前面去扣球（图7-4-9）。

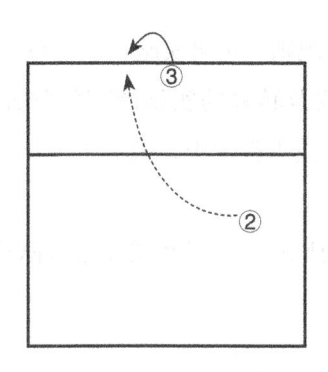

图 7-4-9 "前围绕"进攻

3. 拉开进攻

二传队员将球传到标志杆附近进攻的打法称为拉开进攻。拉开进攻可以扩大攻击面，能有效避开拦网，有利于线路变化和造成打手出界（图 7-4-10）。

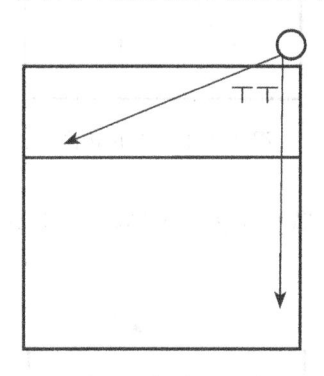

图 7-4-10 拉开进攻

4. 后排进攻

后排进攻，简单来说，就是在后排组织进攻，需要同伴在场地的后排位置相互配合，扣球过网，该战术的实施对扣球运动员的扣球技术有较高要求。

5. 调整进攻

现代排球运动竞争激烈，场上赛况多变，运动员的既定战术在比赛中不一定能得以有效运用，这时就需要对进攻战术及其策略进行调整。

（三）两次攻及转移战术

随着排球运动的不断发展，排球比赛节奏日渐激烈、赛况多变。运动场上，很多时候运动员往往不能在比赛中一举成功，这就需要及时快速采取补救措施，在这种情况下根据排球比赛规则规定可实施二次进攻。

在排球运动中,两次攻及转移的实施能有效弥补第一次进攻的不足,具有非常重要的作用。高校排球战术教学中,大学生应掌握以下两次攻及转移的战术形式:

(1)长传转移:2号位队员跳起长传给4号位队员扣球(图7-4-11)。

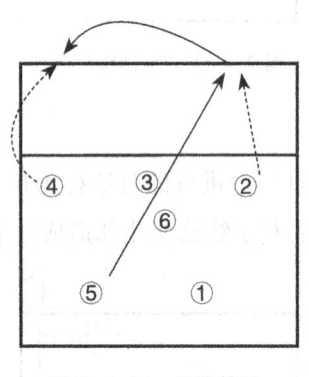

图 7-4-11　长传转移

(2)短传转移:2号位队员跳传低球转移给相邻的队员进攻(图7-4-12)。

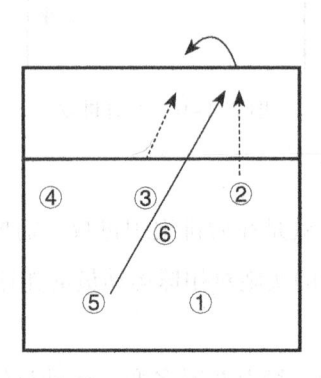

图 7-4-12　短传转移

(3)周绕转移:2号位队员跳起背传低球,转移给围绕到身后的3号位队员,3号位队员扣球(图7-4-13)。

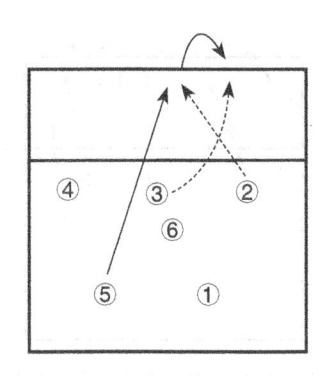

图 7-4-13 周绕转移

(四) 立体进攻战术

立体进攻是指前排与后排、快攻与强攻、时间与空间上的多方位组合进攻，常见战术打法如下：

（1）3 号位队员打短平快，4 号位队员打平拉开，2 号位队员打背溜，5 号位队员从中路，1 号位队员从右翼进行后排进攻（图 7-4-14）。

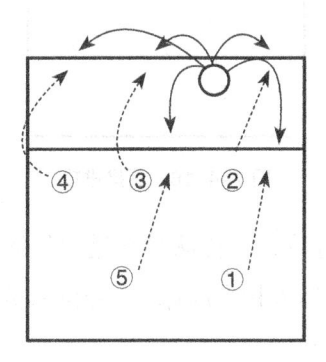

图 7-4-14 从右翼进行后排进攻

（2）3 号位队员打背快球，2 号位队员打背溜，4 号位队员打平拉开，1 号位、5 号位队员在两翼进行后排进攻（图 7-4-15）。

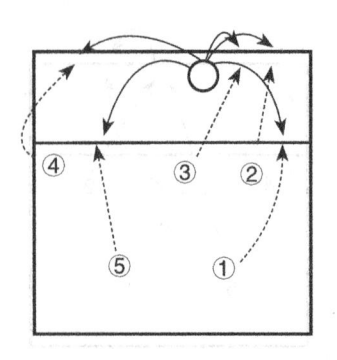

图 7-4-15　在两翼进行后排进攻

（3）6号位队员后排起跳扣快球，4号位梯次进攻，2号位队员扣背快球，1号位、5号位队员后排进攻（图7-4-16）。

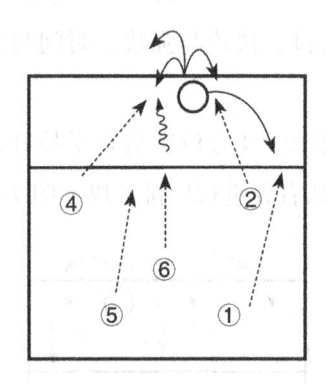

图 7-4-16　后排进攻

（4）"心二传"阵型进攻，二传队员在进攻线附近，3号位队员迅速下撤，扣平拉开，4号位队员突然切入扣半高球，2号位队员扣背短平快，1号位、5号位队员后排扣球（图7-4-17）。

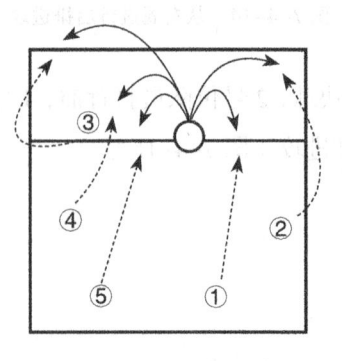

图 7-4-17　后排扣球

（5）1号位、5号位队员扣后排快球，6号位队员交叉进攻，4号位队员扣平拉开，2号位队员扣半高球（图7-4-18）。

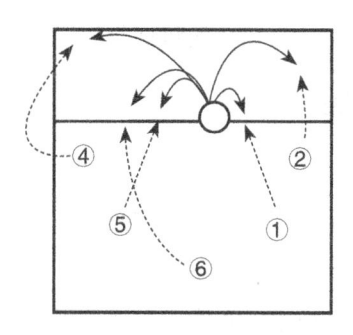

图 7-4-18　扣半高球

二、排球运动进攻战术训练方法

（一）发球战术能力训练

（1）拼发球：两人或多人对抗比赛，进攻方大力发球、跳发球、重飘球。

（2）找点发球：两人或多人对抗比赛，进攻方将球发到对方薄弱区域。

（3）找人发球：两人或多人对抗比赛，进攻方找对方实战能力不足的人发球。

（4）短距离一发一接练习：三人一组，一人发低平球，一人接发球，一人递球，发球速度由慢到快，发二十个球后，三人互换继续练习。

（5）三发三接比赛：六人一组，在排球场上，纵向一分为二，分列两侧，一组站在发球区发球，另一组接发球，二十个球后，两组交换继续练习。

（二）一传战术能力训练

（1）配合传球练习：将一传球垫或传到二传队员头上，弧度稍高，便于二传。

（2）强攻练习：一传弧度宜高，以便同伴调整传球。

（3）快攻练习：一传弧度较平，速度稍快。

（4）两次球战术练习：一传弧度要高，落点靠近网口，便于二次进攻。

（三）二传战术能力训练

（1）分球练习：根据运动员特点和布局分球，配合进行传球攻防练习。

（2）时间差、空间差练习：在对方的拦网过程中，充分利用技术实施的时间、空间差，致使对方战术失败，为我方创造进一步进攻或者反攻的机会。

（3）打空当：根据对方站位，突然将球打入对方空当，使其无法及时救球。

（四）扣球战术能力训练

1. 变化扣球线路

（1）直线和斜线相结合，长线与短线相结合；直线助跑扣斜线球；斜线助跑扣直线球等。

（2）突然扣向对方防守技术差和意志不顽强的队员。

（3）突然扣向对方空当和防守薄弱的区域等。

2. 变化扣球动作

（1）多球反复转体、转腕扣球练习。

（2）用高点扣球，从拦网人手上突破。

（3）正面扣球变为勾手扣球，攻其不备。

（4）利用"时间差""位置差""空间差"晃开对方拦网。

3. 避开拦网队员的手

（1）扣球路线变化练习。

（2）远近网扣球练习。

（3）扣吊结合的击球练习。

（4）扣球时间差判断与练习：提早或延迟时间击球。

（5）两次球练习：阻止对方形成双人拦网。

4. 造成对方失误

（1）打手出界。

（2）轻扣球触及拦网队员的手，使球随拦网队员一同下落。

（3）平打，造成对方拦网触手后落入后区或出界。

（4）反复吊球练习，争取落在对方网前。

（五）拦网战术能力训练

（1）改变拦网手位置：直线改斜线或斜线改直线。

（2）制造假象，引诱对方，然后封锁对方。

（3）造成对方犯规：发现对方要打手出界时，及时将手撤回，使对方出界犯规。

第五节　排球运动防守战术的科学训练

一、排球运动防守战术教学内容

（一）接发球防守战术

1. 接发球战术要求

（1）准确判断

在体育运动训练和比赛场上，准确判断是实施技战术的重要前提。如果运动者不能准确判断场上赛况并准确预期场上人、球变化，就不能对接下来的技战术实施作出准确的决策，则再优秀的运动员、再优秀的技战术的实施都是毫无成效的。因此，运动员接发球前，一定要准确判断。

（2）合理选位

在组成接发球阵型时，运动员应以前排靠近边线的队员为基准进行合理取位，尽量扩大横向防守面积，同排队员之间保持适当距离，同列队员之间不要重叠站位，避免相互影响。

如图7-5-1所示，在排球运动比赛中，注意不要站A、B两个区域，2、4号位队员的站位距边线一米左右。

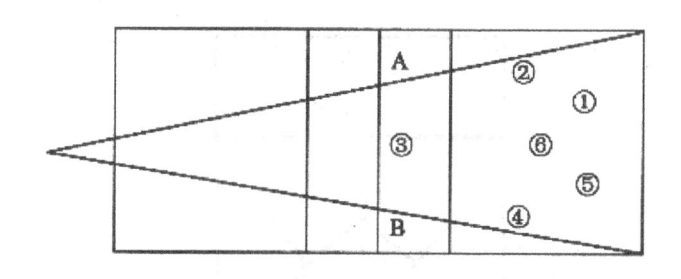

图7-5-1　合理选位

(3) 分工与配合

分工与配合，要求同伴之间有良好的默契，一般来说是前排队员与后排队员之间的配合，如果球落在三人之间，先喊的队员优先接球，前排优先接球（图7-5-2）。

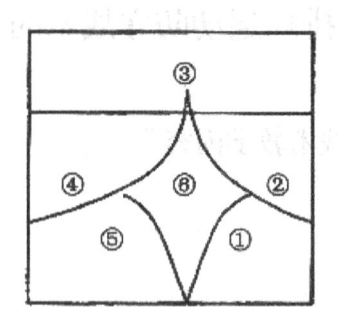

图 7-5-2 分工与配合

(4) 接发球的保护

排球比赛中，运动员应了解排球场上的基本站位、位置的轮换，了解五人接发球的阵型和战术组织与实施，加强接发球的保护意识，避免无人接球。

2. 接发球的阵型

排球运动的战术阵型是战术实施的重要基础，就排球运动接发球战术阵型来说，不同的战术阵型适用于不同的战术实施，具有不同的战术威力。根据接发球战术组织和实施的参与人数，可将排球运动接发球战术分为以下几类：

(1) 五人接发球阵型

"一三二"阵型，又称"W"阵型、"中、边一二"阵型，网前三名队员，后排两名队员（图7-5-3）。该阵型优点是职责分明，缺点是不利于接边角来球。

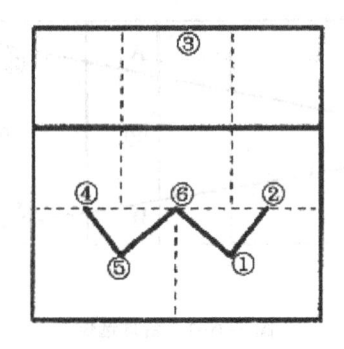

图 7-5-3 "一三二"阵型

"一二一二"阵型,又称"米"阵型,网前两名队员,场地中间一名队员,场后区两名队员,五人呈"米"字分布在场地上(图7-5-4)。该阵型的优点是可直接落地分散弧度高、速度慢的下沉球,缺点是不利于接场地两腰及后区来球。

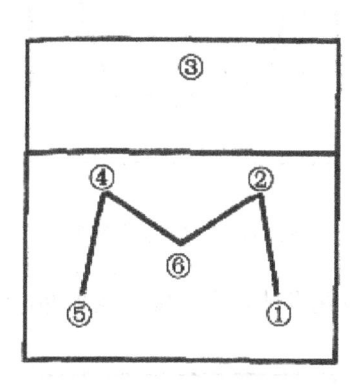

图7-5-4 "一二一二"阵型

(2)四人接发球阵型

"浅盆"阵型:接对方落点靠后、速度平快的发球(图7-5-5)。

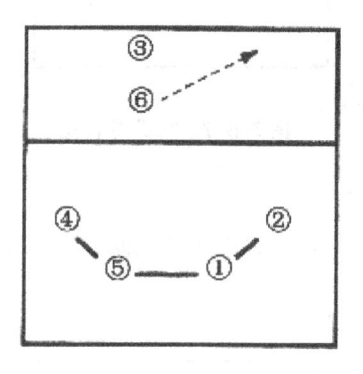

图7-5-5 "浅盆"阵型

"深盆"阵型:如对方发下沉飘球或长距离远飘球,落点有前有后,则可以站成深盆形站位(图7-5-6)。

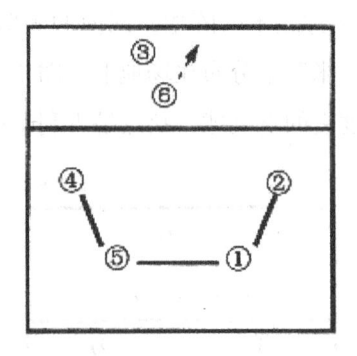

图 7-5-6 "深盆"阵型

"一"字阵型：接对方跳发球、大力发球及平冲球（图 7-5-7）

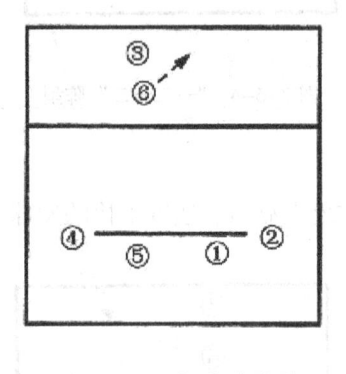

图 7-5-7 "一"字阵型

（3）三人接发球阵型

"前一后二"阵型：由一名前排队员和两名后排队员担负全场的接发球（图 7-5-8）。

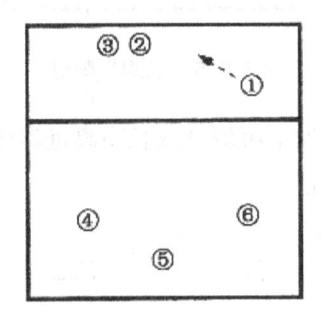

图 7-5-8 "前一后二"阵型

"后三"阵型：后排三名队员担负全场的接发球（图7-5-9）。

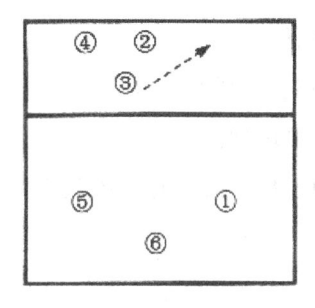

图 7-5-9 "后三"阵型

（4）二人接发球阵型

"后二"阵型：后排两名队员负责接发球，另一名队员负责进攻（图7-5-10）。

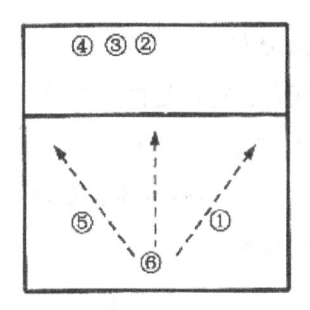

图 7-5-10 "后二"阵型

专人接发球阵型：保持两名接发球的队员接发球，采用"心二传"阵型，1号位队员专门实施进攻（图7-5-11）。

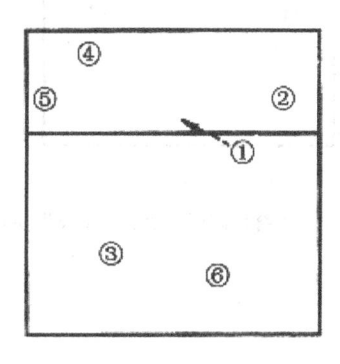

图 7-5-11 专人接发球阵型

（二）接传、垫球防守战术

（1）观察对方，判断落点。

（2）二传队员及时"插上"，其他队员补位。

（3）接球队员确保传、垫球到位。

（4）优先选择"中、边二传"或"心二传"阵型。

（三）接扣球防守战术

1. 接扣球防守战术环节

（1）拦网

人盯人拦网战术：负责拦网的排球运动员每个人都有固定的拦网对象，拦网队员各自负责拦对方与自己相对应位置的进攻队员，该战术具有职责清楚、分工明确的特点。

人盯区的拦网战术：球网分左、中、右三个区，各负责一个区，该战术可有效应对定位进攻及一般进攻配合，特点是拦网准确率高，不会漏网。

重叠拦网战术：主要应对"交叉""夹塞"等多变的快攻战术，如图 7-5-12 示，为重叠拦网对付对方"交叉"进攻战术；如图 7-5-13 所示，为双重叠拦网对付对方"双快—游动"进攻战术。

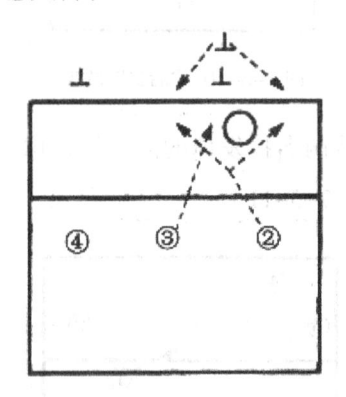

图 7-5-12　重叠拦网对付对方"交叉"进攻战术

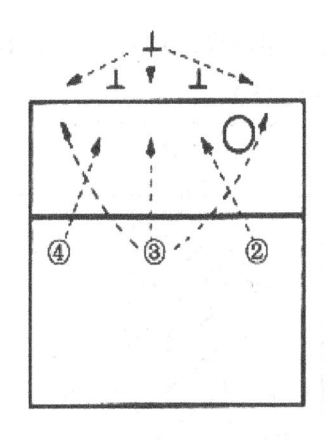

图 7-5-13　双重叠拦网对付对方"双快—游动"进攻战术

（2）后排防守

后排防守战术的实施，战术的重心在场地的后排，一般来说，要求有较好的远距离击球、扣球技术的运动员，同时后排防守的实施要求运动员之间能有效、默契配合，以便能实现二传，后排防守队员的主要任务是妨对方的次要路线、吊球，触拦网队员的球。[1] 排球比赛中，该战术适用于多种情况。

前排拦球队员封住对方中路进攻，1 号位队员防直线，5 号位或 6 号位队员防斜线（图 7-5-14）。

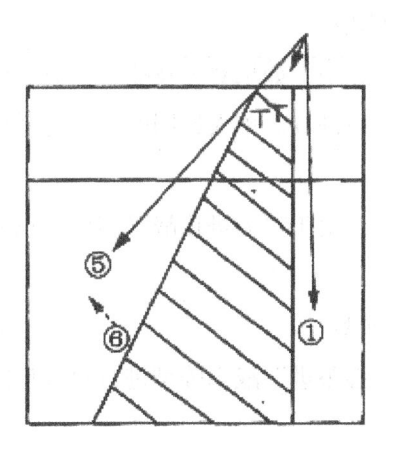

图 7-5-14　后排防守

---

[1] 虞重干.排球运动教程 [M].北京：人民体育出版社，2012.

前排单人拦网封住对方中路进攻，6号位队员前移防吊球，1号位、5号位队员取位"双卡"防守（图7-5-15）。

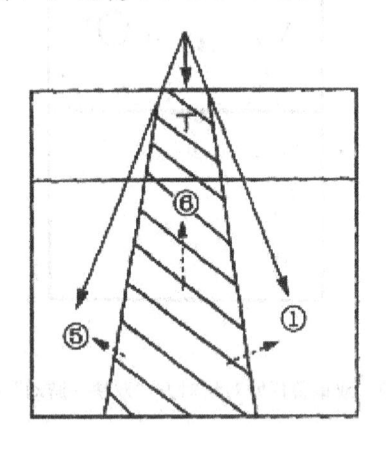

图7-5-15 "双卡"防守

2.接扣球防守阵型

接扣球防守有以下四种阵型：

（1）无人拦网防守阵型

针对对方多变战术，看准时机，如果出现无人拦网，运动员应抓住机会在网前救球，避免对方突袭网前。

（2）单人拦网防守阵型

在水平一般的排球比赛中，如果对方技战术一般，可选派一名运动员在网前专门负责拦网，其他人组织进攻。单人拦网的优点是增加了防守人数，便于组织进攻。

在高水平排球比赛中，由于对方进攻战术多变，只能被迫单人拦网，其他队员应立即下撤参加防守。

（3）双人拦网防守阵型

采用"边跟进"和"心跟进"战术阵型进行双人拦网，以专门应对对方的大力扣杀、吊球。

"边跟进"防守多在对方进攻能力强、战术多变、吊球少时采用，包括活跟（图7-5-16）、死跟（图7-5-17）、内撤（图7-5-18）、双卡（图7-5-19）等战术阵型。

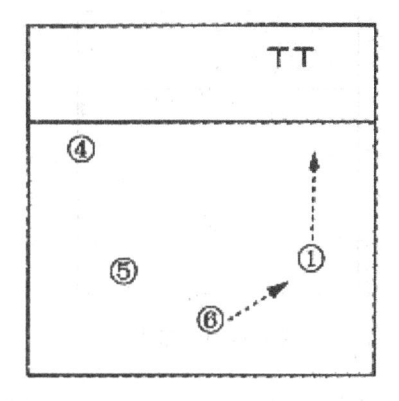

图 7-5-16 活跟

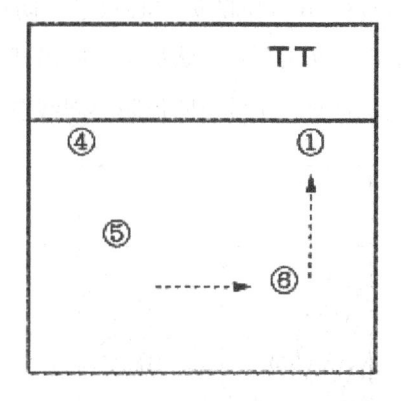

图 7-5-17 死跟

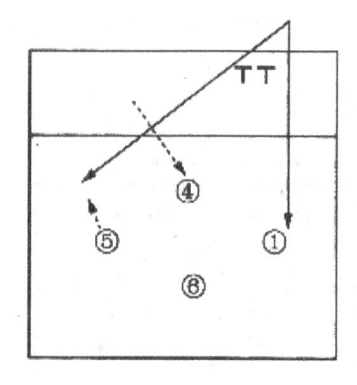

图 7-5-18 内撤

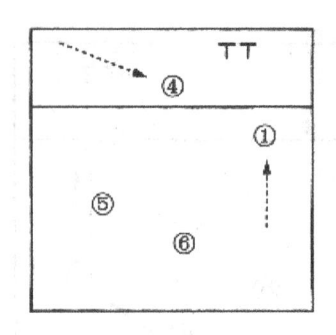

图 7-5-19 双卡

"心跟进"防守也称"6号位跟进防守",该防守阵型对防吊球和防拦网起球有利,便于接应和组织反攻,但后场、两腰容易有空当。以对方4号位进攻为例:本方2号位、3号位队员拦网,6号位队员"心跟进"防吊球及接应中场球,其他队员明确防守区域(图7-5-20),6号位队员主要防吊球、拦起球,后排防起球。1号位、5号位队员负责后场区球。4号位队员防小斜线及吊球(图7-5-21)。

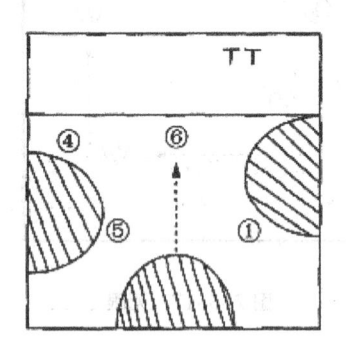

图 7-5-20 6号位队员"心跟进"防吊球及接应中场球,其他队员明确防守区域

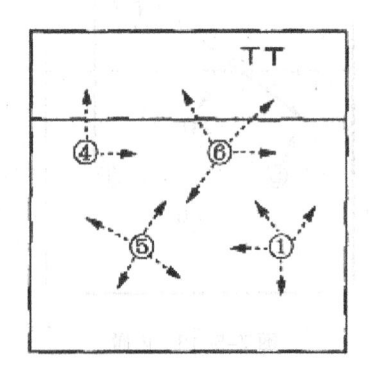

图 7-5-21 防小斜线及吊球

（4）三人拦网防守阵型

三人拦网在高水平的排球比赛中，或者对方实力强劲的比赛中较多使用，要求三人之间密切配合，避免争抢、避免漏网，有效控制和保护网前。三人拦网的基本防守阵型有 6 号位压底（图 7-5-22）和 6 号位跟进两种（图 7-5-23）。

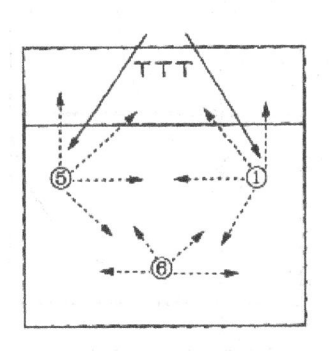

图 7-5-22　6 号位压底

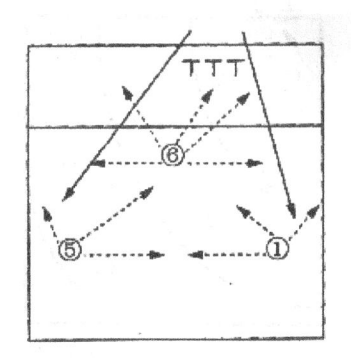

图 7-5-23　6 号位跟进

（四）接拦回球防守战术

1. 接拦回球战术要求

（1）培养防拦回球的战术意识。

（2）拦回球的弧度要高，以便组织进攻。

（3）以前场为重点区域，低重心，稳固防守，注意提高救球的起球率。

（4）二传队员及时参与接拦回球。

（5）其他队员配合二传队员，积极传球。

2. 接拦回球阵型

（1）五人接拦回球阵型：包括"三,二"阵型（图 7-5-24）、"二,二,一"阵型（图 7-5-25）和"二,三"阵型（图 7-5-26）。

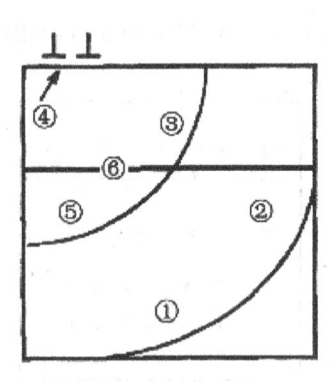

图 7-5-24 "三,二"阵型

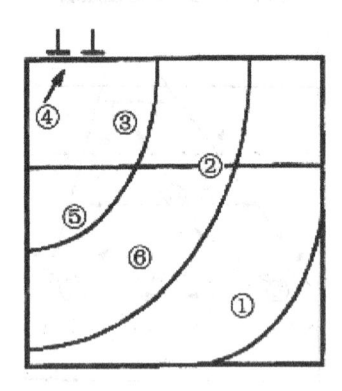

图 7-5-25 "二,二,一"阵型

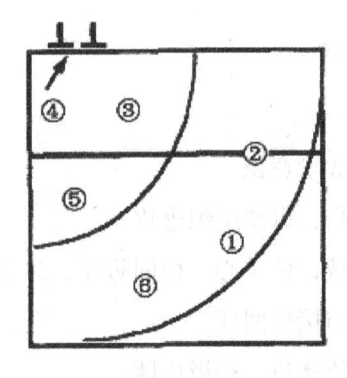

图 7-5-26 "二,三"阵型

（2）四人接拦回球阵型：四名队员插上、快球进攻，经常变换进攻点。防守中除了进攻队员及二传外，只有四名队员接拦回球。以2号位队员进攻为例，1号位队员插上，跳传给2号位进攻，3号位、5号位队员负责前场区，4号位、6号位队员负责中场区及后场区（图7-5-27）。

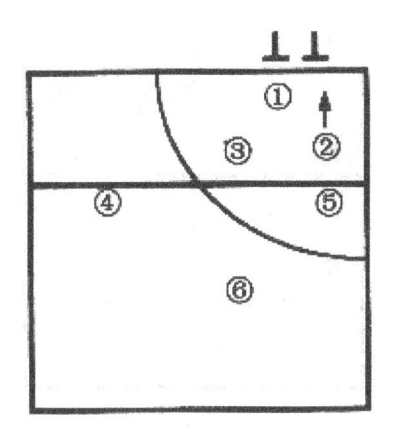

图 7-5-27　4人接拦回球阵型

（3）三人接拦回球阵型：以前排快攻配合为主，进攻点变化较大，前排三名队员参与接拦回球。如前排三名队员掩护、跑动，最终的进攻点在2号位，1号位队员传球后立即下撤，5号位、6号位队员迅速向2号位移动接拦回球（图7-5-28）。

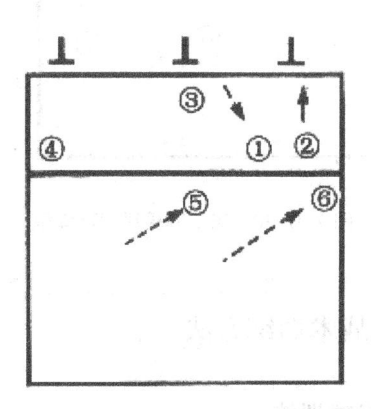

图 7-5-28　3人接拦回球阵型

（4）二人或一人接拦回球阵型：以"立体进攻"为主，进攻点分散且变化大，两人或一人接拦回球。如前排三名队员掩护、跑动，后排6号位队员后排进攻，1号位队员传球后下撤，5号位队员迅速接拦回球（图7-5-29）；如前排三名队员掩护，跑动，后排1号位、6号位队员后排进攻，5号位队员传球后下撤，迅速接拦回球。其他队员积极参与接拦回球（图7-5-30）。

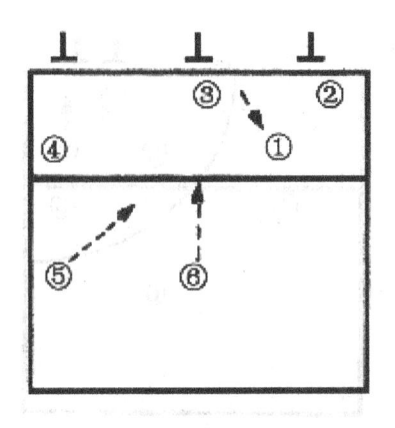

图7-5-29　第一种接拦回球阵型

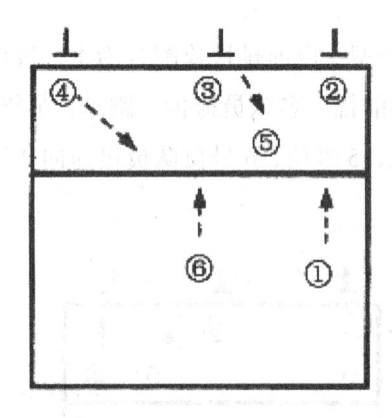

图7-5-30　第二种接拦回球阵型

二、排球运动防守战术训练方法

（一）选位配合与接发球训练

（1）徒手模仿防守站位练习。

（2）在场上不同位置站立，听口令换位跑动。

（3）接抛球练习：六人一组。教练员在对方场地网前，抛球过网，六名运动员在半场站成"一三二"五人接发球阵形，接教练员抛过来的球，一人在网前接住垫球再返给教练员。每轮接三至五个球，六轮后换六名运动员上场练习。

（4）一发一接练习：一人发球，五人接发球，两边同时进行。

（5）三人接发球进攻：对方在发球区发球，本区三人接发球进攻。

（6）五人接发球：运动员分成两大组，一组教练员发球，一组运动员发球。六人在场上按五人接发球阵形站位，网前运动员接住垫球后，把球滚到边线外。接三至五次发球后转一轮，再转一轮，又下场一人，上场一人，如此大轮转。[1]

（二）拦网战术能力训练

（1）网前徒手拦防配合：全体分三种，呈三路纵队分别站在2号位、3号位、4号位区域。三人一组，在网前站位，其他人在进攻线后准备；看教练员的手势，组成双人拦网和下撤防守，然后换下一排三人到网前练习。

（2）拦网判断及跟动：三人一组，网两侧组数相同，隔网对抗，其他运动员在3米线后或附近等候，教练员在中场指挥；面对教练员的组看教练员的手势方向移动双人拦网，其他队员下撤；背对教练员的组双人拦网，力争与对手同时完成动作。

（3）人盯人拦网：教练员在后场抛球给二传队员，扣球队员在4号位、3号位、2号位跑动扣球，对方2号位、3号位、4号位队员人盯人拦网，后排队员进行防守反击（图7-5-31）。

---

[1] 王薇. 高校排球运动教学与训练发展研究[M]. 长春：吉林出版集团股份有限公司，2022.

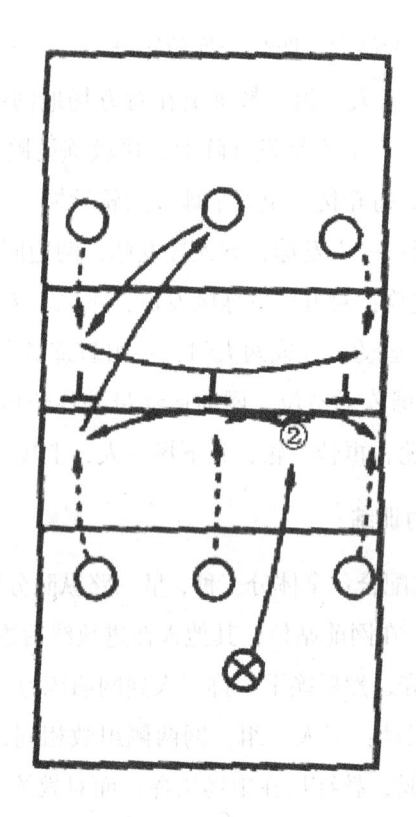

图 7-5-31 人盯人拦网

（4）前排拦防助攻：运动员自愿选取 4 号位、3 号位、2 号位准备拦网，其他练习者在另半场的 2 号位、4 号位准备扣球，教练员在 3 号位网球进攻，运动员轮流在 6 号位给教练员抛球，教练员助攻五次后换三人拦网。

（5）拦、防结合：采用拦斜防直或反之的方法反复练习。

（6）拦—防—调—扣：一拦三防调扣，教练员隔网在 4 号位或 2 号位高台扣球，一人拦网，其他人防、调、扣；二拦三防调扣，教练员隔网在 4 号位或 2 号位高台扣球，二人拦网，其他人防、调、扣。

（7）连续拦扣：三对三对抗，进攻方组织各种进攻，另外一方三人配合拦网。

（三）其他防守战术能力训练

（1）调整传球和反攻训练：教练员隔网站在高台上扣球，后排三名队员进行各种线路的防守、调整传球和反攻练习（图 7-5-32）。

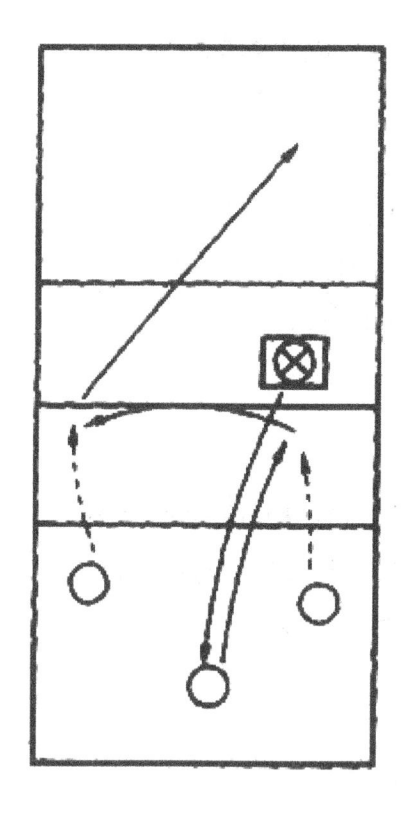

图 7-5-32 调整传球和反攻训练

（2）无对抗条件下的防守练习。

（3）简单对抗条件下的防守练习。

（4）较激烈对抗条件下的防守练习。

（5）后排插上组织进攻：教练员将球跑向后场或远角，2号位、3号位、4号位队员迅速下撤准备接球或进攻，1号位队员快速插上组织进攻，5号位、6号位队员接球后也可以参加后排进攻。

（6）集体拦网下的保护：2号位队员扣球，对方集体拦网扣在拦网队员手上，本方队员积极保护，力争扣球进攻；或由3号位、4号位队员扣球进攻保护。

（7）模拟决胜局的攻防练习。

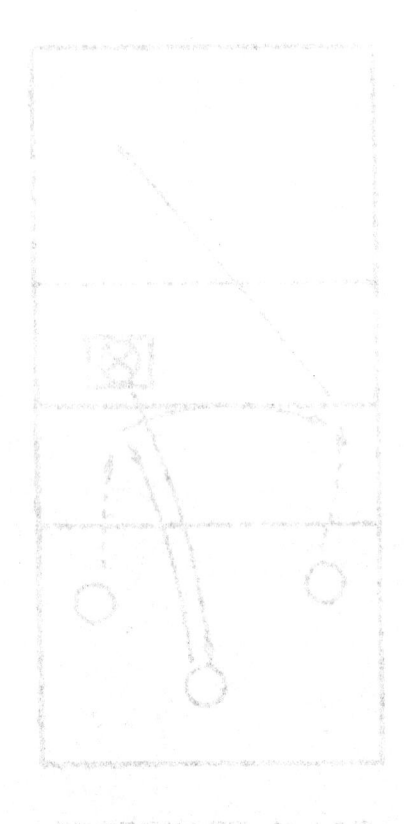

参考文献

[1] 侯柏晨，谢勇，王焕珍，等.大学体育[M].北京：人民邮电出版社，2017.

[2] 张桂青.大学生体育文化与技能实践[M].北京：人民邮电出版社，2017.

[3] 马驰，于杰.现代篮排球运动的科学探索[M].北京：新华出版社，2014.

[4] 古松.中国竞技排球发展战略研究[M].北京：北京体育大学出版社：中国体育博士文丛，2013.

[5] 葛春林.优秀排球运动员运动能力的研究[M].北京：北京体育大学出版社：北京体育大学教授学术文库，2013.

[6] 岳新坡.体育运动技术链的理论与实践研究[M].北京：北京体育大学出版社：中国体育博士文丛，2012.

[7] 徐利，钟秉枢.科学发展观视野下的排球运动科学探蹊[M].北京：北京体育大学出版社，2011.

[8] 潘迎旭.中国排球运动的可持续发展研究[M].北京：北京体育大学出版社：中国体育博士文丛，2007.

[9] 文雄，裘进，尚书庆，等.大学体育[M].重庆大学：重庆大学出版社，2015.

[10] 张向阳.大学新体育[M].北京：新华出版社，2014.

[11] 李燕.高校排球运动教学中学生常见损伤的成因及预防策略[J].西部素质教育，2022，8（7）：90-92.

[12] 李昊，张宏伟.排球运动在高职院校体育教学中的发展探讨[J].农家参谋，2020（9）：241.

[13] 曾秋红.高职排球教学中常见运动损伤及预防[J].农家参谋，2020（9）：276.

[14] 杨红文.全民健身运动视域下高职院校体育排球教学中的影响因素与应对策略[J].张家口职业技术学院学报，2019，32（4）：68-70，80.

[15] 王爱霞，陈增.高职体育教育中排球运动的教学改革探讨[J].当代体育科技，

2019，9（32）：110-111.

[16] 马宝国.高校排球运动教学中战术意识的培养[J].黑龙江科学，2019，10（17）：11-13.

[17] 张闯.高校排球教学中预防运动损伤探析[J].黑龙江科学，2017，8（18）：106-107.

[18] 宋文利.试论有效预防高校排球教学中的运动损伤路径[J].体育世界（学术版），2017（3）：182，126.

[19] 刘强，任相飞，张龙华.浅析运动致趣原理下的排球教学[J].当代体育科技，2016，6（18）：62-63.

[20] 邱晓辉.论心理技能在排球运动教学中的作用[J].亚太教育，2015（31）：275.

[21] 曹美玲.运动教育模式在大学体育排球教学中的应用效果研究[D].银川：宁夏大学，2022.

[22] 刘帅.多方向移动训练在高校排球训练中的实验研究[D].长春：吉林体育学院，2022.

[23] 李文星.排球普修课中气排球与硬式排球混合式教学对排球传垫及技术运用的影响[D].上海：上海体育学院，2021.

[24] 华鸿志.基于多视角的排球训练分析系统的设计与实现[D].哈尔滨：大连理工大学，2021.

[25] 吴捷.开封市排球传统项目学校排球训练开展现状分析及对策研究[D].郑州：河南大学，2020.

[26] 郭建明.程序教学法在排球基本技术教学中的实验研究[D].广州：广州体育学院，2018.

[27] 马鹤文.研究性教学在高校排球普修课中的实验研究[D].扬州：扬州大学，2018.

[28] 李昕.多元反馈教学法在高校体育专业排球教学中的实验研究[D].扬州：扬州大学，2017.

[29] 马龙.自主学习方式在大学排球教学中的应用研究[D].苏州：苏州大学，2014.

[30] 时佰铸. 视频演示与教师示范的示范效果比较研究 [D]. 南京：南京师范大学，2012.